ミステリ映像の最前線

原作と映像の交叉光線《クロスライト》

千街晶之

ミステリ映像の最前線——原作と映像の交叉光線《クロスライト》＊もくじ

まえがき

本書は、二〇一四年七月に東京創元社から刊行した『原作と映像の交叉光線《クロスライト》　ミステリ映像の現在形』の続編にあたる。前著は同社の雑誌《ミステリーズ！》の連載に書き下ろし原稿を追加したものだったが、本書は、探偵小説研究会の機関誌《ＣＲＩＴＩＣＡ》に二〇一四年から二〇二二年まで「原作と映像の交叉光線《クロスライト》・出張版」と題して連載したものに、『ナイトメア・アリー』について論じた書き下ろし原稿を追加している。

前著刊行後も、原作のあるミステリ映像（映画・ドラマ・アニメなど）に対する私の関心は変わらず続いていたので、同人誌連載というかたちで執筆を継続したわけだが、やはり商業出版ではないぶん部数や入手方法などの理由で、人目に触れる機会が減ったことはやむを得ぬ仕儀だった。その原稿を、こうして単行本としてまとめる機会を与えられたことは幸いであり、書籍化の作業を担当していただいた書肆侃侃房の田島安江さんと、装画の久保田寛子さんに心から感謝の念を捧げたい。《ＣＲＩＴＩＣＡ》では、もし次の単行本化の機会があった時に向けて、今後も「出張版」の連載を続けたいと思っている。

前著のまえがきでは「私が本書で試みたのは、ミステリ映画やＴＶ番組とその原作の相違点を検討することによって、それぞれのクリエイターたちの意図を探ることである」「原作と映像を比較する際は、普通なら見落とされそうな細部に出来る限り注目することにした。細部の改変にこそ、映像化に関わったクリエイターたちの意図が籠められている可能性があると考えたからである。そして、そのような細部の改変の積み重ねから浮かび上がってくるものを、ミステリにおける探偵のように緻密に読み解いてゆきたい」と記していたが、本書もその点は変わらない。原作にとことん忠実な映像化もそれはそれで貴重だが、原作と映像の相違を検討することで面白さが増す場合もある（もちろん、大失敗する場合もある）というのが私の姿勢である。また前著同様、本書は最初から順番に読む必要はなく、関心がある章から読んでいただいて全く問題ない。違う部分があるとすれば、一般的にはミステリ映画だと思われていない作品（例えば『帰ってきたヒトラー』『アルキメデスの大戦』）を選んだり、『サスペリア』のようにオリジナルとリメイクの関係を論じたりしている点だろう。

　なお、連載時と異なり、本書では原稿を全六部に再編し、謎解きをメインにした作品を第一部、探偵が中心人物である作品を第二部、諜報がテーマの作品を第三部、原発や戦争といった社会的・歴史的事象を扱った作品を第四部、ジェンダーの問題が絡む作品を第五部、ホラー的モチーフの作品を第六部にそれぞれまとめた。もっともこの分け方は便宜的なものであり、複数の要素を含む作品も多いことをお断りしておく。

二〇二三年三月

千街晶之

第一部　謎解きの透視図

密室とパズル——『鍵のかかった部屋』

貴志祐介『鍵のかかった部屋』（角川文庫）

戦時中、坂口安吾たち《現代文学》の同人が、互いに犯人当てゲームに興じたエピソードはよく知られている。戦後生まれた探偵作家クラブ（日本推理作家協会の前身）の新年会では、当番の作家が犯人当て小説を執筆して会員の前で朗読し、会員たちはすべての手掛かりが揃った時点で真相を推理する……というゲームが行われた（このゲームから生まれた傑作短篇として、高木彬光の「妖婦の宿」がある）。新本格の時代に綾辻行人や法月綸太郎らを輩出した京都大学推理小説研究会が、やはり同形式の犯人当てを活動内容としていることも有名だろう。このような犯人当ては、本格ミステリの中でも特にフェアプレイに特化した性質を持ち、作者と読者の頭脳戦をその本質とするものだ。

小説を朗読するタイプの犯人当ての場合、聞き手として想定されるのはある程度の読み巧者だろう。ロジックの破綻や伏線の矛盾などがあればあとで批判されるのは当然として、たとえ矛盾はなくとも難度の低い問題も批判の対象となりがちなため、出題者は徹底してフェアでありつつ、それでも極度の意外性を狙うという険しい道を進んでゆかなければならない。その両立のため、犯人当ては叙述トリックと結びつきやすい。綾辻行人の犯人当て小説集『どんどん橋、落ちた』（一九九九年）がその典型例である。新本格や、その影響を受けた作品群において叙述トリックが発展・多用されたのは、新本格の中心に犯人当てで鍛えられた作家たちがいたことも理由として大きいと思われる。

　犯人当ては映像方面でも人気コンテンツだが、小説形式の犯人当てより困難な面があるのも事実である。映像における犯人当ての一番の成功例は、綾辻行人と有栖川有栖が合作で原案を担当した「安楽椅子探偵」シリーズということになるだろう。一九九九年に放映された『安楽椅子探偵登場』から二〇一七年放映の『安楽椅子探偵 ON STAGE』まで、朝日放送で八本が製作されている。各エピソードは二週連続の前後篇で放映され、第一週の出題篇のラストに犯人と疑われてピンチに陥った主人公が、それを吹くと一度だけ誰かが助けてくれるというオカリナを吹くところですべての手掛かりが揃ったことになり、翌週の解決篇では、主人公をはじめとする事件関係者一同が「純粋推理空間」という異空間に飛ばされ、正体不明の安楽椅子探偵（文字通り椅子に座っている覆面の男）の推理を拝聴する……というのがシリーズのフォーマットである。このシリーズには、活字媒体では困難と思われる視覚的な手掛かりや伏線がふんだんに鏤《ちりば》められており、映像でのみ可能な本格ミステリの新領域の開拓を目指していることは明らかだ。犯人当ての真髄とも言うべき、精密なロジックに基づくフェアプレイと叙述トリックの両立が試みられているのも特色で、全作の脚本を『相棒』（テレビ朝日系）でも本格ミステリ的なエピソードを多々手掛けている戸田山雅司が執筆していることもあって、極めて完成度の高い犯人当てに仕上がっている。

ところが、これほど緻密な犯人当てにおいてさえ、現場の演出が加えた新解釈や、スポンサーとの兼ね合いによる小道具の問題点といった、原案や脚本の時点ではいかんともし難い事情によって矛盾が生じている場合があった。犯人当てドラマは、原案、脚本、演出など多くの関係者たちの意図がよほど統一されていなければならないものであることがわかる。

新本格の作家が原案を提供した映像ミステリの企画としては他に、ＮＨＫ総合で三シーズンに亘って放映された『探偵Xからの挑戦状』（二〇〇九～二〇一一年）がある。番組携帯サイトに登録すると送られてくるメールから、連載小説形式の「問題編」を入手し、その最終日に犯人当ての投稿フォームに真犯人の名前やその根拠を記入する……というシステムである。参加作家は東京創元社元社長・戸川安宣の人脈で声をかけられたものと思われ（戸川は取材協力とクレジットされている）、錚々たる顔ぶれが揃った。ただし、米澤穂信原案の「怪盗Xからの挑戦状」のような、ＴＶ放映であること自体を仕掛けに利用した傑作もあった一方、大勢の原作者が参加したため水準にばらつきが見られたのも事実だし、原作者の狙いが演出段階で減殺されていた回もあった。

こうした犯人当てに特化したドラマを成功させるにはどうすればいいのかを考える上でも参考になりそうなのが、連続ドラマ『鍵のかかった部屋』（フジテレビ系、二〇一二年）の存在だ。

原作である貴志祐介の「防犯探偵」シリーズは、セキュリティの専門家だが裏では泥棒として活動しているらしい謎多き男・榎本径と、優秀だが天然なところがある弁護士・青砥《あおと》純子のコンビを探偵役とする本格ミステリで、書籍化されたものには長篇『硝子《ガラス》のハンマー』（二〇〇四年）、短篇集の

『狐火の家』（二〇〇八年）と『鍵のかかった部屋』（二〇一一年）の三冊がある（追記：二〇一七年に『ミステリークロック』が刊行された）。貴志祐介といえばホラー、SF、犯罪小説などを幅広く手掛けている人気作家で、作品の映像化例も多い。『硝子のハンマー』角川文庫版巻末に収録された貴志と法月綸太郎の対談によると、「ホラーミステリとか別のジャンルにミステリ要素を取り入れたものを書いていると、純粋にミステリを書きたいなという思いがかなり募ってきた」「やっぱり一回はど真ん中の本格を書いてみたいなと思っていまして」という理由で執筆されたものであり、『硝子のハンマー』のメイントリック自体はかなり以前から温めていたという（シリーズの他の作品もまずトリックを思いついてからそれに相応しい舞台が準備されており、「歪んだ箱」のみ欠陥住宅というアイディアが先にあったようだ）。実際にこんなトリックを弄されたら警察もお手上げだろうと思えるほど精密な密室トリックを案出して完全犯罪を目論む犯人たちと、彼らの上をゆく鋭い洞察力と専門的知識を持つ榎本の頭脳戦を最大の読みどころとしているため、ドラマ化はマニアックな試みが許される深夜枠が相応しいのではと誰もが思うだろうが、実際に放映されたのは月曜九時のゴールデンタイム、所謂「月9」だった。恋愛ドラマがこの枠の中心だった時期からは考えられないような企画である。

　榎本径を演じたのはアイドルグループ「嵐」の大野智。原作の榎本とはキャラクターがかなり異なっていて、常に無表情、密室トリックを解明することにしか興味を示さず、恋愛話を振られると「機械相手の方が、気兼ねしなくていいんです」と答えるオタク的な人物として描かれている。推理に没頭すると顔のすぐ傍でピッキングの道具を回転させるように指を動かし、謎が解けた瞬間は鍵が開く音響効果とともに「密室は、破れました」と宣言するのがお約束。セキュリティの話になると、相手の反応など全く無視して早口になるのが特徴だ（連続ドラマでは「東京総合セキュリティ」の研究員という設定だったが、後述のスペシャル版では原作通り「Ｆ＆Ｆセキュリティ・ショップ」の経営者になっている）。青砥純子役は戸田恵梨香（勤務先は原作の「レスキュー法律事務所」から「フリードマン・芹沢総合法律事務所」に変更）、準レギュラーの鴻野光男警部補役は宇梶剛士（「ハゲコウ」と呼ばれる原作のルックスとは異なる）。他に、原作に存在しないオリジナル・キャラクターとして、青砥の上司の芹沢豪弁護士（佐藤浩市）が重要な役割を果たす。原作では『硝子のハンマー』で青砥と知り合い、その後も「犬のみぞ知る Dog Knows」と「密室劇場」に登場した松本さやかは、原作と時系列が異なることもあってドラマには出て来ないものの、「密室劇場」を原作とする回では、芹沢の秘書であるオリジナルのレギュラー・キャラクター、水城里奈（能年玲奈）がさやかの代わりの役目を果たした。なお、能年がその後『あまちゃん』（ＮＨＫ総合、二〇一三年）で知名度が上昇し、里奈のような出番の少ない役には不釣り合いになったせいか、二〇一四年一月に放映されたスペシャル版『鏡の国の殺人』（放映当時、雑誌《野性時代》に連載中だった作品が原作）では里奈の代わりに、桐生はるか（松井珠理奈）という新しい秘書が雇い入れられていた。そして余談だが、原作者の貴志祐介は自作の映像化によく顔を出す作家であり、『鍵のかかった部屋』でも第三話「盤端の迷宮」にプロ棋士の毒島《ぶすじま》竜王役で出演している。

全十一回のこのドラマ（最終話「硝子のハンマー」のみ前後篇なのでエピソード数は十話）を観てみる

と、原作にどのくらい忠実かはエピソードごとに差がある。例えば第七話「狐火の家」では第二の密室事件が省略された。「硝子のハンマー」は原作よりキャラクター（サルも含む）が減らされている。最も大幅に改変されているのは第八話「犬のみぞ知る」（原作は「犬のみぞ知る Dog Knows」）で、劇団を背景にした話から漫画家をめぐる話へと脚色されているが、これは原作では「犬のみぞ知る Dog Knows」の続篇である「密室劇場」を、ドラマでは第六話として先に放映してしまったからだろう（「密室劇場」自体も、スラップスティックな原作をシリアスな話に改変しており、登場人物名も全く異なっている）。

とはいえ、いかにシチュエーションを変更しようとも、原作の密室トリックは律儀に再現しているのがこのドラマの特色である。横溝正史の名作『本陣殺人事件』（一九四七年）の密室トリックについて、映画やドラマを観て初めてよく理解出来たという感想はしばしば耳にするけれども、「防犯探偵」シリーズについても、手の込んだ物理的密室トリックが映像向きだということがよくわかる。事件現場を再現した精密な模型が登場するのも、視覚的な楽しさを担っているだけではなく、シチュエーションやトリックを視聴者が理解しやすくなる役割を負っている。もっとも予算の都合か、第四話から第九話にかけては現場模型が省略されたけれども（CGで現場を再現した回はある）、最終話「硝子のハンマー」では、殺人現場の社長室のみならず同じ階の全室を再現した巨大模型が登場した。この模型に代表されるように、美術スタッフによるセットや小道具の凝りようも楽しさを倍増させており、特にスペシャル版『鏡の国の殺人』の迷路のセットは、スタッフ渾身の作と言うべき見事さだった。

エピソードによっては、原作のトリックや手掛かりの出し方が、脚色によって補強されていることもある。例えば第四話「黒い牙」では、被害者が老舗和菓子店の御曹司であるという原作の設定を、トリックを暗示するヒントとして巧みに利用しているし、第六話「密室劇場」では、計画的犯行であることを示す物証を追加している。第七話「狐火の家」は、原作では狐火が地名や事件のイメージ以外にさほど意味を持たないのに対し、ドラマでは事件が起きた日本家屋のトイレで青砥が狐火のような光を目撃するという原作にないエピソードが、あるものの隠し場所の手掛かりとして追加されている。こうした脚色は、脚本家たち（メインライターは相沢友子。第六話と第九話は仁志光佑、第八話は岡田道尚）が本格ミステリのセンスに通じていることを示すものだ。

またこのドラマの特色は、犯人当てドラマには必須の徹底したフェアプレイにもある。各話の冒頭には、事件現場に榎本・青砥・芹沢の三人が登場、榎本がその回の事件の特色や謎解きのヒントを視聴者にカメラ目線で語りかけるシーンが用意されているが（最終話のみ榎本は登場せず、青砥と芹沢が視聴者に語りかける）、これはウィリアム・リンクとリチャード・レヴィンソンのコンビが製作した『エラリー・クイーン』（一九七五～一九七六年）や三谷幸喜脚本の『古畑任三郎』（フジテレビ系、一九九四～二〇〇六年）などにも見られた「視聴者への挑戦」の踏襲であり、中でも、第六話「密室劇場」のヒントの出し方はミステリドラマ史に残る秀逸さだ（原作のトリックを知っている私でも、このヒントには全く気づかなかった。この回だけ、三人のいる場所が事件現場の密室ではないことに注目）。しかもオープニングタイトル映像には、その回の謎解きのヒントとなるものがさりげなく映し出されるのだ（例えば、第一話「佇む男」ではタイトルの字に止まる蠅）。

　榎本・青砥・芹沢のやりとりは、原作よりコミカルさを増しているものの、密室トリックに関するディスカッション（別解を検討して潰してゆく過程）でほぼ占められており、無駄はない。芹沢は弁護士としては有能だが調子のいい人物として設定されており、原作の青砥の天然ボケな部分に拍車をかけたような意見を述べることもあるけれども、ドラマの榎本が密室トリックにしか興味がなく、犯人を追いつめる作業は放棄してしまうのを補うかのように、芹沢が犯人の逃げ道を断つ役目を引き受けたりもする（「佇む男」や第五話「鍵のかかっていない部屋」）。

　原作の榎本と青砥は、第一作『硝子のハンマー』でこそ、その後いい仲になりそうな伏線も張ってあったが、シリーズが進行するにつれて青砥の天然ボケぶりが加速したせいもあって、その後はそういった描写は殆どない。また、榎本の裏の顔については、『硝子のハンマー』の時点で青砥は大体察している。

　一方、ドラマでは、榎本が泥棒であることを匂わせるヒントは第二話「鍵のかかった部屋」あたりから小出しにされている。この回では、元窃盗常習犯とともに芹沢の事務所を訪れた榎本について、青砥と芹沢があとで本人のいないところで「まさか、空き巣仲間だったりして」と笑うシーンがある（もちろん、ここでは二人とも本気で榎本を疑ってはいない）。続く第三話「盤端の迷宮」では、この回から登場する鴻野警部補が、あまりに鮮やかにトリックを解明した榎本を怪しんだのか、彼の経歴を調べているらしいシーンがある（ただし、第五話「鍵のかかっていない部屋」では榎本に警察の捜査への協力を依頼しており、直ちに彼をどうこうしようという気はないようだ。胡散臭い存在と知りつつ榎本を利用するあたりは原作の鴻野も同様）。

原作と違って最終話におかれた「硝子のハンマー」では、被害者と面識があった榎本が、警察への真犯人の密告により、密室殺人の犯人として疑われるオリジナルのエピソードが追加された（この真犯人は榎本に「あなたもこっち側の人間ですよね？」と意味深長な言葉をかけている）。またこのエピソードでは、芹沢が鴻野から、幾つもの窃盗事件の現場で監視カメラに榎本の姿が写っている事実を教えられる。そしてラスト、殺害された社長が隠し持っていたダイヤモンド（社長が横領した六億円を宝石に換えたもの）の一部がイミテーションにすり替えられていたことが発覚、ほぼ同時に榎本は、青砥らに行き先も告げることなく海外へと出国する（スペシャル版の『鏡の国の殺人』では二年ぶりに帰国するが、世界一周や新会社立ち上げの資金源について訊かれても「一生懸命貯めました」の一点張りで押し通していた）。榎本が本当に泥棒だったのか、ダイヤモンドをすり替えたのが彼だったのかは明瞭には描かれないものの、最後に彼が浮かべる不気味な笑顔からは、限りなくクロに近いことが窺える。この直前、榎本は犯人に対し、周囲をガラスで囲まれるよりは自由でいたいと語るシーンがある。青砥や芹沢は第五話あたりから榎本をチームメイトと見なすようになっていたし、榎本も第四話「黒い牙」で自分にもこの事件の犯人と同じ邪悪さがあるのかもと落ち込む青砥に「青砥さんには、ないですよ」と慰めるなど、青砥を好ましく思ってはいるようだが、恐らくチームメイトとしての絆よりも、榎本にとっては泥棒としての行動の自由の方が尊重されるべきものなのだろう。榎本と青砥が恋愛関係に発展する可能性を最後に断ち切ることで、ドラマは原作よりもドライな印象の幕切れを迎えた。

もっとも、このドライな印象は幕切れに限った話ではなく、ドラマ全体に共通するものでもある。ほぼ同時期に放映された、同じように高水準な謎解きドラマとして、東川篤哉のベストセラーを原作とする連続ドラマ『謎解きはディナーのあとで』（フジテレビ系、二〇一一年）と比較してみよう。曜日こそ違えど同じ局の夜九時枠、しかも探偵役がどちらも「嵐」のメンバーという点も比較の対象として相応しい。

原作ではほぼ安楽椅子探偵に徹している執事の影山（櫻井翔）を、現場まで行って宝生麗子（北川景子）を見守る設定にしたり、風祭警部（椎名桔平）が原作以上にナルシストでオーヴァーアクションなキャラクターになっているなどの設定面の改変はあるし、犯人が原作と違うエピソードもあるものの、基本的に原作のトリックを生かしている点は『鍵のかかった部屋』と共通する。『鍵のかかった部屋』の脚本が、メインライターの相沢友子のほか二名が参加しているのに対し、『謎解きはディナーのあとで』は（スペシャル版、劇場版も含め）黒岩勉が一人で執筆している。『ライアーゲーム』第二シーズン（フジテレビ系、二〇〇九年）や連続ドラマ版『ストロベリーナイト』（フジテレビ系、二〇一二年）の第二～第三話など、ミステリドラマを中心に活躍してきた黒岩は、連続ドラマ版の第七話「殺しの際は帽子をお忘れなく」では原作の真相を更に一ひねりした上で、「安楽椅子探偵」シリーズ並みに緻密な伏線を張りめぐらせ、しかも注意深く見ていれば視聴者が影山と同じタイミングで犯人に気づける工夫もしていた。更にスペシャル版の『謎解きはディナーのあとでスペシャル〜風祭警部の事件簿』（二〇一三年）では舞台が温泉旅館という設定を生かして、美肌の湯の効能や旅館の食事のメニューまで伏線にするなど、現在最も本格ミステリのツボを理解している脚本家と言っていいだろう。

原作のトリック尊重の姿勢、フェアプレイの重視などの点ではかなり似通っている『鍵のかかった部屋』と『謎解きはディナーのあとで』。しかし、事件の決着シーンでは、印象がかなり異なっているのも事実である。

『謎解きはディナーのあとで』は、そもそも原作がユーモア・ミステリである。殺人というのは基本的に悲劇だが、東川作品は暗さとは無縁なところが身上であり、特に『謎解きはディナーのあとで』は安楽椅子探偵ものにすることで事件の生々しさにワンクッションおき、「楽しい殺人」の世界へ読者を招待している。この原作が本格ミステリ史に残る驚異のベストセラーとなったのも、ウェットさを完全に排除した遊戯的な作品世界が多くの読者に歓迎されたからだろう。

ところがドラマでは、犯人の同情すべき背景を描くなどして、幕切れが湿っぽくなっている回が多かった。これは脚本家の資質ではなく、日本のミステリドラマのある種の伝統と見なすべきだろう。『鍵のかかった部屋』は逆に、この日本的伝統に反旗を翻したという意味で画期的なドラマである。通常のミステリドラマでは、探偵役が犯人に「復讐は何も生まない」「こんなことをしても死んだ娘さんは喜ばない」といった、情に訴えるタイプの説教や説得をするシーンがよく見られるけれども、このドラマの場合、真相を暴かれた後に犯人が何らかの述懐をする場合はあるものの、榎本たちがそれにコメントを返すことは殆どないため、犯人の述懐だけが宙吊りされて残るような奇妙な空気が漂う。第五話「鍵のかかっていない部屋」の原作である「歪んだ箱」は倒叙ミステリ形式であり、被害者の工務店社長が悪徳業者なので思わず犯人に肩入れして読んでしまうのだが、ドラマではフーダニットになっており、犯人も感情移入が難しい人物として描かれている（被害者も、少々口は悪いものの原作よりまともな業者に改変されている。そのため、恋人に婚約を破棄された腹いせという犯人の動機の理不尽さが際立つ）。最終話「硝子のハンマー」は、原作では第二部で犯人の過去が延々と描かれていたのに対し、ドラマでは原作にない復讐というもうひとつの動機を追加した一方で、犯人の過去の描写は最小限に抑えられた。トリックとその解明にのみ焦点を絞り、犯人に感情移入をさせないというこの描き方は、日本のミステリドラマにありがちなウェットさを排し、謎解きのパズル性を強調する効果があった。

　このドライさを更に強調しているのが、松山博昭による演出だ。『ライアーゲーム』などの演出を担当してきた彼は、ＢＧＭや主題歌を唐突に断ち切ったり、台詞の途中で次の場面に転換するといった演出を好むのだが、『鍵のかかった部屋』ではそれがプラスに作用している。なお、同じく松山博昭と相沢友子がタッグを組んだミステリドラマとしては、三上延原作の『ビブリア古書堂の事件手帖』（フジテレビ系、二〇一三年）があり、原作のキャラクター設定を大幅に改変しつつも謎解きは原作尊重……という姿勢は『鍵のかかった部屋』とよく似ているけれども、こちらは成功したとは言い難い。というのも、恋愛色を排除した『鍵のかかった部屋』に対し、こちらは主人公二人が互いに惹かれてゆくプロセスも描かれていて（原作ほどには進展しなかったが）、その情感重視の物語と、松山お得意のBGMを断ち切るようなドライな演出とが水と油だったからではないだろうか。

ともあれ、『鍵のかかった部屋』は、成功例が少ない「視聴者への挑戦」スタイルのTVドラマとしては、従来のミステリドラマのウェットさを排して謎解きのパズル的な楽しさを視聴者に伝えようとした作例として高く評価したい。このドライさと、原作の美点を理解した上で謎解きを補強するほどの実力を持つ脚本家陣の起用は、犯人当てのようなフェアプレイ重視のドラマにおいて今後もっと重視されるべきものではないだろうか。

実際、このドラマのドライな演出は、確実にその後のミステリドラマにある程度の影響を与えたように私には感じられるのだ。代表例を二つ挙げるなら、『私の嫌いな探偵』（テレビ朝日系、二〇一四年）と『福家警部補の挨拶』（フジテレビ系、二〇一四年）だ。

『私の嫌いな探偵』は『謎解きはディナーのあとで』と同じ東川篤哉原作だが、メインライターが福田雄一なので泣かせの要素は殆どなく、原作のギャグに更にメタ的なギャグを山盛りにしたドラマに仕上がっている。ヒロインの二宮朱美（剛力彩芽）が珍推理をかます傍ら、真相に辿りつくのは私立探偵の鵜飼杜夫（玉木宏）だが、彼は事件のトリックは解明するものの、観念した真犯人が犯行に及んだ背景を語り出そうとするや、「私、犯人の告白とか聞かない派なんで」と、さっさとその場から立ち去ってしまい、呆然とした犯人が取り残される――というのが各回のパターンとなっている。

そして『福家警部補の挨拶』は、大倉崇裕の倒叙ミステリ連作の連続ドラマ化であり、主人公の福家（檀れい）も上司の石松（稲垣吾郎）も原作とは印象が異なるキャラクターになっているほか、歴代の倒叙ミステリと比較すると相当に異色なドラマに仕上がっているのだが、幕切れに福家の犯人に対する台詞で物語をばっさり断ち切る回が多く、余韻を敢えて排した演出意図が窺える。

コミカルな『私の嫌いな探偵』とシリアスな『福家警部補の挨拶』ではテイストに大きな違いがあるものの、いずれも敢えてウェットさを排した『鍵のかかった部屋』の系列に連なる試みとして注目に値する。

復讐は雪の夜に――『オリエント急行殺人事件』

※『オリエント急行殺人事件』の結末に触れています。

アガサ・クリスティー
『オリエント急行の殺人』
（早川書房クリスティー文庫）

原作を読んでないひとのあいだでも広く結末が知られているミステリというものが、世間には幾つか存在している。その最たるものが、アガサ・クリスティーの『オリエント急行の殺人』（一九三四年）だ。

イスタンブールからパリに向かう豪華列車「オリエント急行」に、友人の鉄道会社重役ブークの計らいで乗車した名探偵エルキュール・ポアロは、食堂車でラチェットと名乗るアメリカ人の富豪から身辺警護を依頼されたが、すげなく断ってしまう。深夜、列車はユーゴスラヴィアで、積雪に突っ込んだせいで停車を余儀なくされる。翌朝、十二カ所も刺されたラチェットの亡骸が発見された。ブークの依頼で、地元警察が来るまでに事件を解決することになったポアロは、被害者宛の脅迫状の焼け残りから、ラチェットの正体が、五年前のアームストロング家幼児誘拐殺害事件の犯人で、裁判で罪を免れたカセッティであることに気づく。今回の事件はアームストロング家の関係者による復讐と考えたポアロは、乗客ひとりひとりに事情聴取し、彼らの嘘を暴いてゆく……。

本作の最大の衝撃性は、大勢いる容疑者の中に少人数の真犯人が潜んでいるというミステリのお約束をひっくり返し、容疑者全員が犯人という真相を提示した点にある。当時のミステリ界では厳しく糾弾する意見と弁護する意見が入り乱れたけれども、現在では「意外な犯人」のパターンのひとつの古典として殿堂入りしている。

この犯人の設定が世間に広く知られているのは、一九七四年にシドニー・ルメット監督が『オリエント急行殺人事件』として映画化したからでもある。エルキュール・ポアロ役はアルバート・フィニーが演じ、オリエント急行の乗客たちは、ローレン・バコール、イングリッド・バーグマン、ショーン・コネリー、アンソニー・パーキンスらの豪華キャストが揃った。ミステリ史上、稀に見るゴージャス感溢れる名作だ。

やや長めの映画とはいえ、原作の複雑な謎解きをすべて再現するのは不可能であるため、脚本にはいろいろな工夫が施されている。乗客への事情聴取の順番も、車掌の制服や女物のガウンが見つかるタイミングも原作とは異なる。パイプ・クリーナーの手掛かりなどは省略された代わり、アメリカ英語とイギリス英語の違いなどの言語的な伏線は原作より増強されている。また、アームストロング夫人の母親で大女優のリンダ・アーデンが、どうやってハバード夫人名義のパスポートを手に入れたのか原作では説明がないのに対し、映画ではハバードが彼女の二番目の夫の姓ということになっている。

原作の二度目の映像化はアメリカ製のＴＶドラマ『オリエント急行殺人事件～死の片道切符』（カール・シェンケル監督、二〇〇一年）。これについては拙著『原作と映像の交叉光線《クロスライト》　ミステリ映像の現在形』（二〇一四年）の、『ゼロ時間の謎』（パスカル・トマ監督、二〇〇七年）を論じた章で言及したので、そちらを参照していただきたい。映像化の中では最も不出来な例である。

三度目は二〇一〇年に、デヴィッド・スーシェがポアロを演じたイギリスのＬＷＴ製作によるＴＶドラマシリーズ「名探偵ポワロ」の中の一篇として作られた。原作やルメット版と比較すると本格ミステリとしては物足りないが（ただし、ハードマンを省略し、代わりにコンスタンティン医師がアームストロング家の元主治医として犯行に参加し、ポアロの推理の攪乱を図るあたりは面白い脚色だ。また、広く顔を知られたリンダ・アーデンにポアロたちが気づかない不自然さについてきちんとフォローしたのはこのドラマだけである）、別の意味で見どころがある作品だ。ある軍隊内の事件を解決し、若い士官に送ってもらう幕開けは原作やルメット版同様だが、ルメット版ではコミカルなシーンだったのに対し、ＬＷＴ版ではポアロに罪を暴かれた軍人がその場で拳銃自殺し、ポアロの顔に返り血が飛ぶという凄まじい発端だ。続いて、イスタンブールでは不貞の罪で群衆から石打ちの刑に処される女を目撃するなど、冒頭から異様な空気が漂う。列車が雪に突っ込んで停車するシーンのまるで地震のような迫力、停電し水道も凍りついた列車内で震え上がる乗客たち……といった演出も暗鬱さを増幅する。何よりも注目すべきは宗教色の濃さと、罪と罰に関する考察の強調だ。神に祈るポアロと、神に赦しを乞うラチェットがカットバックで描かれる演出（ルメット版のリチャード・ウィドマーク扮するラチェットが紳士的な身なりから猛獣の本性を覗かせた原作通りの人物なのに対し、ＬＷＴ版のトビー・ジョーンズは猛獣というより臆病な小悪党という印象だ）にしても、宣教師グレタ・オールソンのファナティックさにしても、原作には全くないオリジナルな要素である。このような異色のドラマになったのは、ＴＶシリーズ最終回『カーテン～ポワロ最後の事件～』（二〇一三年）に向けての伏線という意味もあった筈だ。

　さて、これらの映像が本国イギリスやアメリカといった英語圏で作られたのに対し、舞台を日本に翻案したのが、二〇一五年一月、二夜連続でフジテレビ系で放映されたドラマ『オリエント急行殺人事件』である。脚本の三谷幸喜は、ミステリファンのあいだでは田村正和主演の倒叙ミステリドラマ『古畑任三郎』（フジテレビ系、一九九四～二〇〇六年）で知られる。演出は『古畑任三郎』などで三谷と馴染みが深い河野圭太。

　ドラマの時代背景は昭和八年（一九三三年）。下関から東京へ向かう豪華寝台列車「特急東洋」で名探偵・勝呂武尊《すぐろたける》が殺人事件の謎を解く物語となっている。勝呂は日本人なのに女性にマダムと呼びかけるなど、原作のポアロの言葉遣いを忠実に再現しており、戦前の日本という背景の前で強烈なまでの違和感を発散する。大仰な台詞回しも含め、勝呂役の野村萬斎の演技は賛否両論だったけれども、個人的にはポアロはこのくらい浮いた存在で構わないと思う。自分の荷物から犯人が隠した赤いガウンが見つかった時の哄笑などは、明らかにルメット版のアルバート・フィニーの演技を意識している。

　原作の登場人物名とドラマの人物名の対比は以下の通り（カッコ内は演者名）。原作の邦訳は複数あり、人物名の表記にも異同があるけれども、本稿では、現在最も容易に入手可能な山本やよい訳のクリスティー文庫版に従った。

※事件が起きた車両の乗客（原作の食堂車に近い客室から順に。ドラマでは客室の並びが異なる）

サイラス・ハードマン↓羽佐間才助（池松壮亮）
アーバスノット大佐↓能登巌（沢村一樹）
ナタリア・ドラゴミロフ公爵夫人↓轟《とどろき》ナツ侯爵夫人（草笛光子）
ルドルフ・アンドレニ伯爵↓安藤龍之介伯爵（玉木宏）
エレナ・アンドレニ伯爵夫人↓安藤良子伯爵夫人（杏）
ハバード夫人↓羽鳥典子（富司純子）
サミュエル・ラチェット〈本名カセッティ〉↓藤堂修〈本名笠原健三〉（佐藤浩市）
エルキュール・ポアロ↓勝呂武尊（野村萬斎）
メアリ・デブナム↓馬場舞子（松嶋菜々子）
グレタ・オールソン↓呉田その子（八木亜希子）
ヒルデガルデ・シュミット↓昼出川澄子（青木さやか）
ヘクター・マックイーン↓幕内平太（二宮和也）
アントーニオ・フォスカレッリ↓保《ほ》土《と》田《だ》民雄（藤本隆宏）

エドワード・マスターマン↓益田悦男（小林隆）

※車掌
ピエール・ミシェル↓三木武一（西田敏行）

※他の車両の乗客
ブーク↓莫《ばく》（高橋克実）
コンスタンティン医師↓須田医師（笹野高史）

※アームストロング一家とその関係者
ジョン・アームストロング大佐↓剛力大佐（石丸幹二）
ソニア・アームストロング↓剛力曽根子（吉瀬美智子）
デイジー・アームストロング↓剛力聖子（小林星蘭）
スザンヌ・ミシェル↓三木小百合（黒木華）

こうして見ると、原作の人物名の響きなどを重視した上で巧みに日本人の名前にアレンジした三谷のセンスに感服させられる。原作のポアロにあたる勝呂の名前が武尊なのは、ギリシャ神話の英雄エルキュール（ヘラクレスのフランス式発音）を、日本神話の英雄である日本武尊に置き換えたものだ。

先述の通りこのドラマは二夜連続で放映されたが、そのうち第一夜は原作をかなり忠実になぞっている。少なくとも歴代のどの映像化よりも、本格ミステリであることを重視した仕上がりなのは確かだ。ブークとコンスタンティン医師にあたる莫と須田医師は、漫才的な掛け合いを繰り返しつつ勝呂の推理にリアクションを示す役割だが、台詞量の多い会話劇の中で、視聴者の理解を助ける役割をも果たしている。

単に原作をなぞっているのみならず、ルメット版やＬＷＴ版へのオマージュもそこかしこに見られるあたりは、いかにも本歌取り上手な三谷幸喜らしい。例えば、サイラス・ハードマンにあたる私立探偵の羽佐間才助が元警察官という原作にない設定や、アーバスノット大佐にあたる能登大佐の家庭の事情などはルメット版からの引用である。カメラアングルや俳優の演技もそれに応えており、特に、幕内平太を演じた二宮和也や、呉田その子を演じた八木亜希子の役作りは、明らかにルメット版でヘクター・マックイーンを演じたアンソニー・パーキンスや、グレタ・オールソンを演じたイングリッド・バーグマンを意識していた。青いライトの下、乗客・車掌がひとりずつ台詞を言いながらラチェットを一突きするルメット版の犯行再現シーンは演出として素晴らしすぎて変えようがないので、三谷版でもほぼそのまま引用されている。ルメット版以上に原作に忠実な部分も多く、例えば乗客と車掌を合わせた十三人全員が犯人なのに傷跡が十二しかない点の辻褄合わせは、ルメット版ではアンドレニ伯爵夫妻が二人一緒に一突きしていたのに対し、三谷版は原作通り、伯爵夫人だけは手を下さず、夫が代理で犯行に加わったことにしている。

原作の謎解きには、日本を舞台にした場合に忠実な再現が難しい要素が幾つかあるけれども、そのうち最も翻案困難だったのは、現場で見つかったハンカチの頭文字Ｈをめぐる部分だろう。原作では疑いを避けるためにアンドレニ伯爵夫妻がパスポートを油で汚し、伯爵夫人の本名ヘレナの頭文字Ｈを消し、Ｅで始まるエレナという名前に偽装する。三谷版ではハンカチの頭文字はＨではなくＮであり、旅券に記された安藤伯爵夫人の本名の浪子からさんずいを消し、良子という名前に変えるという脚色が施された（似たトリックは横溝正史の戦前の短篇で使われている）。また被害者の部屋からフランス語が聞こえたくだりは、ドラマでは博多弁に置き換えられている。

さて第一夜は、真相を勝呂が指摘し、一同がそれを認めたところで終わる。翌日の第二夜は、クリスティー文庫版でいえば四百四ページ以降の僅か五ページを約二時間にふくらませ、事件に至るまで裏側で進行してきた物語と、事件の決着が描かれてゆく。

すべての発端は、剛力大佐の一人娘・聖子が誘拐され、無残な亡骸となって発見された五年前の事件だった。命を落としたのは聖子だけではない。妊娠中だった大佐夫人の曽根子は流産し自らも死亡、絶望した大佐は拳銃自殺を遂げた。更に、誘拐犯を手引きしたと警察から疑われたメイドの小百合は留置所で自らの命を絶った（原作のメイドの名前はスザンヌだが、ルメット版ではポーレット、ＬＷＴ版ではフランソワーズと何故か映像化のたびに名前が異なる。原作とルメット版ではメイドは飛び降り自殺するが、三谷版で縊死なのはＬＷＴ版での死に方を意識したのだろう）。家族全員が死亡した剛力家は、使用人たちも散り散りになり、住む者もいない廃屋と化した。

聖子誘拐犯として逮捕されたのは笠原健三という悪党である。だが彼は証拠不充分で無罪となった。たとえ法が許しても天は許さない――こうして剛力家関係者による復讐計画が開幕するのだが、この計画の主導者として、勝呂は三人の名を挙げる。人徳は羽鳥夫人こと淡島八千代（曽根子の実母の元女優）、頭脳は馬場舞子（聖子の家庭教師）、度胸は能登大佐（剛力大佐の戦友）、と。この中でも、犯行計画に最も貢献した人物として第二夜の主人公ポジションにあるのが、原作のメアリ・デブナムにあたる馬場舞子だ。藤堂修と改名した笠原健三（横浜で犯罪を起こした笠原が、正体を隠そうとしているわりに、そのまま横浜で会社を興したのはやや不自然ではある）への復讐を発案したのは、曽根子の妹の安藤伯爵夫人と、母親の淡島八千代、そして曽根子の名付け親の轟侯爵夫人だ。しかし、世間知らずな彼女たちだけでは遂行はおぼつかない。そこで見込まれたのが、冷静で頭の回転が速い舞子だった。彼女は最初、この復讐に反対するが、娘一家を失い憔悴の極みにあった八千代が復讐という生き甲斐を見出したのを知って協力を決意。戦場という命をかけた場での経験が豊富な能登の協力を得て、仲間を増やし、確実に捕まらない完全犯罪の計画を練りはじめる。後に能登の台詞にもあるように、このドラマでの舞子の役割は、元禄赤穂事件における浅野家家老・大石内蔵助に準《なぞら》えられている。

原作にはないこの第二夜で、三谷は明らかに物語に忠臣蔵を重ねている。彼は恐らくこう考えたのだろう――『オリエント急行の殺人』同様、雪の中で成就する敵討ちの物語、しかも大勢でひとりの悪党の命を奪う有名な物語が日本にもあるではないか、と。この符合を利用して、三谷はクリスティーと忠臣蔵の二重写しという、日本のクリエイターならではの着想をふくらませていった。

第二夜で舞子同様に大きな存在感を与えられたのが、ヘクター・マックイーンにあたる幕内平太である。実は原作では、犯行に加わる動機が最も弱いのがマックイーンなのだ。父親がアームストロング事件の担当検事だったことと、アームストロング夫人に憧れていたこと、この二点しか彼は事件と接点がない。ルメット版では、マックイーンがマザコンであることが強調され、早くに死んだ母の代わりにアームストロング夫人を慕っていたとされているが、この脚色はもちろん、マックイーン役のアンソニー・パーキンスが『サイコ』（アルフレッド・ヒッチコック監督、一九六〇年）のノーマン・ベイツ役で有名というイメージを利用している。またＬＷＴ版では、マックイーンの父の検事がカセッティの脅迫に屈して失脚したことが彼の復讐の動機となっている。三谷版では、純情さとストーカー的執着が融合した二宮和也の演技により、幕内の曽根子への慕情が更に強調されている。

復讐の参加者は、一旦は離散した使用人たちも集まってくることでどんどん増えてゆく。忠臣蔵では、もっと多かった浪士たちがいろいろな理由で脱落し、結果的に四十七人に絞られるのだが、このドラマでは逆に人数が増える展開になっていて、これは三谷が脚本を手掛けたＮＨＫ大河ドラマ『新選組！』（二〇〇四年）の、もともとは多摩の道場の数少ない仲間が中心メンバーだった新選組が、だんだん増えて大所帯となってゆく展開に似ている。最終的に参加者は十三人に達するが、能登大佐は原作以上に十二人という人数にこだわる。もちろん原作同様に「陪審員による裁き」であることを意図したからだが（日本でも一九二八年から一九四三年まで十二人の陪審員による陪審制が行われていた。逆に言えば、陪審制がある時代だからこそ三谷は昭和初頭を物語の背景として選んだのだろう）、かつて三谷が脚本を執筆した映画『12人の優しい日本人』（中原俊監督、一九九一年）の存在も想起させる。

原作とも他の映像化とも異なるのは、夫に制止されたにもかかわらず、安藤伯爵夫人が勝手に特急東洋に乗り込んできた点だ。結局、説き伏せられて犯行には直接参加しなかったものの、赤いガウンの女に扮するなど、事件にかなり積極的に介入している。そのことによって、能登がこだわった十二人の陪審員の裁きという名目は崩れたとも言える。不吉な人数とされる十三人の犯行になってしまったからこそ、彼らの完全犯罪計画は勝呂の乗車や雪崩による停車といった想定外の出来事により狂ったのかも知れない（勝呂と対面した轟侯爵夫人の「こうなる運命でしたのね」という台詞は、それを悟ったようにも解釈し得る）。

第二夜の後半は、特急東洋に乗車してからの一同の苦心がメインとなる。高名な探偵の勝呂が、よりによって藤堂の隣の客室に泊まるというハプニング。更に、雪崩のせいで停車した列車。一同のあいだに動揺が拡がるが、舞子の機転によって計画は進められてゆく。このあたりはいかにも三谷らしいコメディ・タッチが楽しい。犯行前、列車内で繰り広げられた乗客たちの小芝居は、原作では具体的な理由の説明がない部分もあるけれども、ドラマでは勝呂を早めに寝かせないことで、肝心の犯行時間に疲れた勝呂を熟睡させるためという理由が用意された。この経緯は原作と比較しても齟齬がなく、ミステリ好きの三谷の本領が発揮されている。

忠臣蔵のもじりに話を戻せば、幕内が秘書、益田が執事として藤堂邸に潜入するのは、吉良邸を探ろうとした四十七士の岡野金右衛門らの苦心に重ねられていると見るべきだろうか。また、実際の赤穂事件では堀部安兵衛ら強硬派が吉良襲撃を企て、慎重に事を進めようとする大石内蔵助が彼らの動きを抑えるのに苦労したけれども、このあたりはドラマでは、昼出川澄子や保土田民雄らが暴走しそうになるくだりで再現されている。復讐計画の大きな障壁となる藤堂の用心棒・清水（深水元基）の名は、忠臣蔵で吉良家きっての腕利きの剣客として描かれることが多い清水一学を踏まえたものに違いない。藤堂への脅迫状を十二人で一文字ずつ書くくだりは、討ち入り前の血判状に準えられている。

四十七士が力を合わせて吉良邸に討ち入り、亡君の仇を討ったように、『オリエント急行殺人事件』では雪の夜に十三人（実際に手を下したのは十二人）で剛力一家の恨みを晴らした。では、ポアロにあたる勝呂武尊の役割を忠臣蔵の人物に重ねてみることは可能だろうか。勝呂は結局、真相を射抜いた第二の仮説ではなく、偽りの真相である第一の仮説を選び、一同の犯行を見逃すことにした。とすれば彼の役割は、自分になりすまして江戸に下向する大石内蔵助を見逃す垣見五郎兵衛、あるいは、討ち入りを黙認した吉良邸の隣家の主・土屋主税《ちから》といったところか。犯人を見逃すか否かについての勝呂と莫と須田医師のやりとりに、浪士の処分をめぐる徳川綱吉と荻生徂徠《おぎゅうそらい》と林鳳岡《ほうこう》の議論を重ねることも可能だろう。

実際の赤穂事件は、武士道の見地において美談と讃えられ、その後、多くのフィクションが作られて人口に膾炙していった。しかし、たったひとりの老人を大人数で殺害するというのは、元禄の世ならいざ知らず、現代人の見地からは些か後味が悪い。歴史上の出来事を搦手から捉えるのが得意な三谷幸喜が、忠臣蔵のそのような側面を見落とす筈がない。実は今回の『オリエント急行殺人事件』でも、十三人の犯行を全面的には肯定していない部分がある。曽根子への慕情を利用して幕内を復讐計画に縛りつける八千代のしたたかさ、計画が順調に進行しない苛立ちから聖歌隊の子供のつてを利用して藤堂爆殺を空想する呉田その子の狂気、犯行の邪魔になる勝呂を消そうという能登や安藤伯爵の提案などは、八千代が言う「善良で、誠実な人たち」が、追いつめられた時には悪へのボーダーラインを乗り越えてしまうことを示している。また、轟侯爵夫人や安藤伯爵夫人の復讐にかける熱意は疑い得ないとしても、彼女たちの言動には、いかにも苦労知らずの上流階級らしい無邪気なわがままさが感じられる。一方、藤堂は貧困層から成り上がった人物であり、新聞記者に扮して探りを入れようとした舞子と能登を「世の中にはな、死にもの狂いで這い上がってきた人間だっているんだ！」と一喝する。「市民の生活が二分化された現在の横浜に相応しい事件」という台詞からも窺えるように、ここでは昭和初頭に仮託して、現在の貧富差が拡大した社会が暗示されている。そんな社会で固定した階級の壁を超えるには、不正に手を染めるしかないという暗示も（上流階級側からこの壁を超えようとした——即ち、戦争孤児の救済を図っていた剛力曽根子が、藤堂によって死へと追いやられるのは皮肉としか言いようがない。また、外交官としての将来があるという理由で安藤伯爵の参加を八千代が反対し、舞子が益田ら使用人階級の参加者たちに「あなたたちに将来がないってわけじゃないんですよ」とフォローするくだりも、事件の遠因に階級差があるという暗示を補強する）。その点で三谷版の善悪を固定しない描き方は、十三人の犯行を肯定し、被害者を完全な悪とした原作やルメット版よりは、被害者が罪を償おうとしていたと解釈しつつ犯人たちの独善ぶりを描いたＬＷＴ版に近いとも言える。

　幕切れの余韻は、ルメット版、ＬＷＴ版、三谷版のすべてが異なっている。全員で晴れやかに乾杯し、めでたしめでたしで終わるルメット版（原作では、ポアロたちが真相を伏せて第一の仮説を選んだ時の犯人たちのリアクションは描かれない）。最も異色なのがＬＷＴ版で、罪を暴かれた乗客たちはさまざまな理屈を言い立てて開き直り、ポアロはそんな彼らをならず者に等しいと激しい口調で非難する。アーバスノット大佐に至っては、口封じのためにポアロとブークを射殺しようとさえする（流石に他の共犯者たちに制止されるが）。その後、メアリ・デブナムとの会話や神への祈りを経て、ポアロは一同を地元警察に突き出すことを翻意し、車掌に化けたマフィアの仕業と説明して真実を覆い隠す。一同に背を向けて雪の中を歩き出すポアロの表情を見れば、それが悩みに悩んだ末の苦渋の決断であったことは一目瞭然である。

　三谷版のラストは両者のいずれとも違う。勝呂はどんな殺人も許されないと主張したわりに、「これは勝呂武尊が解決できなかった初めての事件です。しかし、これほど誇らしいことはありません」と、真相を覆い隠すことにさほど葛藤した様子はないし（保土田に証拠隠滅まで示唆している）、一同も流石に乾杯まではしないものの、晴れやかな様子で大願成就を祝っていた。だが、実は三谷がこのドラマに忍ばせた毒は、ここにおいて強烈な皮肉として炸裂する。共犯者たちとの別れを寂しがる幕内が、まだまだ世の中に隠れている筈の悪人を、今回の顔ぶれで仕置きしてゆこうと提案するのだ。当然、他の面々から即座に却下されるのだが、ハッピーエンドでありながら「善良で、誠実な人たち」の暗部をも点描して不穏さを滲ませた点は、三谷が原作やルメット版とＬＷＴ版の双方の解釈を取り入れたのかも知れない。優れた映像化の前例がある場合、後発の映像化はどうしても比較されて損をするものだが、これは後発の強みを生かした成功例と言っていいのではないか。

（追記）『オリエント急行の殺人』の最新の映画化は、ケネス・ブラナーが監督と主演のポアロ役を兼ねた『オリエント急行殺人事件』（二〇一七年）。賛否が分かれた出来だが、犯罪被害者の心の癒しを重視した解釈に独自性がある。また、三谷幸喜脚本、野村萬斎主演の「勝呂武尊」シリーズは、その後『黒井戸殺し』（二〇一八年、原作は『アクロイド殺し』）、『死との約束』（二〇二一年）と続いている。

救済ある古典部の浄化――『氷菓』

※『氷菓』の結末に触れています。また、笠井潔『バイバイ、エンジェル』の内容に触れた部分があります。

米澤穂信『氷菓』(角川文庫)

北村薫が確立した「日常の謎」系統のミステリは、二一世紀に入って学園ミステリとの融合によって新たなステージに入った――恐らく後世のミステリ史にはそのように記されるだろう。それくらい、学園ミステリと「日常の謎」は今となっては鉄板の組み合わせであり、初野晴・相沢沙呼・似鳥鶏・市井豊ら多くの書き手の得意ジャンルとなっている。このフォーマットのプロトタイプを作った「日常の謎」の中興の祖こそは米澤穂信であり、彼のデビュー作『氷菓』(二〇〇一年)は図らずもマイルストーンとなった。

この作品に始まる「古典部」シリーズや、高校生の小鳩《こばと》常悟朗《じょうごろう》と小佐内《おさない》ゆきを主人公とする「小市民」シリーズ(二〇〇四年〜)、四人の高校生とユーゴスラヴィアから来た少女の交流を描いた長篇『さよなら妖精』(二〇〇四年)などから、二人の図書委員の男子高校生が主人公の近作『本と鍵の季節』（二〇一八年）に至るまで、米澤の作品の多くが、学園ミステリと「日常の謎」の融合から成っている。それらが多くの後進作家に影響を与えたのは、ミステリとしてと青春小説としての、双方の水準の高さによるものだ。

「古典部」シリーズの舞台は、中部地方の架空の地方都市・神山市（著者の出身地の岐阜県高山市がモデルと推定される）。主人公は、そこにある進学校・神山高校の新入生・折木《おれき》奉太郎《ほうたろう》だ。「やらなくてもいいことなら、やらない。やらなければいけないことなら手短に」をモットーとする省エネ主義者の彼は、校内の部活動には当然無関心だったが、姉の供恵《ともえ》から半ば強制的に、廃部寸前の「古典部」に入部させられる（供恵はかつて古典部員だった）。部室に向かった奉太郎は、そこで入部希望者の少女・千反田《ちたんだ》えると出会う。彼女は奉太郎が鍵を開けるまで、自分でも気づかぬままに部室に閉じ込められていた。奉太郎はこの密室の謎を解き明かしてみせる。彼と、「わたし、気になります」が口癖の好奇心旺盛なえるに、奉太郎の旧友でデータベースを自認する福部里志、その里志に好意を寄せる毒舌家の伊原《いばら》摩耶花《まやか》も加わって、一年生四人だけの古典部の活動がスタートした……というのが第一作『氷菓』の発端だ。そして、シリーズを通して彼らは学園生活の中で幾つもの謎とめぐり合い、それらを解き明かしてゆくことになる。

　奉太郎のような、自分からは積極的に動きたがらない探偵役というのは、主人公のある種の定番パターンと言っていい。古典的な例なら、笹沢左保の時代小説に登場する木枯し紋次郎が有名だし、比較的近年なら、京極夏彦の「百鬼夜行」シリーズの京極堂こと中禅寺秋彦も腰が重い名探偵と言えるだろう。だが、学園ミステリにこの種の主人公を登場させることで、「薔薇色」の高校生活と彼が纏う「灰色」とを対比させ、物語のテーマと密着させた米澤の着想は慧眼と言える。

さて今のところ、「古典部」シリーズの映像化は二種類ある。ひとつは、二〇一二年に京都アニメーション制作で放映された全二十二話（ただしアニメオリジナルの「第十一・五話」がOVAとして存在する）の連続アニメ『氷菓』。もうひとつは、二〇一七年に公開された実写映画『氷菓』だ。

前者は「古典部」シリーズのうち、当時刊行されていた『氷菓』、『愚者のエンドロール』（二〇〇二年）、『クドリャフカの順番』（二〇〇五年）、『遠まわりする雛』（二〇〇七年）を中心にアニメ化しており（ただし、二〇一六年刊行のシリーズ第六作『いまさら翼といわれても』に収録されることになる「連峰は晴れているか」を原作とする回もある）、後者はシリーズ第一作『氷菓』のみを原作としている。タイトルが同じなので、以降は前者をアニメ版、後者を映画版と呼ぶ。アニメ版の主な声の出演は、折木奉太郎に中村悠一、千反田えるに佐藤聡美、福部里志に阪口大助、伊原摩耶花に茅野愛衣という配役だ。シリーズ構成はライトノベル作家でもある賀《が》東《とう》招二で、米澤穂信の名は原作のみならず構成協力としてもクレジットされている。

アニメ版が原作と最も異なる部分は、時代背景を二〇〇〇年から、放映当時の二〇一二年に移した点だろう。それに従い、『氷菓』を原作とする第一話から第五話で扱われる、古典部の文集「氷菓」をめぐる一九六七年の出来事は、原作の三十三年前から四十五年前に変更され、関係者の年齢にも変化が生じた。また、第十八話「連峰は晴れているか」の、市立図書館の雑誌に目を通した奉太郎が

「この特集では、平清盛は白河院の子供として描かれているのか」と呟くシーンも、彼が歴史好きであることのみならず、ＮＨＫ大河ドラマ『平清盛』が放映された二〇一二年が時代背景であることをも強調している。このドラマでは奉太郎の台詞通り、主人公の清盛（松山ケンイチ）は平忠盛（中井貴一）の子ではなく、時の権力者・白河法皇（伊東四朗）の御落胤という設定になっていた。

　このアニメ版も言及すべき論点は豊富だが、本稿では映画版を中心に論じたい。こちらは、安里《あさと》麻里《まり》監督・脚本により二〇一七年に公開された。安里は『呪怨　黒い少女』（二〇〇九年）、「リアル鬼ごっこ」シリーズの二作目～四作目（いずれも二〇一二年）、『劇場版　零　ゼロ』（二〇一四年）などのホラー映画の監督という印象が強いけれども、法条遥原作の『バイロケーション』（二〇一四年）では原作にない視覚的な伏線を追加するなど、ミステリ的なセンスにも優れているクリエイターであり、『氷菓』の監督・脚本に抜擢されたのも頷ける。主な配役は、折木奉太郎に山﨑賢人、千反田えるに広瀬アリス、伊原摩耶花に小島藤子、福部里志に岡山天音という顔ぶれである（全員、一九九三～一九九四年生まれの俳優なので同じ学年の役でも全く違和感がない）。こちらは、原作通り二〇〇一年が舞台であり、過去の出来事の年代も変更はないが、細かい改変として関谷純（少年期＝本郷奏多《かなた》、中年期＝眞島秀和）はえるの伯父ではなく叔父になっている。

　原作『氷菓』を全五話をかけて映像化したアニメ版（第一話のＢパートには、原作の『遠まわりする雛』所収の「やるべきことなら手短に」も組み込まれていた）に対し、映画版は二時間足らずの上映時間なので原作を漏れなく再現することは不可能であり、壁新聞部の部長・遠垣内《とおがいと》将司《まさし》が絡むエピソードは省かれ、古典部の文集「氷菓」のバックナンバーが発見される過程は簡略化された。とはいえ、そこを除けばかなり原作に忠実な映像化と言えるだろう。

最近のミステリ映像では、名探偵に推理の際の決め台詞が用意されていることが多く、派手なジェスチャーがつく場合も多い。映画版『氷菓』の場合、奉太郎が推理の際に前髪を右手でつまむという名探偵っぽいポーズを取り、彼の周囲をカメラが回転するお約束はあるが、そこだけ除けば、演出はかなり落ち着いた印象である。もっとも、「古典部」シリーズの多くは奉太郎の視点で描かれているので彼が他者からどう見えているのかはわかりにくいものの、第三作『クドリャフカの順番』には、えるの視点からは「折木さんがああして姿勢を固め、目から少し焦点が失われたとき。／……あのひとは、考えているのです」と見えるという記述があり、原作でも奉太郎が推理の際に自分に没入するきっかけが、少なくともえるの目には明らかであることが窺える。それを思えば、映画版における奉太郎のポーズも、原作の彼からかけ離れているわけではないと知れる（なお、アニメ版でも毎回ではないものの、奉太郎は推理の際に前髪をつまんでおり、映画版の演出はそこからの引用かも知れない）。

冒頭の密室の謎に続くのは、クラスが違う女子生徒たちが同じ本を一週間おきに借りてはすぐに返却している謎だが、映画版のこのくだりで、奉太郎が図書室で読んでいる本は創元推理文庫版のアントニイ・バークリー『毒入りチョコレート事件』である。原作の参考にされたこの多重推理ミステリの古典を、きちんと小道具として使っている姿勢に好感が持てる（なお、アニメ版では奉太郎が読んでいる本として、原作には登場しない篠田節子『夏の災厄』文春文庫版やサン＝テグジュペリ『夜間飛行』新潮文庫版などが描かれ、彼が幅広い読書家であることを表している）。

　そして本題となるのは、文集「氷菓」をめぐる謎だ。えるは小学生の頃、叔父の関谷純からこの「氷菓」について尋ね、その際の叔父の返答に泣いたらしい。だが、何故泣いたのか、えるはどうしても思い出せない。そしてその出来事の直後、叔父は出奔して消息不明となった。自分が泣いた理由とは何だったのかを解き明かしてほしい……と、えるは奉太郎に依頼する（彼女が古典部に入部したのも、その理由を知りたいという「一身上の都合」によるものだった）。自分だけでは背負いきれないと考えた奉太郎は、里志や摩耶花にも協力を要請する――扱われているのが殺人ではないとはいえ、これはアガサ・クリスティーの小説に多い「回想の殺人（スリーピング・マーダー）」のパターンだ。

　一九六七年、関谷純は古典部の部長だった。「氷菓」の第二集の序文では、郡山養子《こおりやまようこ》という部員が先輩の彼について「あの静かな闘士、優しい英雄」などといった謎めいた表現をしており、しかも創刊号は古典部の部室にも学校の図書室にもないという。三十三年の時を隔てて、奉太郎たちは関谷の身に何が起きたのかを探ろうとする。

　奉太郎・里志・摩耶花が千反田家に集合し、えるを含むそれぞれが資料をもとに仮説を披露するくだりは、発表順はえる・摩耶花・里志・奉太郎（ただし里志は「データベースは結論を出せないんだ」という理由で仮説は発表しない）で原作通り。ただし、原作ではその後に出てくる三十三年前の神山高校の小火《ぼや》に関する情報が、映画版ではこの時点で奉太郎の仮説中において言及される。それに伴い、映画版での奉太郎の仮説は、文化祭中止という学校の判断に対する生徒たちの抵抗運動の際に校内の格技場で火事が起きた責任を、その運動のリーダーだった関谷純がひとりで背負って退学し、そのため彼が英雄と見なされるようになった……というものになっており、具体的に起きたことがやや曖昧な原作よりも説得力が補強されている。また、神山高校の文化祭がカンヤ祭と呼ばれている理由は、原作やアニメ版ではもっと後になって里志の口から推測が述べられるが、映画版ではこの時点で奉太郎によって語られる。関谷の苗字を「カンヤ」と読ませて、生徒たちが英雄である彼の名を密かに語り継いだというのだが、関谷の読み方は原作とアニメ版では「せきたに」、映画版では「せきや」だ。活字ではなく台詞で納得させようとすると、「せきたに」が「カンヤ」になったという説明が少々面倒になるからだろう。

しかし、関谷純が英雄として学校を去ったという奉太郎の仮説は間違っていた。叔父の話を聞いた小学生時代の自分が泣いた理由をまだ思い出せないえるも、真実が完全には解き明かされていないことに気づく。海外にいる姉の供恵（声・貫地谷しほり）からの電話によるサジェスチョンなどに助けられ、ついに奉太郎は真実に辿りつく。彼はえる・里志・摩耶花を連れて、真実を知る人物のもとへと赴く――「氷菓」の序文を書いた関谷純の後輩の古典部員・郡山養子、現在の名は糸魚川《いといがわ》養子教諭（斉藤由貴）のもとへ。

関谷純は、文化祭中止に抗議する運動のリーダーではなかった。真のリーダーは他にいたのに、彼だけがすべての責任を背負わされ、スケープゴートとして退学となった――この真相は原作と共通するが、映画版のほうが描かれ方は遙かに残酷である。原作の関谷は運動の名目上のリーダーだったが、映画版の彼は運動に関わってすらいなかったのだから。糸魚川が当時を思い返しながら「あの抗議運動、あれは、平和的運動じゃなかった。それはもう、暴動だった」と語るように、映画版での抗議運動は原作より暴力的に描かれている。生徒が放った爆竹が原因で格技場は炎上し、ひとりの女子生徒が巻き込まれる。炎の中から彼女を救出したのが関谷純だった――抗議運動に関わった生徒たちが誰も女子生徒を救おうとしなかった中、物静かで心優しい傍観者の彼だけが自ら動いたのだ。結局、学校側が折れて文化祭は開催され、関谷純の名は生徒たちのあいだで「優しい英雄」として抗議運動の象徴化される。だが、それが仇となり、彼は火事の責任を背負わされて退学処分となる。英雄は、決して自分から責任を取ったわけではなく、学校側と全校生徒の無言の共犯関係のもとで犠牲となった。糸魚川がかつて「氷菓」の序文に書いた通り、「あれは、決して英雄譚などではなかったのだ」。そして奉太郎の指摘により、その時に関谷純に救出されたが爆竹のせいで右耳の聴力を失った少女が、糸魚川本人であったことも明かされる。

　作中の神山高校における抗議運動は一九六七年に設定されているが、歴史的には、学校や社会に異を唱えた高校生たちが集会やデモを行ったり、学校をバリケード封鎖したりした「高校紛争」は、一九六九年から一九七〇年にかけて最盛期を迎えている。大学生が闘争の中心となった学生運動が有名なのに対し、高校紛争は今では注目されることが少ないけれども、北海道から沖縄まで全国に拡がりを見せた運動であり、それらの紛争の参加者が後に作家となって当時のことを小説に書いた例として、村上龍『69　sixty nine』（一九八七年）や小池真理子『無伴奏』（一九九〇年）などがある。

神山高校の抗議運動は文化祭中止という学校側の判断に生徒が怒りを表明したものだが、類似した例は実際の高校紛争にも存在した。小林哲夫『高校紛争 1969-1970 「闘争」の歴史と証言』(二〇一二年)で高校紛争の代表的な例として挙げられている、東京都立青山高校のケースがそれに該当するだろう。当初は中核派を上部組織とする一部の高校生運動家が中心となった闘争だったものの、学校側が文化祭を中止させたことが生徒たちの空気を一変させ、それまで少数派でしかなかった運動家たちが多数の支持を得るに至ったという。実際にその時代を知らない米澤が、こうしたエピソードを参考にしたことは想像に難くない。

高校紛争はごく一部の学校を除いて短期間で終わりを告げた。機動隊との衝突や内ゲバなどでの直接の死者は存在しないものの、多くの負傷者が出ている。また、一九七二年の連合赤軍事件では「総括」の犠牲者と加害者の両方に高校時代からの運動家がいたし、一九七〇年によど号ハイジャック事件を起こして北朝鮮に亡命した赤軍派メンバーの中には、当時十六歳の高校生もいた。その意味で高校紛争は、学生運動のミニチュア版では済まされない暴力的な面も含んでいた。『氷菓』の場合、生徒たちの抗議運動はバリケード封鎖や警察の出動にまで至ったわけではない。原作ではその種の描写は注意深く避けられているし、映画版では事態がよりエスカレートしてはいるものの過激な描写は最低限に抑制されている。実際の高校紛争最盛期より早い一九六七年に時代背景を設定したのも、史実との重なりを必要以上に強調したくなかったのかも知れない。だが、たとえ神山高校の抗議運動が実際の歴史より穏やかであったにせよ、その責任を負わされ、人生を狂わされた犠牲者は出た。米澤穂信も安里麻里監督も、そのあたりは時代を超えた普遍的な人間の性《さが》として描こうとしている。
『氷菓』Blu-ray／DVD版封入の特典ブックレットに掲載された米澤と安里の対談によると、初めて対面した際に監督が「『氷菓』を書いたときの初期衝動はなんでしたか？」と尋ねたところ、米澤は「熱狂に同調できない人間の話を書きたかった」と答えたという。「熱狂に同調できない人間」とは、言うまでもなく奉太郎のことであり、同時に関谷純のことでもあるだろう。映画版では原作以上に、この二人の立場を重ね合わせている。

　映画版では冒頭の密室の解明の時点で、奉太郎が右手で前髪をつまむとカメラが回転し、周囲の風景が現実から、事件を再現する彼の脳内風景へと移動する演出が見られる。この演出は幾度も繰り返され、そのたびに奉太郎は自身の脳内風景の中を動き回るけれども、注目したいのは千反田家での推理合戦のくだりだ。ここで奉太郎は三十三年前の出来事の仮説を披露するが、それを再現する映像では、奉太郎は抗議運動を主導する関谷純（あくまでも奉太郎の想像であり、実際の出来事の再現ではない）を同じ教室の座席から眺めていたり、咳き込みながら火事の光景を学校の窓から見ていたりする。そして、その後に奉太郎が真相に到達した時の再現映像では、先の映像で奉太郎がいたのと全く同じ位置に関谷純がいて、抵抗を訴える真のリーダーを座席から傍観していたり、学校の窓から火事に巻き込まれた女子生徒を目撃して咳き込みながら駆けつけたりするのだ。その前、自分が千反田家で披露した仮説が誤りだったことに気づくシーンでも、奉太郎が窓ガラスに映った自分の姿を見て「英雄ではなかった……」と呟く演出があり、奉太郎と関谷のイメージの重なりが強調されている。

ところで、《ユリイカ》二〇〇七年四月号（特集・米澤穂信――ポスト・セカイ系のささやかな冒険）には、米澤と笠井潔の対談「ミステリという方舟の向かう先――「第四の波」を待ちながら」が掲載されている。笠井潔は実際に反体制闘争に参加したが、一九七二年の連合赤軍事件に衝撃を受け、後に思想家・作家に転身し、デビュー作『バイバイ、エンジェル』（一九七九年）でこの事件をモチーフに選んだ。一方の米澤は笠井の作家デビュー前年にあたる一九七八年生まれで、当然一九六〇〜七〇年代の反体制闘争を知らない世代だが、『氷菓』で当時のことを扱っており、対談の組み合わせを考えた編集部の意図としては、単に世代の違う二人にミステリ論を語らせようという以上のものがあった筈だ。なお、『氷菓』執筆時に米澤が『バイバイ、エンジェル』を既読だったかどうかは不明だが、『バイバイ、エンジェル』の序章と終章が「マドリッドからの手紙」「ピレネーからの手紙」であるのに対し、『氷菓』の一章と九章（最終章）は「ベナレスからの手紙」「サラエヴォへの手紙」であるという符合は、何らかの影響を想像させるものがある（たぶんT・S・ストリブリングの「ベナレスへの道」への目配せもあるとは思うのだが）。

そして、この両デビュー作を対比することは恐らく本人たちが意識している以上に、二人の作家の資質的相違を浮かび上がらせることになるだろう。笠井の『バイバイ、エンジェル』の犯人は、「そうです。革命と人民は本質的に無関係です。いいえ、あらゆる歴史の現実が露骨に示しているのは、革命の最悪の敵が人民そのものであったという事実なのではありませんか。革命の真の敵は、刑務所や軍隊や政治警察や武装した反革命ではなく、……人民という存在だったのです。乳臭い牝牛みたいに愚かな善意で眼を曇らせた革命家たちは、いつもこの露骨な真実に無自覚でしたが、人民はこのことを小狡《こずる》い臆病な獣の本能で熟知していました。人民の熱狂的な支持と拍手のもとで、あるいは保身のための無言の加担によって、無数の革命家たちは投獄され拷問され虐殺され続けてきたのです」（傍点は原文通り）と指摘し、国家と人民の廃止という究極の世界革命に向けた破滅的闘争を提唱する。この絶望の革命思想に対して探偵役の矢吹駆《かける》は、「君はなぜ叛乱のただなかで人々が神々の高みにまで達しうるという真実を視《み》ようとはしないのだ。苦学生と浮浪児と娼婦の軍隊が、ただ死ぬためだけに最後の一人まで闘い続けたという、この都市（引用者註・物語の舞台であるパリ）の舗石《しきいし》のひとつひとつに刻まれた真実を視ようとはしないのだ」と答え、「そう、希望はある。身を捨てて、誇りも自尊心も捨てて、真実を、灼熱の太陽を、バリケードの日々を昏倒するまで生きることだ。太陽を直視する三秒間、バリケードの三日間を最後の一滴の水のようにも深く味わいつくすことだ。僕たちは失明し、僕たちは死ぬだろう。しかし、恐れを知らぬ労働者たちが僕たちの後に続くことだけは信じていい」と主張する。

　革命をめぐる思想の相違から自分たちの命をも懸けて争う二人だが、駆自身が相手のことを「双子」であり「半身」と表現するように、その思想の過激性において――いやそれ以前に自身を「革命家」の立場に置き、人民と革命家を対置している点において、駆と犯人は立場を同じくしている。『氷菓』の関谷純は、そうした笠井ワールドの登場人物たちと対極の位置にいる。「僕たちは失明し、僕たちは死ぬだろう。しかし、恐れを知らぬ労働者たちが僕たちの後に続くことだけは信じていい」

という矢吹駆のまことに美しくも大仰な理想は、学校側の非道への闘いという、それ自体は正しい理想を掲げた運動の過程で犠牲となった関谷純を救いはしない。熱狂に駆られて暴走した挙げ句、冷静さを残した人間を人身御供として捧げて自分たちは狡猾に保身を図るというなら、運動とは、革命とは何なのか。

作中に登場する文集「氷菓」の表紙イラストが、そのことを語っている。互いに噛みつく兎と犬、そして両者の争いを見守る多くの兎たち。闘う兎は関谷、犬は学校側、そして周囲の兎たちは、関谷だけに責任を押しつけ、あるいは傍観者に徹した他の生徒たちだ。『バイバイ、エンジェル』の犯人の主張のように「人民の熱狂的な支持と拍手のもとで、あるいは保身のための無言の加担によって、無数の革命家たちは投獄され拷問され虐殺され続けてきた」のではなく、革命家や人民といった「集団」こそが、関谷純という「個」を「保身のための無言の加担」で抹殺した。それが『氷菓』で明かされる真相の恐ろしさだ。「強くなれ。もし、お前が弱かったら、いつか、悲鳴も上げられなくなる日が来る。そうなったらお前は、生きたまま死ぬ」（映画版の台詞より）。それが、関谷が姪のえるに残した最後の言葉だった。生きたまま死ぬ――その恐ろしさを、郡山養子は「憶えていてはならない。何故ならあれは、英雄譚などでは決してなかったのだから」と「氷菓」の序文に書き残すことでしか表現し得ず、関谷本人に至っては「氷菓」というタイトルに自分の本心を塗り込めることしか出来はしなかった――氷菓→アイスクリーム→I scream.という、一見駄洒落めいた暗号でしか。

I scream.――私は叫んでいる。その叫びを、映画版は関谷純と折木奉太郎の二重の絶叫として映像化してみせた。関谷を原作以上に作り上げられた英雄として描いたのは、奉太郎の性格との共通性を強調するためだろう。省エネ主義者を標榜する奉太郎は、三十三年前に高校生として生まれていたならば、やはり映画版の関谷のように運動の熱狂に巻き込まれることはなかっただろう。しかし彼は、決して冷淡なのではなく、えるの頼みを放っておけない面を秘めている。いや、誰かに頼まれなくても、中学生時代の彼は自分が級友たちに憎まれる立場になるのを厭わず、人知れずある人物を救ったことがあった（「鏡には映らない」、『いまさら翼といわれても』所収）。そんな彼なら、三十三年前に運動の暴走の現場にいたとしても、自ら火の中に飛び込み、女子生徒を救おうとしたのではないだろうか。

　そして映画版独自の脚色でもうひとつ感心させられたのは、すべてが終わった後、奉太郎がえるにかけた言葉によって、序章で供恵がインドのベナレス（現地の発音ではヴァーラーナシー）から送った手紙の内容が伏線として回収された点だ。ベナレス、供恵が「死ぬと天国に行ける」「輪廻から外れられる」と表現した街。多くの死者が葬られる大河ガンジスが流れる街。原作では結局どうなったのか詳《つまび》らかではない関谷純のその後は、映画版でもはっきりするわけではないものの、奉太郎がえるに「お前の叔父は、ベナレスにいる。（中略）そこで、今も生きてる」と声をかけたことによって、より救いを感じさせる結末となり、えるの抱えてきた屈託も浄化された印象を受ける。

　矢吹駆が『サマー・アポカリプス』（笠井潔、一九八一年）で「ガンジス河の河辺のすべての砂粒のなかの一粒である自分。しかし、永遠に母なるガンジスは、いつだってそこに、あるんだ」と述懐したガンジス。関谷純が輪廻から外れ、天国へ行けたかも知れないガンジス。この国から遠く離れた異邦の聖なる大河においてのみ、集団と個の、革命家とスケープゴートの救済の道は交錯し得るのだろうか。

クローズドサークルの二つの顔——『屍人荘の殺人』

※『屍人荘の殺人』の結末に触れています。

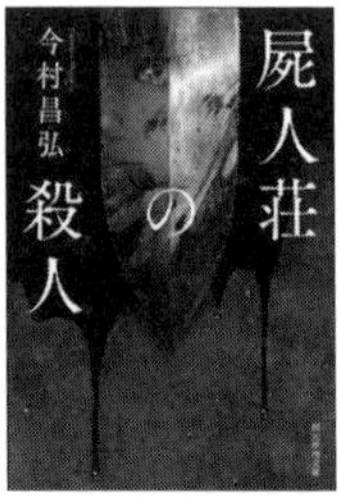

今村昌弘『屍人荘の殺人』（創元推理文庫）

ベストセラーになった本格ミステリというと、今世紀でいえば東野圭吾の直木賞受賞作『容疑者Xの献身』（二〇〇五年）や、東川篤哉のユーモア・ミステリ『謎解きはディナーのあとで』（二〇一〇年）あたりが思い浮かぶけれども、完全な新人のデビュー作にして大ヒットの偉業を達成した稀有な例が、二〇一七年、第二十七回鮎川哲也賞を受賞した今村昌弘の『屍人荘の殺人』である。『このミステリーがすごい！』『本格ミステリ・ベスト10』そして《週刊文春》ミステリーベストテンの国内部門一位を制覇、更に第十八回本格ミステリ大賞を受賞し、刊行から半年で二十万部を超える異例のベストセラーとなった。

この小説がそこまで売れた理由はといえば、もちろん本格ミステリとしての出来の良さもあるのだが、それだけでは説明し難い部分がある。まず、それなりの人数のキャラクターが登場するにもかかわらず、ネーミングによって区別しやすい工夫が凝らされていることが挙げられる。例えば、名探偵気取りの明智恭介は、江戸川乱歩の小説に登場する明智小五郎と高木彬光の小説に登場する神津恭介を合体させた名前だし、ペンションの管理人は管野唯人《かんのゆいと》、親の七光のボンボンは七宮兼光《ななみやかねみつ》、サーファーっぽい男は立浪波流也《たつなみはるや》……といった具合に、名前がそのままキャラクターを表現していて、読者にとっては極めて憶えやすいという利点がある。この便利な手法は、早坂吝の『探偵AI《アイ》のリアル・ディープラーニング』（二〇一八年）、方丈貴恵の『時空旅行者の砂時計』（二〇一九年）、斜線堂有紀の『廃遊園地の殺人』（二〇二一年）など、後続のミステリ小説にも影響を与えている。

もうひとつ、本作が話題になった理由としては、作中でクローズドサークルが出来上がった原因について、ある時期まで徹底した箝口令が敷かれていたことが挙げられる。これについては、『屍人荘の殺人』創元推理文庫版の有栖川有栖の解説から経緯を抜粋しておく。

> 記録の意味でここに付記しておくが、『屍人荘』の宣伝において、帯に謳《うた》われていた〈極限状況〉がいかなるものかについては言及がなかった。それが何かは読んでのお楽しみ、というわけだ。
>
> プロアマを問わず、紙媒体であるかネットであるかを問わず、書評や感想文を書いた人たちも意を同じくしたようで、斑目《まだらめ》機関がもたらしたテロの具体的な内容を書かなかった。そのため、「読まないと判らない趣向があるらしい。何だ？」と未読のひとの好奇心を刺激したのだろう。

この文章に続けて有栖川も「正直なところ、発売から数カ月もしたら『もうバラしてもいいのに』と思わないでもなかったが」と記しているように、そこまで伏せておくべき趣向だったかという疑問もあるが（例えば、同じ特殊設定ミステリでも、方丈貴恵『孤島の来訪者』〈二〇二〇年〉の設定ほどネタばらし厳禁ではないと思う）、この宣伝手法が結果的に大成功を収めたのは紛れもない事実である。ただし論の都合上、本稿ではその秘密に触れなければならない。

神紅《しんこう》大学ミステリ愛好会会員の葉村譲と、会長で「神紅のホームズ」を自称する明智恭介は、同大学の学生の「探偵少女」剣崎《けんざき》比留子《ひるこ》から、山中のペンション「紫湛荘《しじんそう》」で行われる神紅大学映画研究会の夏合宿に誘われた。映画研究会ではナンパが目的のOBたちが幅を利かせており、また差出人不明の「今年の生贄は誰だ」という脅迫状が部室で見つかったせいで合宿への参加を辞退した部員も多いという。どうやら、昨年の合宿で何かがあったらしい。学内で起こったさまざまな事件に首を突っ込んできた明智は、この不穏な合宿に興味を抱く。

かくして、映画研究会と数合わせのための演劇部、そしてミステリ愛好会による二泊三日の夏合宿が始まった。その頃、謎に包まれた「班目機関」のバイオテロにより、紫湛荘近くの娑可安《さべあ》湖畔で開催されていたロックフェスでゾンビが発生。ゾンビに噛まれた人間もゾンビと化し、犠牲者はあっという間に増えてゆく。ゾンビになった群衆の一部は紫湛荘にも押し寄せ、明智を含む合宿参加者の数人が殺されたり行方不明になってしまう。生き残った面々は紫湛荘に立てこもるが、翌朝、その一室で映画研究会の部長・進藤歩が無残な屍体となって発見される……。

本格ミステリにおけるクローズドサークルには、嵐や吹雪や山火事などが原因で外界への連絡が不可能になった孤島や山荘が舞台に選ばれることが多いが、『屍人荘の殺人』においては、舞台である紫湛荘は大量のゾンビに包囲され、いつ侵入されるかわからない極限状況である——というのがユニークな点だ。一同の命の危機が刻々と迫っていてそれどころではない筈の状況で犯罪と謎解きが進行するという点は、歴代のクローズドサークルものの中でもエラリー・クイーンの『シャム双子の秘密』（一九三三年）に近いと言えるけれども、『屍人荘の殺人』の場合、犠牲者の屍体にゾンビに喰われた形跡があるにもかかわらず、現場の状況は人間の仕業としか思えない部分もあり、犯人がゾンビか人間か決定し難い——という点にミステリとしての独自性と妙味が存在している。

さて、この小説の設定を考えると、仮に映像化する場合、ゾンビの大量発生という要素は映画向きだが、緻密な謎解きを映像的に再現することにはかなりの困難が伴う——というのが大方の予想ではないだろうか。では、実際の映画化の結果はどうだったか。

『屍人荘の殺人』が木村ひさし監督により映画化され、公開されたのは二〇一九年十二月のことである。原作刊行の二年後だから、比較的早い映画化と言える。監督の木村ひさしと脚本の蒔田光治は、二〇〇〇年からテレビ朝日系で放映された『ＴＲＩＣＫ』をはじめ数多くのミステリドラマを手掛けており、本作以外でもしばしばコンビを組んでいる。メインキャストは、葉村譲に神木隆之介、剣崎比留子に浜辺美波、明智恭介に中村倫也《ともや》という顔ぶれだ。作中の映画研究会はロックフェス研究会に変更されており、ロックフェスで起こったゾンビ・パニックに合宿参加者が巻き込まれる流れをより自然なものとしている。ロックフェス研究会関係者は、部長で三回生の進藤歩に葉山奨《しょう》之《の》、二回生の名張純江（原作では演劇部）に佐久間由衣、ゾンビ映画マニアの二回生・重元充に矢本悠馬、ＯＢの七宮兼光に柄本時生、同じくＯＢの立浪波流也に古川雄輝ら、若手実力派が揃った。

予告篇から窺える通り、映画は原作よりかなりコミカルな味つけがされているが、これは監督の木村と脚本の蒔田の個性が前面に出たためと思われる。例えば冒頭、葉村と明智の前で剣崎がナポリタンを食べるシーンは蒔田脚本のミステリドラマにしばしば出てくるお約束であり、同じく木村・蒔田がスタッフに加わった浜辺美波・岡田将生主演の連続ドラマ『タリオ　復讐代行の2人』（ＮＨＫ総合、二〇二〇年）でも踏襲されている。葉村・剣崎・明智を乗せて紫湛荘へと向かうバスに乗り合わせていた老婆が横溝正史原作の映画『悪魔の手毬唄』（市川崑監督、一九七七年）の「おはんでござりやす……」という台詞を呟いていたり、プロレスラーの永田裕志が本人役で出演したりするお遊びや、「ずれている」という台詞からヅラ（鬘）をつけた人物が自分のことを言われたのかと狼狽するギャグも『ＴＲＩＣＫ』を連想させる。浜辺美波が演じた剣崎比留子も、紫湛荘の玄関で道場破りさながら「頼もうー」と声をかけたり、時代劇『影の軍団Ⅲ』（フジテレビ系、一九八二年）で千葉真一が演じた伊賀忍者の頭領・多羅尾半蔵の決め台詞「天魔伏滅」を引用したり、謎解きの際に横綱土俵入りの型のひとつである雲龍型でポーズを決めるなど、原作より遙かにコミカルかつ浮世離れしている。明らかに、『ＴＲＩＣＫ』で仲間由紀恵が演じたマジシャン・山田奈緒子の系譜に連なるキャラクター造型である。

事件の舞台となる紫湛荘は、原作では田舎の小学校くらいの大きさがある洋風ペンションという描写だが、映画では三階建てから二階建てに縮小されたものの（従って部屋番号は原作と異なっているし、早い段階で一階がゾンビに占拠される展開は削除された）、代わりに内装のゴージャスさが際立ち、完全に「館もの」としてのカラーが押し出されている。管理人の管野唯人（池田鉄洋）が執事のような装いなのも、この映画の「館もの」としての雰囲気に合わせたものだろう。紫湛荘と娑可安湖の所在地は原作ではS県とぼかしてあるけれども、映画では長野県になっている。避暑地のイメージを重視したのと、所謂《いわゆる》「四大ロックフェス」の実際の開催地を敢えて外したのかも知れない。

ゾンビの存在に言及しないという宣伝上のお約束は映画でも踏襲されており、予告篇をはじめTV番組での宣伝などでも、ゾンビについては（モザイクをかけるなどして）伏せられていた。原作同様、ゾンビ化した人間は脳を破壊されることで動きを止めるが、映画ではレーティングの関係で頭部の破壊を直接的に描写せず、ＣＧ映像で表現している。

なお映画では、ゾンビ発生の元凶である班目機関については、それらしき存在は登場するものの具体的な説明は何もない（そもそも、班目機関という名称すら出てこない）。班目機関と連続殺人の犯人が無関係であることを前提としておかないと、ゾンビ発生までも犯人の仕業と思い込んでしまう観客が出てくる可能性もあるため、ここは不親切だったように思う（実際、私が映画館で観終えてロビーに出た時も、そのあたりが腑に落ちないと口にしているカップルの会話が聞こえてきた）。

原作の登場人物は、紫湛荘管理人の管野唯人が三十歳前後と思われる以外、十代から二十代後半の大学生およびOBばかりだが、映画では管野のほか、高木凛（ふせえり）と出目《でめ》飛雄《とびお》（塚地武雅）が中年のキャラクターとなっている（高木と出目は原作ではそれぞれ三回生とOBだが、映画ではゾンビに追われて紫湛荘に逃げ込んだ行きずりの中年男女に変更された。また、この改変に伴い、「今年の生贄は誰だ」という警告状で合宿を中止させようとした人物は高木から重元へと変更されている）。出演者が若手俳優ばかりだと区別しにくくて混乱する観客も必ずいる筈なので、ヴィジュアル的にアクセントをつけたこの設定変更は正解と言えるだろう。

年齢こそほぼ原作通りながら、設定面で大きな変更が見られるキャラクターがもうひとりいる。山田杏奈が演じた静原美冬だ。彼女は原作では映画研究会の一回生だが、映画ではロックフェスの会場で葉村と偶然邂逅し、ゾンビに追われて紫湛荘に逃げ込んだ若い女性となっている。実は、この設定変更こそが映画版で最もミステリとして工夫が凝らされた部分なのだ。というのも静原美冬こそが、紫湛荘内で起きた連続殺人事件の犯人なのだから。

原作の登場人物は葉村・剣崎・明智と数合わせで呼ばれた演劇部の部員を除くと、映画研究会の部員とOBばかりである（管野も映画研究会に合宿の場を毎年提供しているので、この会の関係者に含め得る）。映画研究会では不穏な脅迫状の存在もあるし、OBの七宮兼光・立浪波流也・出目飛雄が我がもの顔に振る舞い、女性蔑視的な言動を繰り広げるので、犯行の動機が研究会内の人間関係――中でもOBたちの女性関係に起因していると大体想像がついてしまう（そうなると、やはり犯人の可能性が高いのは女性ということになる）。その点は映画も同様なのだが、静原がたまたまロックフェスにいただけのように見える人物として登場するため、若い女性でありながら観客にとって嫌疑の外に置かれてしまうのである。

　このミスリードは、実は予告篇の段階から仕込まれている。この映画の予告篇では、各登場人物が、それぞれの属性を示すコミカルなキャッチコピーとともに紹介される。例えば、七宮兼光は「わがまま御曹司」、立浪波流也は「超絶チャラ男」、進藤歩は「先輩のパシリ」、管野唯人は「執事の中の執事」、高木凛は「クレーマーおばちゃん」……といった具合に。では、静原美冬はというと「スマホを落としただけ女」。言うまでもなく、志《し》賀《が》晃《あきら》の小説を原作とするミステリ映画『スマホを落としただけなのに』（中田秀夫監督、二〇一八年）をもじったものだが、このキャッチコピーによって、静原は「スマホを落としただけ」で主要キャラクターではない……というミスリードが観客に刷り込まれるわけである。

　また、この改変は、明智恭介の探偵としての能力の描写にも関わっている。映画では冒頭、物理学教授室からの試験問題の盗難というオリジナルのエピソードが描かれる（これは、原作で明智と葉村が関わった事件として名のみ記される「宗教学試験問題漏洩事件（仮称）」からヒントを得たのかも知れない）。葉村とともに名探偵然と現場に乗り込んだ明智は、早速その場を勝手に仕切って犯人探しを始めようとするが、そこに現れた剣崎比留子があっさり真相を見抜いてしまう。彼らが紫湛荘に到着してからも、密かに身元調査して剣崎が警察に協力したこともある本物の名探偵だと知った明智が彼女に対抗意識を燃やすなどの描写があり、名探偵の剣崎に対し明智は迷探偵という扱いになっている。しかし、単なる通りすがりの女性のように見えた静原美冬が、自分のスマートフォンをわざと七宮・立浪の目につくところに落としてナンパ好きの両名をおびき寄せたことに気づいた明智は、「ペンションでこれから起きる予定の事件についてだが、事件は起きていないが、犯人はわかった」と葉村に宣言する（その直後、明智はゾンビの手にかかって敢えない最期を遂げてしまうのだが）。剣崎や葉村より早く犯人に辿りついていた描写を入れることで、明智にも花を持たせたかたちになっている。

静原の犯行の動機は、原作では姉のように慕っていた先輩の遠藤沙知が自殺に追い込まれたことへの復讐、映画では実の姉の復讐（映画では静原は母親の旧姓であり本姓は遠藤）――と、いずれにしても復讐であることは同じだが、そのターゲットには異なる部分がある。原作では静原が狙ったターゲットは、遠藤沙知を含む女性たちに卑劣な仕打ちを重ねていた三人のＯＢ――七宮兼光・立浪波流也・出目飛雄と、彼らに唯々諾々と従っていた部長の進藤歩の計四人であり、彼女はゾンビに包囲された状況とさまざまな偶然を巧みに利用して即興で犯行計画を練り、四人への復讐を完遂してのける。

一方、映画では出目が通りすがりの無関係な人物に変更されたため、ＯＢは七宮と立浪の二人だけとなった。また、進藤は復讐対象から外されており、ゾンビ化した恋人の星川麗花に噛みつかれて自らもゾンビとなった進藤の最期については静原はただ目撃しただけというかたちに変更されたため（原作では明らかに殺意を持って進藤の死を見守っている）、静原が劇中で殺害したのは二人だけとなっている。つまり、冷静に考えると劇中で本当に「殺人」が起きたのは、立浪が殺害される中盤のことである。

原作では静原は四人のターゲットのうち、ゾンビ化した立浪と出目の二人の脳を破壊してとどめを刺しているが（出目はゾンビの群れに襲われて早々にゾンビ化していた）、進藤にとどめを刺したのは高木であり、ゾンビの血液入り目薬によって密室内で毒殺された七宮には結局誰もとどめを刺す機会がなかった。これに対し、映画では静原がとどめを刺したのはターゲットの立浪と七宮（映画では七宮がとどめを刺されるシーンは原作の出目の最期を踏襲している）であり、ターゲットを「二度殺す」（まず人間として殺害し、ゾンビ化したあともう一度殺害する）という点では映画のほうが徹底しているとも言える。なお映画では、ゾンビ化した進藤にとどめを刺すのは原作同様に高木、出目にとどめを刺すのは七宮であり、復讐のターゲットと関係のない人物がゾンビ化した場合は静原以外の人物がとどめを刺す役割を担っている点も映画のほうが徹底している。

進藤の屍体（というかゾンビになった状態）が発見されるのは原作ではゾンビ・パニック発生の翌日の早朝だが、映画では夜中に出目がゾンビ化して退治されるという騒動が起き、にもかかわらず進藤だけが部屋から出て来ないので事態が発覚する。静原はこの騒動を利用して、進藤の部屋のドアに「ごちそうさま」と書いたメモを挟むのだが、彼女に出目のゾンビ化を予想できる筈がなく、咄嗟の機転にも程があるため、やや不自然な印象は拭えない。また、この改変の結果、静原が進藤の部屋に「いただきます」「ごちそうさま」という二種類のメモを残した意図も曖昧になってしまっている。

　また、原作ではゾンビに噛まれた人間がゾンビ化するまでのインターバルは三〜五時間程度であり、立浪殺害のトリックにもそれが利用されている。一方、ゾンビの動きを観察していた重元が早い段階で一同に説明しているように、映画ではゾンビ化に要する時間はまちまちである（実際、最初に噛まれた下松《くだまつ》孝子はすぐゾンビになったのに対し、出目の場合は正確なところは不明だが、紫湛荘のラジオの報道によればロックフェス会場でゾンビ・パニックが発生したのが午後八時半、出目が足を噛まれたことに気づかず紫湛荘に逃げ込んだのがその一時間後くらいと仮定しても、管野が「時間も遅いですし、今日のところは休まれては如何でしょうか」と一同に就寝を促した時点ではゾンビ化していないので、数時間のインターバルがあったように見える）。そこから推察すると、重元の説明を聞いてしまった静原は原作のように立浪がゾンビになるまでの時間を計算できず、原作以上に一発勝負の綱渡りで立浪殺しのトリックを遂行した可能性が高いのではないだろうか。原作でも静原の犯行は「そんなに咄嗟に計画を思いつけるものだろうか」と思わせる部分がないでもないけれども、さまざまな偶然の積み重なりが彼女に啓示を与えたということになっているのに対し、映画ではよりディテールに疑問が残る印象だ。とはいえ、読んでいる最中に前のページに戻ってディテールを確認できる小説とは異なり、映画は（少なくとも映画館で観ている限りでは）そういった確認が困難なため、ディテールについてはさほど気にしないで観られるというのも事実だろう。

　逆に、改変の巧妙さが光っているのが、一階（原作では二階）にゾンビが乱入し、それぞれの自室に取り残された剣崎と高木を上階から非常用の縄梯子で救出するくだりである。原作ではこの騒動は、静原が七宮の目薬をゾンビの血が入ったものとすり替える機会として利用されているが、映画ではそれのみならず、最後に犯人を絞り込む消去法の手掛かりとなっているのだ――つまり、立浪殺害の際に犯人は自室と彼の部屋のカードキーをすり替えるトリックを用いたのだが、縄梯子での救出騒動の際、剣崎と高木の部屋の灯がついたままなのが画面上はっきりと確認できる（自室のホルダーにカードキーを入れなければ灯はつかない）。従って、カードキーを自室に残したまま二階に救出された二人は犯人ではないことが証明されるのである。こういうヴィジュアル的な手掛かりとしては、やはり映像畑の人間のほうが思いつきやすいのかも知れない（同様のヴィジュアル的な手掛かりは、星川がペンションの案内図をうっかり落とすことで、彼女が履いていた靴を早い時点でアップで映していたことも挙げられる）。

　解決篇の前の剣崎と葉村による現場検証を極めて丁寧に描いているのは本作の本格ミステリ映画としての大きな美点だが、謎解きで簡略化された部分のうち、最も目につくのは語り手である葉村の関与である。原作では彼は静原の犯行を見逃そうとしており、その意味では探偵役である剣崎と対峙する立ち位置とも言える（復讐を完遂した静原本人がむしろ謎を解かれることを望んでいたのに対し、葉村のほうは「たぶん――心の中で謎解きにはっきりと反対していたのは俺だけだったろう」という内心の描写がある）。しかし、映画では葉村は剣崎が謎解きを行うまで、静原が犯人だと気づいていた様子はない。また、葉村が静原と一種の共犯関係を結んだ心理的な背景である震災時の体験も省略され、葉村はゾンビに包囲されているという非常時においてすら剣崎の美貌に胸をときめかすような、ある種かなり能天気なキャラクターとして描かれている。気絶した剣崎を部屋に運んだ際、ベッドに横たえた彼女の上に倒れそうになってしまい、近づいた顔を前にしてキスをしようか迷うシーンもある。

　実は、原作と映画の本質的な差異はここが最も大きいのかも知れない。原作の静原は沙知の件で七宮や立浪たちのみならず男性すべてを軽蔑するようになっていたが、ゾンビに襲われた時に明智の自己犠牲によって救われ、大きな迷いが生まれたと告白している。葉村はそんな彼女に共鳴しながらも、殺された立浪にも同情すべき背景があったことを知っているため、やりきれない気分に陥る。『屍人荘の殺人』という小説において、クローズドサークル状況において明らかとなる男性性と女性性の衝突はかなり重要な要素である。

　これに対し、映画では葉村から葛藤を拭い去って能天気キャラとすることで、原作のその要素を省略した。観客は自分たちの問題として意識することなく、単純な復讐譚・推理譚としてこの映画を娯しめるようになっている。『ＴＲＩＣＫ』以降、「トリック＋ギャグ」の路線を追求してきた木村ひさし・蒔田光治コンビの個性がそのような変更の要因かも知れないし、単純に約二時間の尺に謎解きをまとめる都合でその要素が削ぎ落とされた可能性も高い。そのあたりの事情ははっきりしないものの、作品としての印象には相当な差異がある。本格ミステリとしてはかなり原作に忠実ながら、向いている顔の方向は別な映画と言えるかも知れない。

操りのピタゴラ装置――『女子高生に殺されたい』

人気のある小説家や漫画家の作品を原作とする映画が必ずしも質的に成功するとは限らないけれども、今のところ、古屋兎丸《うさまる》の漫画の映画化に外れなし――と言っていいと私は思っている。といっても、二〇二二年六月現在、古屋の漫画を原作とする映画は以下の三本のみではあるが。

1 『ライチ☆光クラブ』内藤瑛亮監督、冨永圭祐・内藤瑛亮脚本。二〇一六年（『ライチ☆光クラブ』の前日譚『ぼくらの☆ひかりクラブ』のエピソードも使用されている）
2 『帝一の國』永井聡監督、いずみ吉紘脚本。二〇一七年
3 『女子高生に殺されたい』城定《じょうじょう》秀夫監督・脚本。二〇二二年

この三本は、いずれも古屋の美麗な画風で描き出されたビザールな世界の実写化に成功しており、また原作を未読でも楽しめるだけの水準に達している。だが、ミステリファンの視点でこの三本を観

古屋兎丸『女子高生に殺されたい　新装版』（新潮社）

た時、今まであまり言及されたことのない共通点も浮かび上がってくるのだ。

漫画家になる前の高校生の頃からアングラの世界に魅了され、伝説の劇団「東京グランギニョル」に憧れて演劇活動も行っていたという古屋。その原点が窺える漫画が、『ライチ☆光クラブ』（二〇〇六年）と『ぼくらの☆ひかりクラブ』（二〇一一～二〇一二年）だ。『ライチ☆光クラブ』の大まかな筋は、「東京グランギニョル」が一九八五年と八六年に上演した舞台『ライチ光クラブ』をなぞったものだという。

作中の光クラブとは、中学生の少年十人から成る秘密組織だ。もとは、明朗快活な少年タミヤと、その仲間であるダフとカネダの三人だけで結成されたものだが、そこに加わったゼラによって、光クラブは乗っ取られたかたちとなる。恐るべき頭脳とカリスマ性によって少年たちに君臨するゼラは、メンバーに機械人間を造らせ（ライチと命名される）、またカノンという美少女を光クラブの秘密基地に拉致させる。基地の存在を知った教師らは、「汚れた大人」として処刑される。大人になることを拒絶した、少年たちだけのユートピア――だがそれは、恐怖政治を敷くゼラとメンバーたちのあいだに生まれる疑心暗鬼と対立、カノンを逃がそうとするタミヤたちの企て、美少年ジャイボがゼラに寄せる狂おしいほどの愛情、そして機械でありながら「心」を誕生させたライチの叛逆によって血みどろの終焉を迎える。

結局、登場人物はカノンと、植物状態になったダフを除いてみな死に絶えるのだが（映画版ではダフも死亡する）、これは原典である「東京グランギニョル」版『ライチ光クラブ』とは異なっている。

古屋は漫画版において、他にも原典にない要素を幾つか追加しているけれども、そのひとつがミステリ的な「操り」の構図だ。光クラブの崩壊の背後では、ひとりの人物がある目的のために糸を引いており、その過程において彼自身も無残な最期を遂げることになる。

　この耽美的でアングラ色濃厚な物語は二度舞台化されているが、映画版は押切蓮介の漫画を原作とする『ミスミソウ』（二〇一八年）や、実際に起きた少年犯罪から着想を得た『許された子どもたち』（二〇二〇年）など、十代の少年少女の痛々しい葛藤を描くのを得意とする内藤瑛亮を監督に迎えている。配役はタミヤに野村周平、ゼラに古川雄輝、ジャイボに間宮祥太朗、カノンに中条あやみといった顔ぶれで、他の光クラブメンバーも若手実力派が顔を揃えている。タミヤの妹が登場しなかったり、ゼラの最期などに改変が見られたりするものの、ほぼ原作に忠実な映画化と言っていい。

　私はこの映画を、古屋ワールドの耽美的な側面の再現に成功したものとして高く評価しており、愛着も強いけれども、ひとつ大きな不満もあった。それは、原作にあった「操り」の要素が稀薄になっていた点である。原作では、黒幕的な人物がいかにして光クラブのメンバーを操り、破局を演出したかがわかりやすく絵解きされているのだが、映画ではクライマックスの演出が説明的になるのを避けたためか、そのあたりは大まかな流れしかわからない描き方となっているのが惜しまれる（それがミステリファンの立場からの偏った意見であることは承知しているのだが）。

　ある意味で『ライチ☆光クラブ』と対蹠的な映画となったのが、古屋原作の二番目の映画化『帝一の國』である。アングラ色が濃い『ライチ☆光クラブ』に対し、総理大臣になることを最終目的に、その第一段階として超名門私立男子校・海帝高校の生徒会長になろうと権謀術策をめぐらす野心家の少年・赤場帝一を主人公とするこの漫画（二〇一一～二〇一六年）はよりポピュラーな内容であり、映画版も『ライチ☆光クラブ』とは比較にならない予算と規模で制作された。主人公の赤場帝一に菅《す》田《だ》将暉《まさき》、帝一を敵視する陰険な東郷菊馬に野村周平、正義感の強い好青年の大鷹弾に竹内涼真、帝一の側近にして知恵袋の榊原光明《こうめい》に志尊淳、生徒会長の座を争う二年生の氷室ローランドと森園億人に間宮祥太朗と千葉雄大……と、配役が若手男優中心である点は『ライチ☆光クラブ』同様ながら（出演者も野村周平・間宮祥太朗・岡山天音と三人まで被っている）、より主演級の顔ぶれを揃えた印象だ。なお、『帝一の國』に登場する総理大臣は原作では野々宮幸四郎という名前だが、映画版では田伏《たぶせ》克也となっている。これは、『ライチ☆光クラブ』の原作で唯一生き残ったダフこと田伏克也が、無念の死を遂げた仲間たちのぶんまで強く生きて総理大臣になった……という裏設定によるものらしい。

　ゆくゆくは生徒会長の座に就く予定の赤場帝一は、まずは一学年上の二年生たちによる生徒会長選挙で、有力候補の選挙参謀として頭角を現し、新生徒会長のお気に入りになることで翌年の選挙に本命として出馬する……という絵図を描く。三人の候補のうち当選に最も近い位置にいるのは、カリスマ的な威厳を持つ氷室ローランドだ。勝ち馬に乗ったつもりで氷室の選挙参謀になりおおせた帝一だが、やがて、自分の父と氷室の父のあいだの政治的確執を知ってしまう。その事実を知れば、氷室は間違いなく帝一を見捨てるだろう。窮地に立たされた帝一は、支持率第二位の候補・森園億人の陣営に寝返り、彼を当選させるべく策を練る……。

『帝一の國』は生徒会長の座をめぐって繰り広げられる頭脳戦の物語なので、当然、エスピオナージュ的なミステリ風味が強調されている。その点は映画版も同様なのだが、こちらではラストエピソードは、二年生になった赤場帝一・東郷菊馬・大鷹弾の三人を候補とする生徒会長選挙となっている。いかにも爽やかな美談として幕を下ろすかに見えたこの映画だが、選挙の決着後、ある人物の怜悧な計算がその結果を導き出したことが明かされる。その人物がエドゥアルト・ローデのピアノ曲「マリオネット」を生徒たちの前で弾きこなしながら真意を内心で呟くラストカットは、単に感動的な美談をクールでシニカルなドラマへと反転させたにとどまらず、ミステリ用語で言うところの「最後の一撃《フィニッシング・ストローク》」に通じる趣向であり、またこの映画に隠されていた「操り」の構図を一気に浮かび上がらせるあたりが秀逸だ。『ライチ☆光クラブ』と対蹠的な映画と評したのは、その点についてである。

そして、古屋作品の三番目の映画化が『女子高生に殺されたい』である。監督・脚本の城定秀夫は、ピンク映画を中心に膨大な作品を撮っている監督であり、脚本のみ担当した映画も含めれば二〇二二年だけで六本の新作が公開された。作家性を前面に出すよりは職人に徹するタイプの監督として定評があり、基本的に何でもござれでジャンルにこだわらず撮っているが、名前が広く知られるようになった作品は、二〇二〇年の青春映画『アルプススタンドのはしの方』だろう。

雑誌《シナリオ》二〇二二年五月号掲載のエッセイ「『女子高生に殺されたい』脚本のこと」によると、城定が最初にこの原作の映画化を持ちかけられたのは十年近く前、とある制作会社からこれを映画化しないかと渡されたのが、まだ連載中だった『女子高生に殺されたい』の一巻だったという。古屋兎丸の漫画はデビュー作からのファンだったので引き受けたものの、原作権をよそに取られるかたちでその企画は流れてしまった。ところが三年前、そのような経緯を全く知らない日活のプロデューサーから再び映画化の話が舞い込んできたので、運命的なものを感じて二つ返事で引き受けた——というのが今回の映画化の企画が立ち上がるまでの経緯だったようだ。もっとも、脚本が完成するまでには難航を極めたらしいが、その理由についてはあとで言及しよう。

原作漫画『女子高生に殺されたい』（二〇一五～二〇一六年。八ページの後日譚を追加した新装版が映画公開に合わせて二〇二二年に刊行）は、東山春《はる》人《と》という、実にエキセントリックな願望を秘めた主人公を軸に展開される物語である。現在三十四歳、独身の彼は、「ヒガシー」という綽名で親しまれている高校の社会科教師で、特に女子生徒からの人気が高い。だが彼は高校二年生の頃から、妄想の中で女の子に殺されることを好むようになっていた。自分の中の欲望に苦しむ彼は、「自分が殺されることに性的興奮を覚える性的嗜好」に「オートアサシノフィリア」というれっきとした名前があることを知る。

大きなショックを受けるようなトラウマもなければ、大きな事故を経験したこともない、そんな自分がどうしてオートアサシノフィリアに囚われるようになったのか。自分の心理に興味を持った春人は、大学では心理学研究科に入学した。ともに臨床心理士を目指す深川五月という恋人も出来たが、一方で春人の願望は、不特定の女子ではなく、女子高生に殺されたいという具体的なものへと凝り固まってゆく。

映画『女子高生に殺されたい』では、主人公の東山春人を田中圭が演じている。好青年や「良き夫」的な役どころが多い俳優ながら、『哀愁しんでれら』（渡部亮平監督、二〇二一年）の非の打ちどころのないように見えて秘密を抱えた夫のような癖のある役を演じることもあり、城定監督もこの映画での田中の演技を見て春人役に指名したという。

春人の教え子である生徒たちの配役は、佐々木真帆に南沙良、小杉あおいに河合優実、君島京子に莉子、沢木愛佳に茅島みずき、主要キャラクターでは唯一の男子生徒の川原雪生に細田佳央太《かなた》という顔ぶれ。そして、春人の大学生時代の交際相手で、同じ二鷹高校の教師として奇しき再会を果たす深川五月に大島優子が扮し、確かな演技力でこの映画を引き締めている。

原作では主要登場人物のうち女子高生は二人だが、映画では四人に増えている。佐々木真帆は春人が顧問を務める「二鷹の遺跡研究クラブ」の部員で、クラスでは優等生。そんな真帆の親友である小杉あおいは、他人の感情を読むことが出来ず、集団に入るとパニックを起こすため、いつもひとりで保健室にいる。地震予知などの特殊な能力も持つが、真帆相手にだけは打ち解けられる。君島京子は演劇部の部員で、演劇に関する会話を通じて春人と親しくなってゆく。柔道部の部員の沢木愛佳は、強い体力を持つせいで、春人の愛犬が何者かに惨殺された件で京子たち同級生たちから疑念を向けられるが、春人は愛佳の側に立つ。

四人のうちあおいを除く三人は、春人を異性として意識するようになるけれども、それは春人が意図的にそう仕向けた結果である。真帆・京子・愛佳は、自分だけが春人から気に入られていると錯覚し、恋心を募らせてゆく。そんな中、あおいだけはその特殊能力によって、春人の本性の恐ろしい部分を察知している様子だが、親友の真帆が「二鷹の遺跡研究クラブ」に入部したため、彼女を守るために自身も一緒に入部している。

　春人の本性の恐ろしい部分——それは、女子高生に殺されたいという欲望を抱え、それを実現させるために迂遠な手段を用いて生徒たちを操っていることである。彼は不特定の「女子高生」ではなく、ある特定の生徒に殺してもらうため、さまざまな手段を用いて二鷹高校の教師になったのだ（原作にはないオリジナルエピソードとして、春人は前任の社会科教師・山口が女子生徒と交際している事実を突き止め、匿名で教育委員会に密告して山口を辞職させ、その後釜に座るかたちで二鷹高校に赴任している）。その特定の女子生徒の名前は、原作では第一話で早くも明かされる。ところが、映画ではそれが伏せられているため、作中に登場する四人の女子生徒——真帆・あおい・京子・愛佳のうち、誰が春人の意中の相手なのかわからないようになっているのだ。

　この映画を観た時、私が連想したのはアメリカのミステリ作家、パット・マガーの作品群である。通常、フーダニットを主眼とするミステリにおいては、読者は殺人者が誰なのかを推理することが求められる。だが、マガーの小説では常に一捻りが用意されている。例えば『被害者を捜せ！』（一九四六年）や『七人のおば』（一九四七年）や『四人の女』（一九五〇年）は複数の関係者のうち殺されたのは誰かを推理させる話、『探偵を捜せ！』（一九四八年）は夫を殺した犯人が客たちの中から夫が生前に呼んだ探偵が誰かを推理する話、『目撃者を捜せ！』（一九四九年）は殺人事件が起きたのに存在する筈の目撃者が名乗り出ない謎を扱った話である。

『女子高生に殺されたい』は、原作の時点で主人公が自分を殺してもらうために計画を立て、その経緯を追う……という風変わりな倒叙ミステリになっているけれども、映画版ではそれに加えて、春人は四人の女子高生のうち誰に殺されたがっているのか……というパット・マガー風の変則的なフーダニットにもなっていて、ミステリ的な興味は原作より遥かに濃厚だ。また、犯人の計画通りに殺人が起こる瞬間に向けて話が進んでゆく点では、アガサ・クリスティーのミステリ『ゼロ時間へ』（一九四四年）にも近い。

先述の「『女子高生に殺されたい』脚本のこと」によると、このアイディアは城定監督の側から提案したものではなく、「高校教師・春人は、原作では、ある一人の女生徒のみをターゲットにしてその願望をかなえようとする。なぜその女生徒なのかは、過去の事件や少女の特異性などからして必然となっているわけだが、そのことを観客に明らかにするまでのドラマを大幅に膨らませたい、メインキャラになる女子高生を何人か増やしたい、というのが日活サイドの要望であった」という事情があったらしい。「なるほど、狙いはよくわかるし面白いアレンジだとは思ったが、コイツは難産になるぞと直感的に感じた。果たしてその作業は難航を極めた」と城定は記しているが、確かにその通りだったに違いないと察せられる。

というのも、メインの女子高生を二人から四人に増やしたことで、春人の計画そのものが原作より数倍複雑になっているからだ。

原作で、相手の女子生徒を〝覚醒〟させるために春人が用いるのは、彼女に愛犬をけしかけたことと、「キャサリン」というキーワードである（ただし、原作では犬をけしかけた時期が大きく異なり、映画より余計悪質な印象だ）。一方、映画では過去に起きたある事件の現場にあったＴＶで放映されていた架空の映画『エミリーの恋人』が、「キャサリン」という名前を相手に意識させるためにより巧妙な使われ方がされる。

原作の春人は、過去に事件が起きたのと同じ八月に、森の奥で意中の女子高生に自分を殺害してもらう計画を立て、学校に辞表を提出して帰郷を偽装し、免許証や保険証など身元を証明するものはすべて破棄するなどの準備を積み重ねてゆく。春人にとって、確実に女子高生に殺してもらわなければ意味がないが、そのせいで相手の少女が逮捕されるようなことはあってはならず、そのため自分の屍体は真夏の森の奥で、誰ともわからぬ状態で腐敗してゆかなければならなかったのだ。

映画では、この終盤の展開を大幅に改変している。自分を殺害した少女が捕まらないようさまざまな工作をする点は原作と同じだが、自らの死を事故死に偽装する予定であるため、辞表を提出するなどの小細工は弄していない。過去の事件は映画では十一月に変更されており、春人はそれに合わせて、二鷹高校の文化祭が開催される十一月に自身の死を予定する。それに向けて、彼は『エミリーの恋人』を文化祭で上演される演劇の原作に選び、更には自分を恋する女子生徒たちをわざと反目させるなどして、『エミリーの恋人』のクライマックス真っ最中に自らが殺されるよう、緻密に布石を打ってゆく（ただし、原作のように女子高生の手で直接絞め殺されるという計画ではないので、彼のフェティッシュなこだわりが薄まった面は否めない）。原作では春人自身がキャサリンの〝覚醒〟のためその名を連呼するけれども、映画では舞台上で演劇の台詞として生徒に「キャサリン！　キャサリン！」と連呼させるという、より凝った仕掛けに改変されているのだ（その改変によって、演出としてもクライマックスはいかにも映像に向いた華々しいものとなった）。

　その結果、映画は原作以上に、「操り」としては途方もなく手が込んだ複雑怪奇なものとなっている。綱渡り的な危うさも帯びつつ、それでも「ゼロ時間」に向けて着実に作動してゆく春人の計画は、もはやＮＨＫ・Ｅテレの番組『ピタゴラスイッチ』に出てくるピタゴラ装置（アメリカではループ・ゴールドバーグ・マシンと呼ばれる）さながらである。しかも、前半の時点では春人の自死願望自体は説明されるものの、そのための彼の行動ひとつひとつの意味は具体的に語られないため、彼が一体何を目論んでいるのか——という興味で観客を惹きつけるようになっている。

　春人はどう考えても常人には感情移入が難しい主人公である——単にエキセントリックな欲望を抱いているだけではなく、それを実現するために教え子たちを操り、ジャーマンシェパードまでけしかけ、（いかに相手が捕まることがないよう配慮しているとはいえ）殺人者に仕立てることも辞さないのだから。ところが、倒叙ミステリの要素と「操り」テーマを原作より強調することにより、「この計画は結局どうなるのか」という謎解きの興味で、観客をも春人の欲望に巻き込んでゆく構成になっているのだ。また、春人の計画の最終目的が自身の死であるため女子高生への直接的な性的欲望は感じさせないし、生徒との交際で辞職した前任の教師・山口について「まあ、男なら分からなくはないですよね」と口走った同僚教師を「分かりませんよ。生徒をそういう目で見るなんて」と牽制する原作にないシーンから窺えるように、春人はある種の倫理観さえ具えている（もっとも、そのように言う彼自身が、世間的にはもっと理解されないであろう欲望で生徒を見ているのだが、本心からそう言っている彼の自己客観視能力の欠如ぶりは、ある種のブラックな可笑しみをも漂わせる）。同時に、少年期から彼がオートアサシノフィリアに取り憑かれてきた理由らしきものを原作以上に執拗に積み重ねることで、観客はいつしか彼に感情移入し、その計画の行く末を見届けたくなってしまうのだ。「人間椅子」（一九二五年）、「屋根裏の散歩者」（一九二五年）、「鏡地獄」（一九二六年）、「パノラマ島綺談」（一九二六〜一九二七年）といった江戸川乱歩の初期作品群の、どう考えても一般的とは言えない欲望にのめり込む主人公たちに、いつしか読者が意識を同化させてしまうように。

春人が乱歩作品の異形の主人公たちに通じる存在なのだとすれば、この物語で名探偵・明智小五郎に該当する役割を果たすのは、春人の昔の恋人・深川五月である。心理学を学びながら、かつては春人の欲望を理解できず別れを選んだ彼女は、九年の歳月を隔てて、今度こそ春人の心を救おうとする。彼女の計画もまた、春人のそれに劣らず遠大なものだ。

原作では森の奥でキャサリンの〝覚醒〟を図る春人のもとに、川原雪生とともに五月が駆けつけ、キャサリンに関する真実を告げる（映画ではその真実は省かれた）。一方、映画では文化祭の演劇が始まる直前、五月は保健準備室に春人を呼び出し、自分が彼の目論見を察していることを教え、更に春人のコーヒーに睡眠薬を混ぜて彼の行動を制止しようとするが、それを見抜いた春人は、一瞬の隙を狙ってコーヒーカップを五月のものとすり替え、彼女を眠らせる。この駆け引きもまた、ミステリにおける名探偵と犯罪者の頭脳対決を想起させはしないだろうか。

　原作以上にミステリ風味を強調した『女子高生に殺されたい』のアレンジは、同時に、古屋兎丸作品の映像化例を貫く「操り」の系譜をも浮かび上がらせることとなった。それらの映画においては、怜悧な人物が周囲の人間をチェスの駒に見立てたかのように、自らの秘密の目的のために自在に動かしてゆく。しかも、原作の「操り」の要素を十全に活かしきれなかった『ライチ☆光クラブ』、「操り」を「最後の一撃《フィニッシング・ストローク》」として用いた『帝一の國』、そしてピタゴラ装置に近いほど複雑怪奇な「操り」が観客を魅了する牽引力となっている『女子高生に殺されたい』……と、あとの作品ほど「操り」の要素は強調される傾向にあるのだ。『女子高生に殺されたい』を例外として、これらの作品がミステリ映画として評価されることはまずないだろうが、古屋作品に潜んでいる豊饒なミステリの要素と、それを映像作家たちが汲み取った試行の数々は、もっと注目されるべきである。

第二部　探偵たちの肖像

探偵と呼ばれる資格――『貴族探偵』

※ドラマ『貴族探偵』第六話・第七話の内容に触れています。

麻耶雄嵩『貴族探偵』
（集英社文庫）

小説に登場する名探偵は、作中で具体的な容姿が説明されている場合でも、基本的には読者の数だけイメージが存在する。従って、名探偵が映像化された場合、演じる俳優、またはその役作りがイメージと違っていると原作ファンの批判を受けかねない。とはいえ映像化は、その名探偵の存在が今までより広い層に知られ、ひいては原作の読者が増える貴重な機会だ。それだけに、原作の読者としては映像化は嬉しいことでもあり、イメージを台無しにされるのではという不安に陥ってしまう話題でもあるだろう。

二〇一六年には、有栖川有栖の小説が『臨床犯罪学者　火村英生の推理』（日本テレビ系）として斎藤工主演で連続ドラマ化されたり、法月綸太郎の『一の悲劇』がフジテレビ系で長谷川博己主演により単発ドラマ化されるなど、新本格系の名探偵の映像化が相次いだが、そんな中、麻耶雄嵩の『貴族探偵』（二〇一〇年）と『貴族探偵対女探偵』（二〇一三年）が、二〇一七年の四月から六月にかけて、フジテレビ系月曜夜九時、通称「月9」枠で『貴族探偵』として連続ドラマ化されると発表された時は、ミステリ界にただならぬ衝撃が走った。昔ほどの話題性はないとはいえ天下の「月9」と、新本格作家の中でもとりわけマニアックな印象が強い麻耶雄嵩という取り合わせは、現実感が全くないというのがファンの率直な感想だった筈だ（麻耶本人も、《小説すばる》二〇一七年五月号掲載の相葉雅紀との対談「世界一エレガントな探偵へ――」で「うれしかったんですけど、『いいのかなあ、僕の小説で……』っていうのはありました」と述べている）。

　麻耶作品には、風変わりな設定によって本格ミステリにおける名探偵の役割を問いかけてくるような探偵役がよく登場する。デビュー作『翼ある闇　メルカトル鮎最後の事件』（一九九一年）など多くの作品で活躍するメルカトル鮎は、決して間違った推理をしない「不可謬」の探偵役として自ら「銘探偵」と称するが、正しい筈の彼の推理と事件の実際の状況が矛盾する場合もあるため、作品空間は時に不条理小説の様相を呈する。『神様ゲーム』（二〇〇五年）などの「神様」シリーズに登場する鈴木太郎は、小学生の姿ながら神を自称し、すべてを見抜いているが故に推理をする必要すらない。そんな不思議な探偵たちの系列に連なるのが貴族探偵だ。

「貴族探偵」シリーズは《小説すばる》に断続的に発表されており、最初の五作は『貴族探偵』にまとめられた（「ウィーンの森の物語」「トリッチ・トラッチ・ポルカ」「こうもり」「加速度円舞曲《ワルツ》」「春の声」と、収録作のタイトルはすべてヨハン・シュトラウスの曲に由来）。登場するのは、自ら貴族探偵と名乗る謎の男。やんごとなき家柄に属しているらしいが、本名・年齢など一切不明。奇妙な犯罪があると聞けば不謹慎にも首を突っ込んでゆくのが趣味だ。絶大な権力を持っており、警察官を自由に動かすことが出来る。

だが彼の最大の特色は、探偵と称しながら自分では全く動かない点だ。彼には山本という執事、田中というメイド、佐藤という運転手がおり（続篇では高橋という料理人も登場する）、調査は彼らが行う。それどころか、最後の推理だけは貴族探偵が披露するのかと思いきや、それすら使用人に任せてしまうのだ。では本人はそのあいだ何をしているのかというと、事件関係者の女性と懇《ねんご》ろになることに余念がない。

続篇の『貴族探偵対女探偵』収録の五篇では、高徳《たかとく》愛香《あいか》という探偵が主人公となる。彼女は名探偵として知られた師匠に学び、師匠が半年前に癌で死去した後は独り立ちして、今ではそれなりに名を上げている。ある時、ガスコン荘という資産家の別荘を訪れた愛香は、そこで他殺屍体を発見した。居合わせた関係者のアリバイを調べた彼女は、ひとりの男を犯人だと指名する。ところがその男こそ、他ならぬ貴族探偵だった。彼は早速執事の山本を呼びつけ、彼の推理で真犯人が判明する。その後のエピソードでも、愛香は毎回どうしても貴族探偵が犯人という結論に到達してしまい、使用人の正しい推理によってこてんぱんにされてしまう。この『貴族探偵対女探偵』は前作より多重推理の面白さが前面に出ており、しかもシチュエーション・コメディのテイストも強調されたのが特色だ。『貴族探偵』収録作のタイトルがシュトラウスで統一されていたのに対し、こちらは「白きを見れば」「色に出でにけり」「むべ山風を」「幣もとりあへず」「なほあまりある」と百人一首で統一されている。なおシリーズ第三期として、貴族探偵が怪盗マダムという新キャラクターと対峙する一連の作品が《小説すばる》に掲載されたが、今のところ単行本化されていない。

　麻耶作品の中では比較的ドラマ化向きとはいえ、「月9」スタッフはこのシリーズをどのように扱ったのだろうか。結論を先に言えば、ドラマ化は大成功だった。といっても、視聴率はあまり芳しかったとは言えない。あくまでも内容の面で、このドラマは原作ファン、麻耶ファンを唸らせるような試みをやってのけたのだ。

　ドラマでは、貴族探偵をアイドルグループ「嵐」の相葉雅紀、高徳愛香を武井咲、使用人の山本・田中・佐藤をそれぞれ松重豊・中山美穂・滝藤賢一、原作に登場しない警察官・鼻形雷雨（第一話で貴族探偵と出会い、その後彼が関わる事件専門の担当刑事となる）を生瀬勝久、愛香の師匠・喜多見切子（原作では師匠は男性）を井川遥、そして愛香のスマートフォンの音声検索アプリ「Giri《ギリ》」の声を仲間由紀恵が演じた。スタッフはというと、プロデューサーの羽鳥健一は、たまたま書店で原作を手に取ってドラマ化を企画したという。演出は中江功・金井紘・相沢秀幸の三人。そして脚本は、東川篤哉原作『謎解きはディナーのあとで』（フジテレビ系、二〇一一年）や森博嗣原作『すべてがFになる』（フジテレビ系、二〇一四年）などミステリドラマを得意としてきた黒岩勉で、彼が脚本を担当すると知った時点で一定の水準を超えたドラマになることは見えたと言っていい（なお、黒岩は同じフジテレビ系、相葉雅紀主演で二〇一五年に放映された連続ドラマ『ようこそ、わが家へ』の脚本家でもあり、

『貴族探偵』第一話で相葉に「ようこそ、わが家へ」と言わせる楽屋落ちも用意された。また愛香役の武井咲は、黒岩脚本の『すべてがFになる』で西之園萌絵を演じた）。

　ドラマの第一話は『貴族探偵対女探偵』の最初の一篇「白きを見れば」を原作としている。高徳愛香はクライアントである資産家令嬢・玉村依子（木南晴夏）の誘いで、玉村家の別荘であるガスコン荘を訪れるが、到着早々、地下室の井戸の傍に倒れ伏した男の屍体を発見する。周囲には無数の足跡が残されていた。そこに貴族探偵と称する男が到着する（キャラクター名とタイトルが紛らわしいので、使用人たちによる呼び方に倣い、彼のことは以下「御前《ごぜん》」と表記する）。御前は愛香が探偵であると聞いてお手並み拝見とばかりに挑発し、愛香も何もしない御前に闘志を燃やす。愛香は現場の状況から、御前と使用人たちによる犯行だと推理するのだが……。

　この第一話で連続ドラマ全体のフォーマットがある程度判明する。ガスコン荘は原作では平野家という資産家の別荘だが、ドラマでは平野家の令嬢・紗知を、原作の「色に出でにけり」と「なほあまりある」に出てくる玉村依子に置き換え、依子を準レギュラー化した（ドラマの依子の性格はどちらかというと原作の紗知に近い）。原作では御前が連れている使用人は大抵ひとりであり、山本・田中・佐藤の三人が揃うことは滅多にないけれども、ドラマでは第五話を除いて常に三人で行動をともにしている（エピソードごとに推理担当の使用人が異なるのは原作通り）。

　御前周辺で原作にない要素といえば、謎解きの舞台となる巨大なテント状の「サルーン」が挙げられる。御前はここに愛香や事件関係者全員（時には担当の刑事も含む）を招き入れ、まず愛香が推理を披露し（更にその前座として鼻形が間抜けな推理を語る場合もある）、そのあと使用人がそれを否定して真相を暴く……という流れになる。この時、愛香の推理では通常のミステリドラマのように実際の事件関係者が登場する再現映像が流れるのに対し（これはその後の回では省かれることもある）、使用人の推理の際は、山本・田中・佐藤がそれぞれ事件関係者に扮した再現劇の映像がサルーンで上映される。これは、謎解きのためだけに事件現場を丸ごと再現してまでいちいちこんな寸劇を作るほどの御前の桁外れの財力と使用人たちの忠誠心を示すとともに、似たような再現映像が愛香の際と使用人の際に二度繰り返される単調さを防ぐ措置とも考えられる。また、幾つかのエピソードでは、メイドの田中が事件に関するデータをフリップ状にまとめたものを愛香や鼻形に見せる。脚本の黒岩は『謎解きはディナーのあとで』で冗長になりがちな警察の事情聴取パートを短縮する技を編み出していたが、本作のフリップはその発展形であり、田中の有能さを示すとともにデータをわかりやすく視聴者に伝える役割を果たしている。

　第一話の推理担当使用人である執事の山本が語る真相は「白きを見れば」にある程度忠実でありつつ、原作にない無数の足跡をめぐる推理というオリジナルの工夫で説得力を増しており、原作ファンでも満足出来る上々のスタートとなっている。しかし、この第一話の時点で、愛香をめぐる謎めいた描写が続出している。愛香の探偵事務所には師匠の切子もいるのだが、ふとした瞬間に消えてしまう（幻影とも幽霊ともつかぬ描かれ方だ）。隣室に住んでいるらしい何者かは、愛香が大きな声を出すたびに壁を叩いてくる。更に、最後に愛香がかけるレコードをはじめ、室内のあちこちに御前の紋章が……。

　そして注目したいのは、原作の愛香と御前のやりとりが、第一話の事件解決後に再現されている点だ。原作から引用すれば――「私は許せないの。推理をしないのにあなたが探偵を名乗っていることが」「どうして？　見事に事件を解決したでしょう（中略）むしろ君の方が看板に偽りありですね」「……ミスは認めるわ。自分が未熟だったと（中略）でもだからといってあなたを探偵とは認めないわ」「どうぞご自由に、としか。ですが、探偵とは何ですか？　事件を解決出来ない者は探偵ではないですよね、女探偵さん」。探偵という装置の意義について常に問いを繰り返す麻耶雄嵩という作家の真髄が籠められた会話がほぼそのまま再現されたことで、原作を蔑ろにしないドラマ化であると第一話で明らかになったのである。

　以降、第二話は「加速度円舞曲」、第三話は「トリッチ・トラッチ・ポルカ」、第四話は「幣もとりあへず」を原作として進行する。第二話と第三話は原作に愛香が登場せず、従って多重推理の部分は脚本家の案だが、ここでは愛香が必ず御前を犯人として指名するという『貴族探偵対女探偵』のお約束を敢えて採用せず、別の事件関係者を犯人だと推理してしまうことで、先の「事件を解決出来ない者は探偵ではないですよね」という問いをより厳しく愛香に突きつけている。また、第二話では原作にもある北枕の伏線を正反対の意味合いで回収することで女性に優しい御前の性格を際立たせ、第三話ではバラバラ屍体を利用したとんでもないトリックを別のかたちにアレンジして愛香にも推理させる（そのぶん、その後の真相のインパクトが薄れたのは否めないが）など、センスのいい脚色が続いた。

第三話では生首や首なし屍体をはっきり映すという演出（映さなければこのトリックは成立しない）からも、スタッフの覚悟が垣間見えた。ゲスト出演者にも目を向けると、『真珠夫人』（東海テレビ、二〇〇二年）で夫婦を演じた大和田伸也と横山めぐみが第二話に再び夫婦役で出演していたのはスタッフの遊び心だろう（同様の例に、第五〜第六話のゲストとして、太田忠司原作の映画『新宿少年探偵団』〈一九九八年〉で相葉雅紀と共演した加藤あいが登場したことなどが挙げられる）。

愛香が依子とともに訪れた山奥の秘湯で殺人事件に遭遇する第四話の原作「幣もとりあへず」は、仕掛けの性質上、映像化が難しい小説である。ドラマではその部分を映像向きに改変し、また原作にない「被害者の屍体は何故浴槽から引きずり出されていたか」という謎を追加することで推理に説得力を付与している（ただし、作中人物の紹介はややアンフェアにならざるを得なかったけれども）。またこの第四話では、ある種の映像的な遊びが仕掛けられている。事件解決後、愛香の前から御前が立ち去るシーンの背景で、まるで心霊映像のように着物姿の小さな男の子の姿が忽然と現れて消えるのだ。これはもちろん怪奇現象などではなく、作中の宿で崇められている神「いづな様」が御前を見送っているという演出であることがスタッフによって明かされている。しかし、この演出が持つ意味はそれだけにとどまらない。「神様」シリーズの鈴木、『メルカトルと美袋のための殺人』（一九九七年）収録の短篇「水難」など、麻耶雄嵩の小説にはしばしば神や幽霊が（合理的な本格ミステリであるにもかかわらず）前提として登場する。「貴族探偵」シリーズにはその種のスーパーナチュラルな存在は登場していないものの、第四話における「いづな様」の出現は、そういった麻耶雄嵩的世界観がドラマにも取り入れられたとも解釈可能なのだ。

　そしてこの第四話までに、御前というキャラクターのドラマ版独自の性質が次第に明らかになってくる。原作の彼は、名探偵なのかただのプレイボーイの遊民なのか、どちらとも取れるように描かれている。一方、ドラマの彼は事件の真相を最初から見抜いている様子だ。それも、使用人たちの調査の結果から真相に辿りつくのではなく、人智を超えた直観で看破していて、使用人たちの調査はその事後的な確認作業にすぎないかのように……。とすればドラマの御前には、神様探偵や「銘探偵」メルカトル鮎といった、麻耶作品に登場する他の探偵たちの属性も付け加えられているのではないだろうか。

　ここまで、愛香と切子をめぐる謎めいた描写はありながら、一応それぞれの話が独立したかたちで進んできた『貴族探偵』は、初めての前後篇となる第五～第六話でひとつの縦軸の存在を明らかにする。原作に選ばれたのは「春の声」。依子に御前の正体を知りたいと話を持ちかけた愛香は、御前と親しい旧華族の資産家・桜川鷹亮《たかすけ》（竜雷太）を紹介される。愛香が桜川家を訪れたところ、ちょうど鷹亮の孫娘・弥生（北香那）をめぐって一騒動が持ち上がっていた。鷹亮の命令で、弥生は四人の求婚者の中から夫を決定しなければならない。四人はみな資産家の息子だが、人品骨柄はろくでもない連中ばかりである。桜川家には婿選びの立会人として御前も招待されており、愛香も立会人に指名される。婿選びの儀式として同家に伝わる雉狩りでは、四人のうち金山俊市（忍成修吾）が一歩リードする。ところがその直後、金山が血を吐いて倒れた。何者かに毒を盛られたらしい。彼は病院に運ばれる直前、床に謎の血文字を書き残した……。

原作では弥生の婿候補は三人で、金山という人物は登場しないし、もちろん毒殺未遂事件も起きず、血文字の謎も存在しない。原作を読んでいる視聴者にも、この部分の真相だけはわからない趣向である。続いて、残り三人の求婚者も密室状態の離れで他殺屍体となって発見される。シチュエーションにやや異なる部分はあるが、その解決はほぼ原作通りだ。一同ハッピーエンドを迎え、めでたしめでたし……で終わりそうなところ、いつも通り無実の人物を犯人扱いしてしまって独り落ち込んでいた愛香は、金山毒殺未遂事件の謎がまだ残っていることを思い出す。

愛香は鼻形とともに金山が入院中の病院を訪れるが、金山は急に退院したあとであり、何故かカルテも残されていない。病院は桜川家の傘下にあり、一年前、事故死した喜多見切子が運び込まれたのも同系列の病院だった。そして愛香は、切子の死亡届の封筒に御前の紋章があることに気づく。

その頃、桜川家では鷹亮と御前が腹の探り合いをしていた。御前は、金山の毒殺未遂が自作自演であったこと、それが弥生の婿候補を排除するための鷹亮の指図であったことを指摘する。「恐ろしい御仁だ」と感慨を洩らす御前に、鷹亮は「あなたほどではありません」と返す。彼は言う、喜多見切子を殺したのは御前だと……。

ここで、ドラマ全体の縦軸が、一年前の切子の変死に御前が関わっていたのではないかという謎であることが明らかになる。続く第七話（原作は「ウィーンの森の物語」）では、一年前に切子が最後に解決した事件が描かれる。切子の知人である会社社長が変死した。現場は密室であったため警察は自殺と判断するが（一年前はまだ巡査だった鼻形がここで登場。この事件で切子から手柄を譲られたため昇進したわけである）、切子は自殺に偽装した他殺だと推理する。そこに使用人たちを引き連れた御前が現れ、切子との推理勝負が始まる（愛香を「女探偵さん」と呼ぶ御前だが、切子のことは「名探偵さん」と呼んでおり、彼女の実力を高く買っていることがわかる）。

　例によってサルーンに関係者一同が集まり、まず切子が推理を披露する。それに誰もが納得したと思われた時、御前が異を唱え、執事の山本が真犯人を暴く。切子は推理勝負に敗れたかに思えたが……。

　サルーンに残った切子に、御前は彼女が真相を見抜いていながらわざと語らなかったことを指摘する。切子は、遺された事件関係者を慮《おもんばか》って、山本が真相を暴くことまで計算に入れて中途半端な推理を語ったのであり、流石の御前も切子に踊らされたことになる（この構想のため、社長殺害事件の解決は原作から大きく改変された）。切子はある人物の名前を書いたメモを御前に見せ、この名前に心当たりはないかと問いかける。そして、このあとに大逆転が待ち受けている。切子が去った後、御前は「聞いていたな、鈴木」と呟く。そこに現れた御前の秘書・鈴木は……なんと、それまでGiriの声を演じていた仲間由紀恵なのだ。御前は鈴木に切子の弟子・愛香の監視を命じ、鈴木は愛香のスマートフォンのアプリをアップデートさせたと見せかけてハッキングする。これまで愛香の問いに答えていたGiriの声は、他ならぬ鈴木の声だったのだ。御前は彼女に「確実に殺せ、鈴木」と命じる。一方、現在のパートでは、一年前の事件を再調査していた愛香が、切子のメモから謎の人物に到達する。その名は「政宗是正《まさむねこれまさ》」……。鈴木という名前が同じ原作者の神様探偵を連想させることもあり、不穏極まる次回への引きである。

次の第八話の原作「むべ山風を」は、シリーズの中では比較的地味な話である。だがドラマではこの話を、愛香が容疑者扱いされる話にアレンジしてみせた。愛香は知人の招きで大学の研究室を訪れ、例によって御前と鉢合わせする（彼は光るキノコを見せてもらうために来ていた。これは原作通り）。その直後、研究者の他殺屍体が発見され、現場に指紋があったことと、被害者が学生時代の愛香につきまとっていた男だったことから、愛香が容疑者として警察に連行されてしまう。この危機に駆けつけたのが鼻形である。彼なりに張り切って捜査をした結果、サルーンで彼が披露した結論とは、真犯人は御前であるというものだった。ここでの鼻形の推理は、現場にあったカップの色と、被害者が上下関係にこだわる性格だったことをもとにしているが、女性を侮る傾向があった被害者が愛香に上座を譲るとは思えず、よって愛香は容疑者から外れ、残るは御前しかいない……という論理の筋道は結局間違ってはいたものの、鼻形の意外に鋭い人間性の洞察が窺えて秀逸だ。

第八話はコメディ・リリーフだった鼻形が刑事としての意地を見せる回である（基本的に麻耶作品では警察が無能に描かれることは少なく、その意味で鼻形のキャラクター造型は原作の世界観からは浮いているが、ここに来て彼の存在の重要性が一気に浮上したことになる）。と同時に、『貴族探偵対女探偵』のお約束だった「愛香が必ず御前を犯人だと推理してしまう」を鼻形の役割に置き換えた回でもある（愛香は容疑者になってしまったため、この回は推理しない）。この第八話は、幾つかの点で第一話と対になっている。どちらの回でも御前が犯人扱いされる点もそうだが、何より注意したいのは、第一話のポルチーニ・パーティーに対し第八話の光るキノコと、小道具がキノコつながりになっている点だ。当初、このドラマは映像化しやすそうな原作から選ばれているのかと思われていたが、実はそうではなかったことがこの点から判明する。何故ならば、第一話と第八話を対にするという構想があらかじめ存在しなければ、そのために第一話でキノコを出しておくという布石を打っておけるわけがないからだ（第八話の原作「むべ山風を」には光るキノコが登場するが、第一話の原作「白きを見れば」にはキノコは出てこない）。切子の死の謎という縦軸が最初から決められ、それに沿って原作をどの順番でドラマ化するかが決定されていったことがここから窺える。

　第九話の原作「こうもり」は、映像化すると効果を失うタイプの仕掛けが秘められた小説であり、シリーズ最大の問題作と言える。これがドラマ化されると予告で知った時は無謀ではないかとも思ったが、結果はというと、映像化不可能な趣向は潔く捨て、それでいて「こうもり」という作品が与える効果を別のかたちで再現したドラマになっていた（なお、他のエピソードにも見られた趣向だが、この回でも原作のタイトルの由来であるシュトラウスの「こうもり」がＢＧＭとして効果的に使われている）。しかも、愛香に原作の真相とほぼ同じ地点まで推理させることで、未だ詰めが甘いとはいえ愛香の探偵としての成長を描いてみせた。第七話を除くこれまでの回が、あの手この手の改良策を施しながらも真相自体はほぼ原作通りだったのに対し、ここではついに原作の真相を「捨て推理」として扱い、その後にオリジナルの真相を追加したことになるが（このオリジナルの部分は、発覚しないわけがないのにその後犯人がどうする気だったのか不明という弱点があるけれども、第二の事件を後先考えない衝動的犯行とすることで何とか辻褄は合ったと思う。この展開のため、花冠という小道具に原作にない意味を持たせ、犯人の動機を強化した点にも注目したい)、このやり方は実は脚本の黒岩勉にとって今回が初めてではなく、『謎解きはディナーのあとで』の第七話という大成功例が既に存在している。先に言及した捜査パートの短縮といい、間違った推理と正しい真相の見せ方といい、『貴族探偵』が黒岩にとって『謎解きはディナーのあとで』の経験を上手く活かしたドラマであることが窺える。

とはいえ、噛ませ犬的立場の探偵（『謎解きはディナーのあとで』では宝生麗子、『貴族探偵』では愛香）に常に間違った推理をさせるのは、シチュエーション・コメディ的な狙いはさておき、ヒロインの成長が描けないことにもつながる（実際、第二話までは犯人扱いしてしまった無実の人物に謝罪していた愛香に、以後はそのような描写が見受けられなくなるのは成長どころか退行ではないか）。最終エピソード直前の第九話で、愛香に原作とほぼ同じ地点まで正しい推理をさせたのは、彼女の成長という観点から不可欠な流れであり、その意味でも第九話の脚色は上手く出来ている。

第十話と最終回である第十一話は、「なほあまりある」を原作とする完結篇である（連続ドラマの時点では「色に出でにけり」だけが映像化から洩れたことになる）。御前こそが政宗是正であり、切子を殺害させた首謀者だと告発する愛香に対し、「私の前で事件を正しく紐解くことが出来たなら、彼女の死の真相をお教えしましょう」と応じる御前。ここで、第一話での「探偵とは何ですか？　事件を解決出来ない者は探偵ではないですよね、女探偵さん」という彼の問いが、再び、しかしよりシビアな状況で愛香に突きつけられたことになる。これまで事件を解決出来ず御前から嘲られっぱなしだった愛香は、この正念場を迎えて、やっと探偵と呼ばれる資格を手に入れることになるのだろうか。資産家・具同《ぐどう》家の別荘で起きた連続殺人事件の解決後（原作のトリックを生かしつつも一筋縄では行かない脚色が施されており、原作を既読の視聴者であっても決してすべてを見通せる立場になれないあたりがこのドラマらしい）、切子の死の真相が明かされる。そして、第一話から張られた伏線が回収されることで謎めいた描写の意味が綺麗に反転し、ドラマは「月9」らしく、しかし虚実の境を敢えて説明しないことに由来する一抹の不穏さも漂わせて完結する（御前役の相葉雅紀の感情の起伏を無表情の裏に秘めた演技が、その反転を可能にしたことも触れておくべきだろう）。

　こうして『貴族探偵』は、麻耶雄嵩という最も尖鋭なミステリ作家と、黒岩勉という現在最もミステリに通暁した脚本家の実力が最高水準で結実したドラマとなった。今後、本格ミステリを映像化するクリエイターにとってのお手本かつハードルとして語り継がれる筈である。

雪の街の探偵──『探偵はＢＡＲにいる』

最近はあまり使われる機会がなく、なおかつ定義が曖昧な映画用語に「プログラムピクチャー」という言葉がある。例えばアメリカでは、一九三〇年代初頭から二本立て興行が始まった時、メインとなる作品（フィーチャー・フィルム）に対する併映作品を指すとされ、映画館の毎週の番組《プログラム》を埋めるためにハイペースで量産される映画という意味合いがあった。日本の場合は主に、一九五〇年代から七〇年代にかけての映画会社の量産体制下で作られた娯楽映画を表す言葉として使われることが多い。ただし、日本ではヒットして固定ファンを獲得し、長期シリーズになった映画にこの言葉が使われる場合も多く、その意味では「座頭市」シリーズ、「眠狂四郎」シリーズ、「若大将」シリーズ、「男はつらいよ」シリーズなどが日本のプログラムピクチャーの代表例ということになる。Ｂ級映画的な意味合いで使われる場合も見かけるが、文芸映画に対する娯楽映画という違いはあっても、映画としての質の高低は関係ないと見るべきだろう。

日本のプログラムピクチャーは、映画が娯楽の中心だった時代が終わりを告げると、ＴＶの台頭に

東直己『バーにかかってきた電話』（ハヤカワ文庫ＪＡ）

よって急激に衰退していった。しかし、この時期に映画の量産で鍛えられたスタッフが、当時体得した技術を活かして後にＴＶ業界で活躍することになる。

さて、人気シリーズという意味におけるプログラムピクチャーの伝統を継承した近年の代表的作例――例えば一九九〇～二〇〇〇年代のヒット作である「踊る大捜査線」シリーズなどが、ＴＶの人気ドラマから発展した企画が多かったのに対し、東直己のハードボイルド小説「ススキノ探偵」シリーズを原作とする東映の「探偵はＢＡＲにいる」シリーズは、二〇一〇年代を代表するプログラムピクチャーらしいプログラムピクチャーであり、なおかつ（製作委員会にテレビ朝日や北海道テレビなどが加わっているものの）先行するＴＶドラマと連動していない、映画独自の企画であることが注目に値する。二〇一一年に公開された一作目『探偵はＢＡＲにいる』がヒットし、二〇一八年までに三作が作られている。プロデューサーの須藤泰司が原作小説を読んで魅了され、映画化を熱望したのは一作目公開の十六年前だというから、かなり長い年月温められてきた企画だったことになる。

ひとつ非常にややこしいのは、東直己のデビュー作にして「ススキノ探偵」シリーズの一作目でもある小説は『探偵はバーにいる』（一九九二年）というタイトルだが、これが映画『探偵はＢＡＲにいる』の原作ではないという点だ。映画は、小説の二作目にあたる『バーにかかってきた電話』（一九九三年）を原作としている。

札幌出身で現在も札幌在住、作家デビュー前はススキノでその日暮らしの生活を送りつつ、数多くの職業を経験してきた東直己は、作中でも札幌を中心とする北海道を舞台に選ぶことが多い。「ススキノ探偵」シリーズも、札幌市中央区にある北海道最大の歓楽街ススキノにあるバー〈ケラー・オオハタ〉を根城にして仕事を受ける私立探偵兼便利屋の〈俺〉の活躍を描いたものだ（〈俺〉の名前は作中で明かされることはない）。映画では札幌の名所めぐりの要素も交え、観光映画的な色合いがかなり濃厚になっているが、ハードボイルドに登場する探偵とはそもそも固有の場所とのつながりが強いものであり（都会派探偵の場合はもとより、深町秋生の椎名留美シリーズなどのように、地方を舞台にした場合でもそれは変わらない）、シリーズのハードボイルドとしての様式美と観光映画の要素とは極めて相性がいい。雪景色をはじめ、北海道ならではの描写は映画の大きなセールスポイントになっている。

原作ではギャンブルでのイカサマから大麻の栽培まで、違法な行為にも手を染めている〈俺〉だが、映画では流石にそういった描写は最低限に抑えられた。とはいえ、映画でも法の定めた白と黒の境界線を軽やかに駆け抜けるキャラクターとして描かれている。〈俺〉を演じる大泉洋は、北海道江別市出身で、大学時代に演劇研究会に入り、そこで知り合った森崎博之・安田顕・佐藤重幸（現・戸次重幸）・音尾琢真とTEAM NACSを結成した。一九九五年から芸能活動を開始し、翌九六年には北海道テレビ制作の深夜番組『水曜どうでしょう』で人気を集めた。現在は俳優として、全国区の知名度を獲得していることは説明するまでもない。北海道出身のスターとして、〈俺〉役に最も相応しい俳優と言えるだろう。須藤プロデューサーは『水曜どうでしょう』のＤＶＤを観て、映画の主役を大泉に即決したという。

映画で〈俺〉とコンビを組むのは、松田龍平演じる北海道大学農学部の助手・高田である。松田龍平といえば、『探偵物語』（日本テレビ系、一九七九〜一九八〇年）の主役を演じた松田優作の長男で、自由人的なオーラを漂わせた役柄を得意とする俳優であり、高田役は彼ならではのはまり役と言える。原作の「ススキノ探偵」シリーズでは、名脇役であるとはいえ高田の出番はさほど多くはないが、映画では現時点での三作品全部で〈俺〉と高田の相棒としての活躍が描かれる。高田は柔道部の師範代をしているだけあって腕っぷしの強さは折り紙付きながら、出来れば一日中寝ていたいというずぼらなところのある人物として描かれる。運転免許を持っていない〈俺〉の運転手役でもあるが、その愛車「高田号」は車検を通っているのか怪しいほどのおんぼろ車で、褒めてやらないと発車しないという癖もある。

ここで、スタッフや他のキャストの顔ぶれを見てみると、監督の橋本一は、一九九〇年に東映に入社し（二〇一三年に退社）、ＴＶドラマを中心にさまざまなジャンルの作品を撮ってきた。テレビ朝日系の人気ドラマ『相棒』ではシーズン二（二〇〇三年）から参加しており、劇場版では『相棒　劇場版IV』（二〇一七年）と、スピンオフの『相棒シリーズ　Ｘ　ＤＡＹ』（二〇一三年）の監督を担当した。また、プロデューサーの須藤泰司と共同で脚本を執筆した古沢《こさわ》良太は、映画では『ALWAYS三丁目の夕日』（山崎貴監督、二〇〇五年）や『キサラギ』（佐藤祐市監督、二〇〇七年）など、ＴＶドラマでは『リーガル・ハイ』（フジテレビ系、二〇一二年）や『コンフィデンスマンＪＰ』（フジテレビ系、二〇一八年）などで知られる人気脚本家で、『相棒』では初期を中心に名エピソードを幾つも執筆している。更に須藤も『相棒』初期のプロデューサーでもあり、この橋本・古沢・須藤のトリオが『探偵はＢＡＲにいる』のスタッフの中心だったことによって、『相棒』にも通じるバディものとしての面白さが原作よりも強調され、映画版の基調となった。ただし、警察官コンビが主人公の『相棒』の場合、いかに同情すべき背景があろうとも犯罪者は逮捕しなければならないけれども、こちらは私立探偵が主人公なので、より事件の決着の自由度が高い物語を紡げるという相違点もある（実際、シリーズ三作とも大事件のわりに警察官の登場シーンは殆どない。台詞があるのは、二作目中盤のカーチェイス後に登場した警察官くらいか）。橋本監督は須藤プロデューサーとの対談（《ミステリマガジン》二〇一三年六月号掲載）で、「『相棒』は刑事という職業で結びついているんですよね、二人が。『探偵はＢＡＲにいる』の探偵と高田の関係性は、それとはまったく違っていて、中学とか高校の頃に、こんな友達がいてくれたらな、って思う理想の友人の関係だと思うんですよ」と両シリーズの違いを語り、また結末のつけ方については「七〇年前後のニューシネマの頃の映画って、勧善懲悪でなくて何かモヤモヤした感じが残るでしょう。今、またそういう時代が巡ってきているのかな、と思います。単純に悪い奴らをやっつけるだけの娯楽映画じゃない味を、今のお客さんにも味わってもらいたいですね」と発言している。

　主人公二人の周囲にいて、時に情報を提供してくれるススキノの人々は、妻子はいるがゲイの新聞記者・松尾に田口トモロヲ、桐原組の若頭・相田に松重豊、その配下のブッチョに土平ドンペイ、喫茶店〈モンデ〉のウェイトレス・峰子に安藤玉恵、客引きの源ちゃんにマギー、〈ケラー・オオハタ〉の寡黙なマスター・大畑に北海道在住の俳優・桝田徳寿……といった顔ぶれだ。彼らはすべて二、作目以降も登場している。

さて、この映画で描かれる出来事とは——〈俺〉が根城とする〈ケラー・オオハタ〉に、コンドウキョウコと名乗る女から依頼の電話がかかってきた。弁護士の南（中村育二）を訪れ、「去年の二月五日、カトウはどこにいたか」と訊ねてほしい、というのだ。早速、南の事務所を訪問してその質問をぶつけたところ、相手は動揺した様子だった。しかも帰り道、〈俺〉はヤクザに拉致され、雪原に生き埋めにされた。辛うじて生還した〈俺〉は、南たちへの報復のため調査を開始する。依頼の背景からは、二年前の地上げ放火事件による女性の死亡、その実行犯の変死、そして一年前に大物実業家の霧島敏夫（西田敏行）が殺害された事件が浮かび上がってきたが、その地上げ放火殺人の被害者の名前こそが近藤京子だった。誰が彼女の名を騙って電話をかけてきたのか？　やがて〈俺〉は、殺された霧島の妻で、今は高級クラブを経営し、再婚話が持ち上がっている沙織（小雪）と出会う。

事件の大まかな流れは原作にかなり忠実だが、原作では過去の三件の殺人がすべて前年の出来事なのに対し、映画では地上げ殺人と実行犯の変死は二年前、霧島殺害は前年の二月となっている。のみならず、現在の事件も小説と違って二月の出来事として描かれているが、これは、ロケの背景として雪景色を撮りたかったからだろう。単に、北海道といえば雪——という見映えの問題だけではなく、クライマックスでヒロインが身に纏うウェディングドレスの純白とイメージを重ね合わせる意味もあったに違いない。

原作では会社社長である南が弁護士になっているなど、キャラクターの設定の変更は幾つかあるが、特に際立つのは、原作の刈田にあたる花岡組の組員・加藤（髙嶋政伸）の描き方だ。原作ではそれほど特徴のない普通のヤクザだが、映画では鼻と舌にピアスをつけた見るからに個性的な風貌で、髙嶋政伸ならではの怪演も相俟って観客に強烈なインパクトを刻み込む。〈俺〉が南を訪問した帰りにプラットホームから突き落とされるくだりは、映画では雪原への生き埋めというハードなものに変更された。地上げ殺人の実行犯・田口の父親が、花岡組傘下の右翼団体・則天道場を脅迫していた件の顚末は、原作では父親のみ襲撃されて重体となるが、映画では両親とも加藤の拷問を受けた末に惨殺されてしまう。

　コンドウキョウコを名乗る女の正体については、小説とは異なり、映画では電話越しの声をどうしても聞かせなければならないため、早い時点で見当がつきやすいのはやむを得ないところだが、ヒロインである小雪のほか、京子の母親に竹下景子、異父妹に吉高由里子という豪華なキャスティングでミスリードを図っている。

　原作では沙織は名前こそ前半から出てくるものの、〈俺〉の前に実際に姿を現すのは全五十一章のうち三十六章に入ってからだ。小説ではこれで問題ないのだが、映画ではヒロインを早めに出しておかないと成立しないので、まずアヴァンタイトルの序章的パートで、霧島と沙織のパーティー会場において、依頼人である松尾とやりとりする〈俺〉の姿が描かれ、その直後に霧島は殺害される。そして一年後、情報を得るため再び松尾と会った〈俺〉が、酔ってハイになった松尾に連れて行かれた高級クラブで沙織と顔を合わせる……という流れになっている。

一九八四年を背景とする原作（「去年の八月二十一日はフィリピンの独裁者のライバルが帰国するなり空港で射殺された日だった」という記述があるので、フェルディナンド・マルコス大統領の政敵ベニグノ・アキノ上院議員が暗殺された一九八三年の翌年の出来事と特定可能）では、〈俺〉がバーにかかってくる電話で仕事を引き受けているという設定には何の違和感もないが（「ススキノ探偵」シリーズの近作ではパソコンやＳＮＳも使いこなしている）、映画は二〇一〇年代が背景なので、バーの電話を利用しているのは敢えて携帯電話を持たない主義だからということにし、途中で依頼人を護るのが探偵の使命という理由で携帯電話を持つことになった（二作目以降はまた持たない主義に戻っているけれども）。高田は原作では花岡組とのバトルなどで活躍するものの、途中で負傷したこともあって終盤は出番がない。これに対し、映画ではオープニングからして〈俺〉と高田がチンピラと乱闘するシーンから始まるし（高田は無敵の強さを誇るものの、〈俺〉が本格的に窮地に陥ってからでなければ助けに来ない……という描かれ方が、その後の二人の関係性をわかりやすく説明している）、全体的にアクションが強調され、高田の見せ場が多くなっている。また、高田は時として暴走しがちな〈俺〉の諫め役でもあり、「一人きりの友達、失くしたくねえよ」といった印象的な台詞が用意された。アクション・シーンは中盤の則天道場からの脱出あたりまではコミカルさを特色としているが、後半、急にシリアスなカラーへと転調する。この映画はＰＧ12指定となっているのだが（次作も同様）、田口の両親が惨殺される描写を筆頭に暴力的な演出が目立ち、幅広い観客層を見込んだ映画でありつつも、ある種の毒々しさも感じられる。このあたりは、エログロやヴァイオレンスの描写を重視した「不良性感度映画」の伝統をかつて誇った東映の監督である橋本一の個性かも知れない。

この『探偵はＢＡＲにいる』のヒットを受けて直ちに続篇の制作が発表され、二〇一三年には、橋本一監督、古沢良太・須藤泰司脚本という前作と同じ制作陣による第二弾『探偵はＢＡＲにいる2 ススキノ大交差点』が公開された。原作は「ススキノ探偵」シリーズの第五作『探偵はひとりぼっち』（一九九八年）である。前作が冬を背景にしていたのと差別化を図るためか、今回は夏の札幌が描かれる。

ススキノの人気者だったオカマのマサコ（ゴリ）が、ＴＶのマジック大会に出演した二日後、何者かに惨殺された。数カ月経っても犯人が捕まらないので、〈俺〉は事件の謎を追いはじめたが、普段なら情報を提供してくれる仲間たちの態度は冷たい。どうやら、マサコの元恋人が地元の大物代議士・橡脇《とちわき》孝一郎（渡部篤郎）だという噂が流れたせいらしい……という物語だ。

前作のフォーマットを踏襲し、高田の活躍の場を原作よりも大幅に増量している。松尾や相田ら前作から引き続き顔を見せている面々に加え、この二作目からはショーパブ〈トムボーイズ・パーティ〉のママ、フローラ（篠井英介）がレギュラーに加わる。前作では写真出演のみだった桐原組の組長（片桐竜次）は二作目からの本格的登場だ。また、原作の『探偵はひとりぼっち』には登場しない花岡組傘下の則天道場幹部・佐山（波岡一喜）が、文字通り鼻をへし折られた前作の恨みを晴らすべく〈俺〉と高田を襲うくだりは笑いを誘う。

原作との最も大きな違いは、〈俺〉に協力する占い師の聖清澄《ひじりせいちょう》をカットし、代わりに映画オリジナルのヒロインとして、ヴァイオリニストの河島弓子（尾野真千子）を登場させた点だ。やはりハードボイルド映画には個性的なヒロインがつきもの……というお約束を踏襲したのだろうが、前作の沙織が本心を覗かせないミステリアスな女性だったのに対し、弓子はコテコテの関西弁で啖呵を切るお騒がせキャラと、敢えてコントラストを強調したかたちになっている。また、クライマックスにおける〈俺〉の弓子に対する台詞は、かつて依頼人を護れなかった〈俺〉の、二度と同じことを繰り返させまいとする決意であり、前作の観客にとっては感慨無量の筈である。

　比較的原作に忠実だった前作に対し、『探偵はＢＡＲにいる2　ススキノ大交差点』は物語の導入部はほぼ原作通りながら、中盤以降はオリジナルのエピソードもかなり入ってくる。特に際立っているのは前作を凌ぐアクションの大量投入で、〈トムボーイズ・パーティ〉に拳銃を持った男が乱入する冒頭をはじめ、市電での大乱闘あり、カーチェイスあり、やれることは何でもやると言わんばかりのサーヴィス精神が沸騰している。

　原作にあるエピソードでも、映画向きに派手に脚色された部分が多い。橡脇と事件の関係について調べはじめた〈俺〉が桐原組の相田らに脅しをかけられるくだりは、映画では大倉山ジャンプ競技場を舞台にした大がかりな見せ場となっているし、ススキノから忽然と姿を消したゲイボーイのトオル（冨田佳輔）を探すくだりも、原作では映画と違って彼の実家がある室蘭市まで行くわけではない。嫌味にならない程度の観光映画的要素は前作と共通している。面白いのは相田らによる脅しが、三作目では〈俺〉が裸で漁船に縛りつけられる拷問として繰り返されるなど、一作目または二作目で描かれたレギュラー絡みのエピソードが、次作以降のベタなお約束となってゆく点である（他には〈俺〉に対する舞子の色仕掛けや、原作者である東のカメオ出演などが挙げられる）。ベタであることを恐れない――いや、むしろベタであることを徹底してみせるあたりが、プログラムピクチャーとしてのこのシリーズの魅力となっている。

注目すべきは、政治家・橡脇孝一郎の扱いである。原作の橡脇（名前は孝一郎ではなく厳蔵）は名前のみ言及される存在であり、最後まで直接登場する場面はないし、年齢も六十歳近いという設定で、出演時四十代半ばだった渡部篤郎のイメージとは重ならない。しかし映画では、〈俺〉と橡脇が一対一で話すシーンがあるのみならず、原作にないクライマックスにも橡脇が大きく関わるのだ。原作で松尾が橡脇を弁護する発言は、映画では橡脇自身による信念の表明に置き換えられている。橡脇の後援会長・新堂は原作では男性だが、映画では新堂艶子（筒井真理子）という女性に変更された。

この橡脇のキャラクター設定は、実はこの映画で少々気にかかった部分である。原作の橡脇は、北海道一区選出の社会党の代議士で、戦前から北海道の大衆運動の最前線にいた父親を持つ二世政治家として描かれている。これは明らかに、社会党の国対委員長や政審会長を歴任した代議士の横路《よこみち》節雄を父に持ち、社会党の代議士から北海道知事、そして民主党の代議士に転身した横路孝弘をイメージした設定と言える（映画で橡脇の名前に「孝」の字を入れたのはそのためか）。原作『探偵はひとりぼっち』が刊行されたのは一九九八年だが、作中の時代設定は松尾の発言から一九八〇年代半ばと推測される。現実の政界では、一九八三年に横路が北海道知事に当選、一九八六年に社会党委員長に就任した土井たか子の人気により一九八九年から一九九〇年にかけて社会党は全盛期を迎え、作中の年代から約十年後の一九九四年には自社さ連立政権が発足する。松尾がマスコミ人としての自分の良心を裏切ってまで橡脇（が代表する革新勢力）に託した希望というのも、原作が背景とする時期であれば充分な説得力を持っていたのだ。

　しかし映画の舞台は現在に置き換えられているので、原作の設定はそのままでは使えない。社会党改め社民党は往年の党勢はどこへやらの状態だし、民主党のその後の四分五裂状態は言うまでもない（かつて選挙での無敵ぶりを誇った横路孝弘は、二〇一二年の衆院選では小選挙区で自民党の新人候補に敗れ、比例区で復活当選したが、二〇一七年に政界を引退し、二〇二三年に逝去した）。映画の橡脇は具体的な所属政党は不明で、北海道における脱原発運動の中心人物ということになっているが、二〇一一年の東日本大震災後に盛り上がった脱原発の流れも、原発推進を国策としてきた自民党の政権奪回によって勢いを失っており、作中で描かれたような脱原発運動の拠点となる人気政治家というキャラクター造型は、映画公開時の二〇一三年には既にリアリティを感じられないものとなっていた（脚本執筆時にはまだ説得力があったとしても）。気紛れな民意に翻弄され目まぐるしく状況が変わる政治の世界を、フィクションの中で扱うことの難しさを感じざるを得ない。

　更に言えば、橡脇を信奉する暴力的な反原発活動家の市民グループの存在もリアリティに欠ける。現実の反原発活動家は、時として視野狭窄やセクト主義に陥ることはあっても、一介の探偵相手にわざわざ半グレ集団ばりに徒党を組んで、しかも人目につく街中で暴力を振るうことなどまずあり得ない。こういった設定により、二作目は手放しでは称賛できない問題作となっている。一方、マサコ殺害の真犯人と動機は原作と同じだが、これについては原作が執筆された時期よりも今のほうが説得力を帯びていると言えるだろう。原作のある登場人物は同性愛者の話題が出た際に「どっちにしても、このごろは、ああいう連中が人気あるみたいだね」「この世界で、一番強いのは、弱者なんだよ。日本は、そういう国になったんだ」と面白くなさそうに口にするけれども、貧困などに陥り不遇感を募らせた人間が、自分より優遇されているように見えるマイノリティに悪意を向ける現象は、以前から潜在していたにせよ、ネットの普及によって現在は普遍的に可視化されている。これに関しては、一九九〇年代の時点でそのような時代の到来を予測した原作者の慧眼ぶりを称賛するべきだろう。

　そして第三弾『探偵はＢＡＲにいる３』は、四年の間隔をおいて二〇一七年に公開された（一～二作目の間隔より長い時間が空いた理由は不明だが、大泉洋や松田龍平をはじめとするキャストのスケジュールの都合だろうか）。監督は橋本一から『サラリーマンＮＥＯ』（ＮＨＫ総合、二〇〇六～二〇一一年）や『獄門島』（ＮＨＫ－ＢＳプレミアム、二〇一六年）の吉田照幸に交代し、脚本は古沢良太の単独執筆となった。背景となる季節は再び冬である。

　恋人の諏訪麗子（前田敦子）が失踪したので見つけてほしい……という高田の後輩・原田誠（前原滉）からの依頼を引き受けた〈俺〉は、麗子がアルバイトをしていたモデル事務所のオーナー・岬マリ（北川景子）と対面するが、その帰り道、〈俺〉と高田は男たちに襲撃された。麗子の失踪の陰には、花岡組とつながりがある札幌経済界のホープ・北城仁也（リリー・フランキー）の存在が見え隠れする。やがて、〈俺〉はマリがかつて出会った女だということを思い出す……。

今回は原作の第一作『探偵はバーにいる』のエピソードを一部使用している。例えば、〈俺〉が原田誠から行方不明になった恋人の諏訪麗子を探してほしいと依頼される冒頭や、殺人事件の被害者の工藤啓吉という名前、原作の中盤にあった学校の教頭のエピソード（映画の導入部に使われた）である。マリの過去を知るモンロー（鈴木砂羽）は原作では〈俺〉と知り合いのデートクラブの女だし、北城の配下の青年・波留《はる》（志尊淳）の名前も、原作に登場するモンローのヒモのハルに由来しているが、他はほぼオリジナル・ストーリーとなっている。

これまではバットで殴られてもすぐ立ち上がるほどの無敵キャラとして描かれていた高田が波留に倒されてしまうなど、かつてない危機が主人公コンビを襲う物語だ。とはいえ、前二作にあった「大人の娯楽」としての毒々しい味は稀薄であり、ＰＧ12指定もされていない。このあたりは、東映叩き上げの橋本一から、ＴＶ界出身の吉田照幸に監督がバトンタッチした影響かも知れない。

とはいえ、〈俺〉を翻弄する個性的なヒロイン、権力と財力と暴力を振りかざす強大な悪役、高田との絆の描写、軽快なアクション、愛すべきレギュラーの脇役たちなど、いい意味でのベタさで彩られた物語は、万人向けの高水準なエンタテインメント・シリーズとしての安定感を漂わせている。フォーマットを確立した一作目、問題作の二作目に続き、このシリーズも安定感のありようを模索する時期に差しかかったということなのかも知れない。二〇一〇年代最良のプログラムピクチャーのひとつとして、雪の街の探偵たちの活躍が今後も描き続けられるのかを見守りたい。

※本稿のうち『探偵はＢＡＲにいる２　ススキノ大交差点』について触れた部分は、《ミステリマガジン》二〇一三年六月号載の映画レヴュー「サーヴィス精神が沸騰したシリーズ第二弾」を加筆・改稿したものであることをお断りします。

黒い羊の出発
――『ハムラアキラ～世界で最も不運な探偵～』

※『ハムラアキラ～世界で最も不運な探偵～』のうち第一話「トラブルメイカー」、第四話「濃紺の悪魔」、第五～第七話「悪いうさぎ」の結末に触れています。

若竹七海
『悪いうさぎ』（文春文庫）

一九八〇年代から九〇年代にかけて、アメリカを中心に女性探偵のブームが起こった時期があった。中心となる作家は、探偵V・I・ウォーショースキーを生んだサラ・パレツキー、探偵キンジー・ミルホーンを生んだスー・グラフトンらである。このブームは日本のミステリ界にも影響を及ぼし、桐野夏生・柴田よしきらの作家が誕生した。若竹七海の小説に登場する葉村晶も、その流れの中で生み出されたキャラクターだ。

葉村がこうした女性探偵の中で際立っているのは、息の長い活躍だ。一九九四年、連作短篇集『プレゼント』の中の五篇に登場した葉村は、現在も著者の作品で活躍を続けている。名探偵には作中で歳をとらない設定のキャラクターもいるけれども、葉村は時の流れとともに歳を重ねるタイプであり、初登場時は二十六歳だった彼女も今では四十代になっている。たぶん著者が葉村の事件簿を書き続ける限り、老年を迎えても謎に挑む彼女の姿が見られるに違いない。

もっとも、著者の若竹七海がどちらかといえば寡作型ということもあって、葉村が登場する作品は決して多くはない。二〇二〇年五月現在で、葉村の事件簿は短篇集『プレゼント』（一九九四年。収録作のうち葉村が登場するのは「海の底」「ロバの穴」「あんたのせいよ」「再生」「トラブル・メイカー」の五篇）、短篇集『依頼人は死んだ』（二〇〇〇年）、長篇『悪いうさぎ』（二〇〇一年）、長篇『さよならの手口』（二〇一四年）、短篇集『静かな炎天』（二〇一六年）、長篇『錆びた滑車』（二〇一八年）、短篇集『不穏な眠り』（二〇一九年）の七冊。これに、『暗い越流』（二〇一四年）収録の「蠅男」と「道楽者の金庫」を加えれば、葉村晶の事件簿のすべてとなる。

このシリーズが、二〇二〇年一月から三月にかけて、ＮＨＫ総合で『ハムラアキラ～世界で最も不運な探偵～』として連続ドラマ化された。演出は大橋守・増田静雄・中村周祐の三人、メイン脚本は黒沢久子（第三話のみ木田紀生）。若竹七海はこの番組の公式ホームページに「原作者のことば」として、次のような文章を寄稿している。

> 葉村晶を登場させたのは１９９４年のこと。バブル景気は終焉したものの、震災や大規模テロ、少子高齢化以前、Windows95やグローバル化の直前。女性の労働力はさほど期待されておらず、働く女性への偏見が根強かった時代です。当時、自立した女探偵は欧米ミステリのトレ

> ンドでしたが、そのまま日本に持ち込むと絵空事めいてしまう。だから当初、葉村は「事件に巻き込まれたフリーター」でした。三年後、葉村は女探偵となりました。彼女の武器は記憶に残らない容姿と調査を手加減しないこと。欧米の先輩女探偵たちと違い、警句や自己主張は心の中で吐き、少ない収入内できちんと暮らす。日本社会での女探偵像をリアルに描こうとした結果ですが、こんな地味なヒロインも珍しいでしょう。そんなわけで、葉村晶が映像化されることになって、いちばん驚いているのはおそらく作者の私です。新しい時代の、新しい「ハムラアキラ」がどんな世界を見せてくれるのか。期待しています。

ドラマの全七話のうち、第一話「トラブルメイカー」の原作は「トラブル・メイカー」、第二話「静かな炎天」の原作は『静かな炎天』の表題作、第三話「わたしの調査に手加減はない」の原作は『依頼人は死んだ』所収の同題短篇、第四話「濃紺の悪魔」の原作は『依頼人は死んだ』所収の「濃紺の悪魔」と「都合のいい地獄」であり、第五話から第七話にかけては長篇『悪いうさぎ』を原作としている。

こうしてみると、葉村シリーズのうち比較的初期の作品が選ばれていることがわかるが、「静かな炎天」は『悪いうさぎ』からしばらくシリーズの新作が途絶え、復活してからの話が原作だ。そのあいだに葉村の境遇はかなり変化しているのだが（まずフリーターとして職を転々とし、長谷川探偵事務所に三年ほど在籍後、しばらく同事務所とフリーの探偵として契約を続け、長谷川が引退して事務所を閉鎖した後はミステリ専門古書店「MURDER BEAR BOOKSHOP」のバイト店員と「白熊探偵社」での探偵業とを掛け持ちで続けている）、ドラマでは最初から「MURDER BEAR BOOKSHOP」のバイト店員と探偵の掛け持ち状態であり、以前に務めていた探偵社の元同僚・村木義弘から仕事を回してもらっている。ドラマの葉村の年齢設定は三十六歳で、原作で二十代から四十代までが描かれている彼女のちょうど中間をとった感じである。若く未熟でもないが老成するには早い、そんな人物像が想定されていることがわかる。

配役は、葉村晶にミュージシャン出身のシシド・カフカ、「MURDER BEAR BOOKSHOP」の店長・富山泰之に中村梅雀、影山東署の刑事・速見治松《おさまつ》に津田寛治、その部下・柴田要に板橋駿谷（原作では速見と柴田は武蔵東署の刑事）、村木義弘に池田成志といった顔ぶれだ。そして、原作には登場しない若き警視庁管理官・岡田正太郎警視を間宮祥太朗が演じ、物語に謎めいた彩りを添えている。

なお、登場するレギュラー・キャラクターは必ずしも原作通りの描写というわけではなく、例えば店長の富山泰之にはオネエ口調という新たな特徴が付加されている。恐らく、原作で富山と知り合う前に葉村の大家だった光浦功の口調を参考にしたのだろう。

さて、全七回という枠の中で、原作のどのエピソードを選択するのか。ドラマのプロデューサーや脚本家の腕の見せどころはその点に集約されるだろう。そこからは、ドラマ制作者が葉村晶をどんな主人公としてイメージし、このシリーズのテーマをどう考えているかが浮かんでくる筈なのである。

ドラマの第一話「トラブルメイカー」は、いきなり葉村晶自身の事件から始まる。彼女には三人の姉がいるが、中でも三女の珠洲《すず》（ＭＥＧＵＭＩ）は葉村に迷惑をかけてばかりのトラブルメイカーだ。ある日突然、その珠洲が葉村の家に押しかけ、強引に海外旅行に行かせようとする。それを断ると、今度はある男が彼女に探偵としての仕事を依頼してきた。奇妙な依頼に葉村が不審を口にすると、男はキレた態度でその場を去ってしまう。帰宅しようとした葉村は、何者かに頭を殴られ気絶する。翌朝、ある女性が殺害されたというニュースが流れた。被害者の名前は、葉村晶……。

　ドラマは原作とは異なり、葉村と思われる女性の屍体発見から始まり、そこから時系列を遡っている。もちろん原作を未読でも、主人公である葉村が殺されるわけがないことは大抵の視聴者は予測する筈なので、屍体が別人であることはわかりきっているのだが、視聴者の興味を引く謎の提示としては合格だ。また、親切めかした珠洲の言動に裏があることも視聴者の予想通りだろうが、最後に真意を明かすＭＥＧＵＭＩの怪演は強烈だ。ここで彼女の口から「黒い羊」という言葉が出てくるけれども、Black Sheep とは、売り物にならない羊、ひいては家族や地域社会における厄介者を示す言葉である。どうやら葉村家において、晶も珠洲もそのような存在であるらしい。妹に悪事を暴かれた珠洲は自ら命を絶つが、その葬式に母親は姿を見せず、上の二人の姉たちは葉村のことを露骨に疎んじる。この第一話で、葉村が家族内で孤立しており、肉親はいるものの精神的には孤児同然であることが示されるのである。

　一方、事件に独自の動きで関わろうとするのが岡田警視だ。「MURDER BEAR BOOKSHOP」に出入りするミステリファンにして警視庁の若きエリートの彼は、一分の隙もない紳士でありながら変わり者の風情も漂わせており、葉村の言い分を信じる物分かりの良さを見せつつもどこか油断がならないところがある。原作は葉村の一人称なので推理や真相は彼女のモノローグのかたちで表現されることが多いが、ドラマではそうは行かない。その意味で岡田という葉村と同格の知性を持つキャラクターは、葉村が推理を披露する際のディスカッションの相手役としてうってつけなのだが、実はそれだけの存在ではないことは後半に明らかとなる。

　第二話「静かな炎天」は、暇を持て余していた葉村のもとに、相次いで人捜しなどの依頼が舞い込む。金欠ということもあってそれらに飛びついた葉村だが、どういうわけかどの依頼もあっという間に片がついてしまい、予定していた金額の報酬は入ってこないことがわかる。幸運と不運が入れ代わりに目まぐるしく訪れる異常事態だが、その裏にはある目論見が存在していた、という話だ。葉村の探偵としての一種の特異体質、サブタイトルにある「世界で最も不運な探偵」たる所以《ゆえん》が最も明瞭化されたエピソードと言える。また第三話「わたしの調査に手加減はない」は、七年前に自殺した友人が枕元に立つという奇妙な相談を受けた葉村が、依頼人のゼミ仲間たちの人間関係を洗う話。このドラマで唯一、葉村が事件に巻き込まれるのではなく完全な第三者として謎を探る回だが、表向きの決着に納得できない彼女が更にその裏の真実へと進んでゆく展開は、まさに「わたしの調査に手加減はない」という台詞そのものだったし、原作と異なる真相に説得力を付与したゲスト女優たちの迫真の演技も印象に残る。

　第四話「濃紺の悪魔」は、先述の通り『依頼人は死んだ』のうち「濃紺の悪魔」と「都合のいい地獄」を合体させているが、そもそも原作自体、この二篇は連続した内容である。まず原作の「濃紺の悪魔」では、松島詩織という女性が何者かの悪意に晒されているという案件を、長谷川探偵事務所の依頼で葉村が探り始めるのだが、余りにも多くの人間が詩織への迫害に関わっていたことが判明。彼らは詩織に頼まれたにすぎないと主張し、どうやら彼女の自作自演の線が濃厚になる。だが詩織は、あるバーで知り合った首筋に痣のある男からそのような計画を持ちかけられたと主張する。結局、詩織は精神科に入院させられるのだが、その後、葉村の前に首に痣のある男が本当に出現し、詩織の主張は真実だったのではないか……という不気味な余韻を残して終わる。

原作では、「濃紺の悪魔」と「都合のいい地獄」のあいだに「アヴェ・マリア」という一篇がある。葉村シリーズでは珍しく彼女の一人称ではない作品だが、この中で殺人を犯した人物が、「都合のいい地獄」の冒頭で動機不明のまま自殺したと言及されるのだ。その裏では、やはりあの痣の男が暗躍していた気配がある。動機を知ろうとする葉村の前に再び現れた男は、彼女の周囲の人々を人質にとったゲームで翻弄する。

ドラマの第四話は、前半が「濃紺の悪魔」、後半が「都合のいい地獄」をほぼなぞったかたちで進行する。痣の男を静かな不気味さを漂わせて演じた野間口徹が秀逸だ。ただ、彼の設定と、物語のラストは大きく異なっている。

原作の痣の男は葉村と同業の探偵だったという説も出てくるものの、結局正体不明のままである。一方、ドラマでは事件決着後に岡田警視の口から、正義に絶望した裁判官だったという説明がある。

やりきれない事件ばかりを目にしてきたその男の心は、ついに決壊してしまったのだ。

　また葉村と痣の男の屋上での対峙は、原作では葉村は彼に催眠術をかけられたらしく意識を失う。だがドラマでは、男は葉村の制止を振り切って屋上から身を投げる。何故このように改変されたかを考えると、そこには近年のミステリドラマにおけるある傾向が浮かび上がってくる。

　二〇一〇年、イギリスのＢＢＣで放送が始まったあるドラマが話題を呼び、やがてその人気は日本を含む世界中に拡がった。ベネディクト・カンバーバッチがシャーロック・ホームズ、マーティン・フリーマンがジョン・ワトソンを演じた連続ドラマ『SHERLOCK　シャーロック』のことである。彼らの活躍の舞台をヴィクトリア朝から現代に移した大胆な設定のもと、原作の小ネタを巧緻に鏤《ちりば》めた内容だったが、そのシーズン二の第三話「ライヘンバッハ・ヒーロー」はタイトルから推測される通り、アーサー・コナン・ドイルの原作「最後の事件」で描かれた、ホームズと宿敵ジェームズ・モリアーティ教授がスイスのライヘンバッハの滝で一騎討ちの果てに行方不明になるエピソードをもとにしている。

　この回が大きな話題を呼んだこともあって、その後のミステリドラマでは、名探偵と宿敵が最終回でライヘンバッハの対決をなぞる趣向が頻出した。例えば有栖川有栖原作の連続ドラマ『臨床犯罪学者　火村英生の推理』（日本テレビ系、二〇一六年）では、臨床犯罪学者の火村（斎藤工）がドラマオリジナルの宿敵・諸星沙奈江（長谷川京子）と滝で対決する。織田裕二扮する名探偵・法門《ほうもん》寺《じ》沙羅駆《しゃらく》が完全犯罪計画を見破ってゆく連続ドラマ『ＩＱ２４６～華麗なる事件簿～』（日本テレビ系、二〇一六年）には滝や崖こそ登場しないものの、法門寺の宿敵マリア・Tとの命をかけた対決が最終回で描かれた。『シャーロック　アントールドストーリーズ』（フジテレビ系、二〇一九年）は、コナン・ドイルの原作で言及のみされて内容が定かではない「語られざる事件《アントールドストーリーズ》」を描いた異色の連続ドラマだったが、ホームズにあたる誉《ほまれ》獅子《しし》雄《お》（ディーン・フジオカ）は、やはり最終回、宿敵の犯罪組織首領・守谷と埠頭から海に飛び込み、その後生還する。

　こうした流れの中においた場合、『ハムラアキラ』第四話の改変が、痣の男の存在を葉村晶にとってのモリアーティに見立てたものであることは明らかだろう。そして、ライヘンバッハの滝といえば、第一話「トラブルメイカー」での珠洲の死にざまが水中への落下だったことも想起される（原作の彼女は服役中に自殺したとのみ記されており、死因はわからない）。それを思うと、他のドラマでは最終回で描かれることが多かったライヘンバッハの対決パターンが、『ハムラアキラ』では第一話と第四話という序盤と中盤に置かれている特異性も見えてくる。この種の探偵と宿敵の対決は、同時に探偵にとって、ずっと抱えてきた課題の解決でもあることが多い。しかし、葉村の場合、痣の男との対決を経てもそうはならない（原作の痣の男は、「アヴェ・マリア」の犯人が自殺した真の理由をちらつかせて葉村を翻弄するが、ドラマの場合は珠洲の死の理由を餌としてぶら下げている）。モリアーティとの対決を経ても、葉村の探偵としての人生は解決されない問題を抱え込んだまま続くのである。

　そして、第五話から第七話にかけての最終エピソード「悪いうさぎ」（原作では、本筋の事件以外にも葉村は数多くのトラブルを抱え込む流れとなっているが、ドラマでは脇筋はほぼカットされている）によって、このドラマが葉村晶自身の事件として始まった理由が判明する。前回の決着に衝撃を受けた葉村は廃業を決意するが、村木によって再び探偵の世界に引き戻される。村木が持ってきた依頼は、リゾート会社会長・滝沢喜代志（大鶴義丹）の娘・美和（田中珠里）の失踪事件。娘が家出したと考える滝沢は、その友人の女子高生・平《たいら》ミチル（井頭愛海）が行き先を知っている筈だと主張する。ところが、彼女たちの友人・柳瀬綾（小野花梨）が殺害される事件が起きてしまう（原作では柳瀬綾子という名前）。葉村は、この案件が単なる家出人捜索ではないと気づく。そんな彼女のもとにミチルが転がり込んできた。ミチルの父・義光（木下ほうか）も、この件が落ち着くまで葉村に娘と一緒にいてほしい様子だ。やむを得ず、葉村はミチルと同居生活を開始することになるが……。

登場人物を大まかに二分するなら、まず一方に、美和、ミチル、綾、そして美和の失踪の鍵を握っているらしい水地佳奈（黒崎レイナ）といった少女たちのグループ。その反対側には、滝沢やその元妻で美和の母親の辻亜寿美《あすみ》（筒井真理子）、亜寿美と親しい企業コンサルタント・野中則夫（羽場裕一）、平義光やその妻の貴美子（生田智子）といった、揃いも揃って何かを隠している様子の親世代がいる。滝沢・平・野中はバブル時代にアメリカに留学したエリート仲間であり、「68会」というグループを結成している（全員が一九六八年生まれという設定。原作ではメンバーたちの生年である昭和二八年に因んで「二八会」と呼ばれている）。この会には生命保険会社に勤務していた大黒《だいこく》重喜（田中要次）というメンバーもいたが、現在行方不明。そして、もうひとりのメンバーである山辺秀太郎（神尾佑）は不動産ディベロッパーだ（山辺は原作のキャリア官僚・新浜秀太郎に該当する人物だが、原作の新浜は名前のみの登場で直接の出番はない）。

美和を探す依頼は、当初は父親の滝沢からのものだったが、途中で母親の亜寿美が依頼人となった。ところが、柳瀬綾の殺害後に亜寿美が手を引いたため、今度はミチルが美和探しの依頼人となる。押しかけてきたミチルと共同生活を送るうち、葉村は彼女の境遇を知る。平義光・貴美子夫婦のあいだにはミチルが生まれる前に満《みつる》という息子がいたが、誘拐され遺体となって発見されるという悲劇に見舞われていた。貴美子は息子の死を認められず、満の死後に生まれたミチルを男児として育て、名前もミチルではなくミツルと呼び続ける（原作では、そもそも「満」の読み方が「ミチル」であり、死んだ兄と同じ名をつけられたことになっている）。ミチルが葉村のもとに転がり込んだのは、そんな親から逃れるためだった。

葉村の探偵としての仕事を積極的に手伝うことにより、ミチルは原作よりも印象的な登場人物になっている。美和やミチルら、家出少女のイメージが原作より鮮明になっているのだ。のみならず、「MURDER BEAR BOOKSHOP」の常連客のアケミ（大後寿々花）も、もとは家出少女だったが、店長の富山に声をかけられたのを機に立ち直ったという過去を持っていた。彼女は家出少女たちを見かけると、かつての富山のように彼女たちに声をかけ、本を手渡して救おうとする。アケミは富山のことをアガサ・クリスティー作品に登場するミス・マープルに譬《たと》えるが、ドラマの富山が中性的な口調なのはそのイメージのためかも知れない。

美和が水地佳奈から何らかのゲームに誘われていたことを察し、更に佳奈が「おじさん」なる人物の手助けでアパートから引っ越したと知った葉村は最初、佳奈が援助交際に手を染めており、「おじさん」とはその元締だったのではないかと推測する。だが、佳奈の彼氏から聞き出した彼女と美和の関係は、葉村が推測した佳奈のイメージにそぐわない。事件の真の原因は、不良ぶっていた少女たちの中にはなく、その父親たちにあるのではないか……。やがて、ミチルが持ってきた写真によって、衝撃の事実が判明する。ミチルの父・平義光や、美和の父・滝沢喜与志らのメンバー、そして彼らの家族が写っている68会の写真——そこで山辺秀太郎の隣に写っているのは、紛れもない岡田警視の姿だった。彼は山辺の息子であり、68会の恐るべき秘密を知っていたのだ。

　ここで、このドラマを通してのテーマが親子の関係だったことが判明する。第一話で葉村の姉・珠洲が死んだ際、その母親は葬儀にも出なかった。母親にとって、自分の思うように育たなかった葉村のみならず、犯罪者として死んだ珠洲も一家の「黒い羊」にすぎないのだ。そんな母親を持つ葉村は、ミチルに毒親としか呼べない親は存在すること、だが子供は親を捨てることも出来るということを教える。その背景で、第四話までは隙のないエリートとして描かれてきた岡田警視の苦悩が浮かび上がってくる。水地佳奈が滝沢家の元家政婦・明石香代の娘だという事実が判明した際、苗字が違うので気づかなかったと言った葉村に、岡田は苗字の違う親子もいると実感の籠もった様子で口にするが、それは彼自身のことだったのだ。第五話で珍しく泥酔状態で「MURDER BEAR BOOKSHOP」に現れた岡田は、「ホン・コンおばさん、好きなんです」と呟く。ホン・コンおばさんとは、ジョイス・ポーターの『案外まともな犯罪』（一九七〇年）などに登場する探偵役で、フルネームはコンスタンス・エセル・モリソン＝バーク、通称のうち「ホン」はオノラブル（Honourable＝イギリスの子爵や男爵の子供に対する敬称）の、「コン」はコンスタンスの略。唯我独尊の型破りな性格で、周囲からは鼻つまみ者扱いされている人物だ。岡田とは正反対の性格のようだが、だからこそ惹かれている可能性もあるし、高い社会的地位にいる岡田には、ノブレス・オブリージュ（貴族たる者の務め）を果たすのが行動原理であるホン・コンおばさんにどこか共鳴する部分もあるのかも知れないと想像させる。

　第六話のラストで岡田の素性を知った葉村は、第七話で彼への不信をぶつける。この回の次回予告でも、いかにも岡田が裏切るかのような映像が用いられ、彼の敵か味方かわからないイメージを強めている。第七話では、葉村は美和の母・亜寿美から電話で呼び出されるが、途中で何者かにトレーラーに監禁されてしまう。さしもの彼女も音を上げるほどの数日間の監禁からは何とか脱出に成功するものの、そのあいだに亜寿美は自殺していた（原作では信頼していた野中に財産を巻き上げられた亜寿美は、彼への恨みを晴らすため、葉村にあるメッセージを残して自殺するけれども、ドラマでは彼女の死についてはわりとあっさり流された感がある）。そして、68会の秘密を知ったミチルに危機が迫り、葉村は彼女のもとへと向かう。

　68会の秘密とは、彼らが娯楽として繰り返してきた人間狩り《マンハント》だった。彼らは家出少女の佳奈を騙してうさぎのマスクをつけさせ、山中を逃げまどう彼女を追い回して射殺、続いて秘密に迫った美和をも生贄にする（頭部全体を覆ったマスクのせいでターゲットの正体に気づかなかった滝沢は、自らの手で娘を射殺してしまう）。ミチルのみならず葉村も監禁され、人間狩りのターゲットとされようとしていたが、ここで滝沢の別荘番にして葉村を二度も監禁した犯人でもある大黒重喜が口にする「これが本当のガールハントだ」という台詞は原作にはないが、68会の面々の女性蔑視的な本質を示していて秀逸だし、ホームレスの男性が第一の犠牲者となっていた原作と違って少女ばかりがターゲットに選ばれていた点もそれを強調している。

　原作の葉村は人間狩りからの脱走に成功して警察に通報し、それによってミチルも救出されるが、ドラマではここで葉村の逆襲が描かれる。思えば、第一話では犯人は二人とも死亡、第二話と第三話では葉村は犯人を警察に突き出してはおらず、第四話の痣の男との決着も曖昧で、これまで葉村が犯人を裁いたことはない。自分は私立探偵であり、警察官ではないという自己規定があるからだろう。だが、第七話では彼女は大黒からライフルを奪って拘束し、人間狩りの主導者である野中に銃口を向ける――「今あんた殺しても、後悔する気しないんだよね」という台詞とともに。これまですっきりしない事件ばかりを担当し、さんざん危険な目に遭ってきた不運続きの葉村の台詞だけに、この一言は大いなるカタルシスを感じさせるし、このシーンのためにシシド・カフカをキャスティングしたと言っても過言ではないほどにはまり役ぶりを見せている。

　その頃、山辺は自分の娘が殺されると知って警察に通報しようとしていた平義光の足を撃ち、そこに現れた息子の岡田警視にとどめを刺すよう命じていた。だが、岡田はそんな実父の腕を撃つ。岡田は父の言うなりを装いつつ、実は68会の悪行を告発する覚悟を決めていたのだ。

こうして事件は終わりを告げるが、解決しなかった要素も残る。例えば、ミチルと両親の関係だ。だが、葉村はミチルに対して別れ際に「強くなんなよ。あんたにも、地獄が待ってるんだから」という言葉を残す。この世が地獄であるという現実は動かない。ミチルにとっての桎梏である両親が、今回の事件を経たからといって簡単に変わるとも思えない。葉村の不運続きの人生にしても同様だ。しかし、強くなれば、その境遇に自力で立ち向かうことも出来る筈だ（思い返せば第二話は、それに失敗した人間の物語だった）。葉村、ミチル、そして自分の父親を告発しながらも警察での地位を保った岡田――毒親に苦しめられてきた「黒い羊」たちの人生は、この事件を機に、新たな局面へと向かうだろう。『ハムラアキラ』は、そんな彼らの出発を描くドラマである。

第三部　スパイたちの世界地図

汚水に沈む黄金——『誰よりも狙われた男』

※『誰よりも狙われた男』の結末に触れています。

ジョン・ル・カレ『誰よりも狙われた男』（ハヤカワ文庫ＮＶ）

ドイツ北西部にあるハンブルクは、ベルリンに次ぐドイツ第二の大都市であり、ハンザ同盟の一員だった中世からドイツ帝国の時代まで王侯貴族に支配されることなく（ナポレオン一世率いるフランス軍に侵略されたことはあるが）、自由都市として栄えてきた誇り高き商都である。交易の要衝であるが故に外国人の出入りが多く、また宗教改革の時代にはプロテスタントやユダヤ人の避難場所ともなり、何世紀にも亘ってトルコやアフリカなどから多くの移民を受け入れてきた。

この外に開かれた街がテロリストの潜伏場所であったことが判明し、ドイツ全土に衝撃が走ったのは今世紀に入ってすぐのことである。二〇〇一年の九・一一同時多発テロの首謀者でエジプト出身のモハメド・アタが、ハンブルク工科大学在学中に過激なイスラム主義ネットワークの一員となっていたのだ。彼はそこで知り合った同志たちとともに、後にアメリカで旅客機を乗っ取り、歴史を変えたあのテロを決行した。

　モハメド・アタら三人は、ハンブルクでは留学生として表面は模範的な生活を送っていたという。牙を隠し、普通の市民として振る舞っていたことが当局のマークから逃れられた理由だったわけだが、結果としてドイツの体面は丸潰れとなり、特に警察や情報機関にトラウマを残すこととなった。

　この象徴的な街ハンブルクを舞台にしたスパイ小説が、ジョン・ル・カレの『誰よりも狙われた男』（二〇〇八年）である。ル・カレといえば、一九六一年に『死者にかかってきた電話』でデビュー、『寒い国から帰ってきたスパイ』（一九六三年）、『ティンカー、テイラー、ソルジャー、スパイ』（一九七四年）などの名作を発表してきたイギリスのスパイ小説の第一人者であり、その作風は、銃撃戦やカーチェイスのような華々しいアクションを可能な限り排し、諜報組織のメカニズムによる人間性圧殺の物語を、渋く緻密な語り口で浮かび上がらせてゆくというものだ。スパイ小説界に打撃を与えたとも言われる冷戦終了の後も意欲的に作品を発表しており、九・一一テロ後の世界を描いた二十一冊目の著作『誰よりも狙われた男』も、現在の国際社会におけるスパイの姿をリアルに描いた秀作である。

　よく知られているようにル・カレはイギリス秘密情報部、通称ＭＩ６のメンバーだったことがあり、旧西ドイツ時代のハンブルクには領事として赴任している。本作の描写から漂う説得力は、そんな著者の経歴と無関係ではない筈だ。余談だが、ＭＩ６に所属していた経歴がある小説家としては他にサマセット・モーム、Ｈ・Ｇ・ウェルズ、グレアム・グリーン、イアン・フレミング、フレデリック・

フォーサイスら、錚々たる顔ぶれが挙げられる。流石、エリザベス一世の下でスパイ網を組織して女王を幾度も暗殺の危機から救ったサー・フランシス・ウォルシンガム以来の長い伝統を持つスパイ大国イギリスと言うべきか、この国のスパイの層の厚さには瞠目させられる。

『誰よりも狙われた男』とはこのような物語である――ハンブルクで銀行を経営するイギリス人のトミー・ブルーは、慈善団体に所属する若い弁護士アナベル・リヒターの訪問を受ける。ロシアから密入国したイッサという若者の代理人を務める彼女は、イッサがブルーの銀行にある父の秘密口座から金を引き出す権利があると主張する。

　実はイッサ・カルポフは、旧ソ連の軍人の父とチェチェン人の母のあいだに生まれ、現在はイスラム過激派として国際指名手配を受けている身だった。彼の動向に着目したのが、ドイツ連邦憲法擁護庁「外資買収課」の課長ギュンター・バッハマン率いるチームである。バッハマンはスパイとして世界中を飛び回ってきたが、その辣腕ぶりが祟ってベルリンからハンブルクに飛ばされてきた。だがベルリンでデスクワークに縛られているより、テロリストの温床となった都市ハンブルクでのテロ対策活動のほうがよほど彼の性に合っていた。そんな彼は、イッサの顧問弁護士であるアナベルに目をつけ、強引な手段で味方に引き入れ、彼女を通じてイッサを自分たちの情報源として確保しようと考える。だが、イッサをめぐって動いていたのはバッハマンのチームだけではなかった。ブルーにはＭＩ６が接触し、ＣＩＡベルリン支局も首を突っ込んでくる。派閥抗争に揺れるドイツの情報機関も油断がならない。果たしてバッハマンの作戦は成功するのか？　理想主義者の腕利き人権派弁護士アナベル、遙か年下の彼女をいつしか愛するようになってゆく銀行家ブルー、そしてスパイになるために生まれてきたような男バッハマン。イッサをめぐって三人の思惑が交錯し、テロ防止の方針をかけた心理戦が幕を開ける……。

　この小説が、イギリス・アメリカ・ドイツの合作で映画化されたのは、原作刊行から六年後にあたる二〇一四年のことである。この時期に映画化されたのは、それに先立って『ティンカー、テイラー、ソルジャー、スパイ』が『裏切りのサーカス』（トーマス・アルフレッドソン監督）として二〇一一年に映画化され、世界的にヒットしたことと無関係ではないだろう。他に、今世紀に入ってからのル・カレ作品の映画化といえば、ジョン・ブアマン監督『テイラー・オブ・パナマ』（二〇〇一年、原作は『パナマの仕立て屋』）、フェルナンド・メイレレス監督『ナイロビの蜂』（二〇〇五年）、スザンナ・ホワイト監督『われらが背きし者』（二〇一六年）がある。

　映画『誰よりも狙われた男』の監督はオランダ生まれでロック・フォトグラファー出身のアントン・コービン（コルベインと表記されることもある）、脚本は『復讐捜査線』（マーティン・キャンベル監督、二〇一〇年）のアンドリュー・ボーヴェル。主な配役は、ギュンター・バッハマン役にフィリップ・シーモア・ホフマン、アナベル・リヒター役にレイチェル・マクアダムス、トミー・ブルー役にウィレム・デフォー、ＣＩＡベルリン支局のマーサ・サリヴァン（原作では苗字は不明）役にロビン・ライト、イッサ・カルポフ役にグリゴリー・ドブリギン、バッハマンの片腕イルナ（原作ではエアナ）・フライ役にニーナ・ホスといった顔ぶれである。また、製作総指揮には原作者ジョン・ル・カレ自身が参加しており、その息子サイモン・コーンウェルとスティーヴン・コーンウェルも製作に名を連ねている。

原作ではバッハマン、アナベル、ブルーの三人がほぼ同格の主人公なのに対し、映画ではバッハマンに焦点が絞られている（ブルーは原作ほどの出番はなく、代わりにイッサがより重要なキャラクターとして扱われている）。物語を二時間弱にまとめるための工夫であると同時に、バッハマンというキャラクターを魅力的に見せるのがこの映画の主眼であったことも窺える。

同じＭＩ６出身のスパイ作家で、００７ことジェームズ・ボンドの生みの親であるイアン・フレミングとは対蹠的に、ル・カレの小説は主人公であるスパイの造型も華々しさからは程遠い。『ティンカー、テイラー、ソルジャー、スパイ』など五つの長篇に登場するジョージ・スマイリーからして、小太りで短足の冴えない初老男性として描かれている（映像化の際にはアレック・ギネスやゲイリー・オールドマンがスマイリーを演じるので補正がかかるけれども）。スタイリッシュさから程遠い点はバッハマンも同様だ。

原作のバッハマンは若い頃に小説を書いていたという設定だし、旧西ドイツの首都ボンに赴任中、諜報活動をジャーナリストにすっぱ抜かれてハンブルクに異動させられたル・カレの経歴とも重なるので、著者の自己投影的な面が強いキャラクターと言える。作中で「四十代なかばに差しかかって相変わらずむさ苦しく、いつ吠えかかるかわからない雑種犬で、両肩はがっしりしている。（中略）意気旺盛《おうせい》でカリスマ的、人をぐいぐい引っ張っていくワーカホリックだが、笑顔はすばらしかった。くすんだ茶色の髪を無造作に伸ばしているのは、額を十字に走るしわと比べて若すぎた。俳優のように相手を丸めこむことも、魅了することも、脅すこともできるし、同じ一文のなかで相手をなだめ、けなすことができた」（加賀山卓朗訳。以下同じ）と描写されている彼は、性格俳優として鳴らしたフィリップ・シーモア・ホフマンにぴったりの役柄だったと言えよう。実際、ホフマンはこの役で原作者ル・カレに絶賛されたが、残念ながら、これが彼の最後の主演作となった。ホフマンは『ハピネス』（トッド・ソロンズ監督、一九九八年）のセクハラ電話魔や『ザ・マスター』（ポール・トーマス・アンダーソン監督、二〇一二年）の教祖などの癖のある役から、『マグノリア』（ポール・トーマス・アンダーソン監督、一九九九年）の看護士のような心優しい役まで自在に演じ分けてきた俳優で、中でも『カポーティ』（ベネット・ミラー監督、二〇〇五年）の作家トルーマン・カポーティ役は、アカデミー主演男優賞など幾つもの賞に輝いた代表作である。しかし二〇一四年二月二日、ニューヨークの自宅で遺体となって発見され、死因は薬物の過剰摂取と報じられた。享年四十六、更なる活躍が期待された名優の若すぎる死であった。

　映画のバッハマンは、演じるホフマンの実年齢よりずっと老けているように見え、ひっきりなしに喫う煙草、嗄れた声、突き出した腹……と何もかもが不健康そうで、間もなくホフマンを訪れる死の運命を思うと実に不吉に感じられる。ただし映画のバッハマンは、原作の彼より遥かに活動的だ。

　バッハマンが所属するドイツ連邦憲法擁護庁外資買収課とはそもそも何か。憲法擁護庁とは仰々しい名前だが、要するに国内情報局である。断片化し機能不全に陥っていたドイツの諜報組織を再建するため、その中に作られたのが外資買収課で、「書類上は地元の組織で、連邦警察が持つ権限もないが、擁護庁のハンブルク支局にも、ケルンにある本部にも所属せず、実態がつかみにくい強力なベルリンの合同運営委員会の下にある」と説明されている。ハンブルク支局にとっては、ベルリンから送り込まれてきた得体の知れない組織であり、従って外資買収課とハンブルク支局は良好な間柄ではない。

　しかも合同運営委員会では、市民の権利を守ろうとするリベラル派のアクセルロットと、国家の保全のために市民権を制限しようとする保守派のブルクドルフの両幹部が同等の権力を持ち、互いの優位に立とうと暗闘を繰り広げている。バッハマンは国外諜報担当であるアクセルロット側の人間ということになる。ブルクドルフはアメリカのネオコンとの付き合いが深く、アメリカ側の対応機関との統合推進を声高に唱えている（映画ではアクセルロットとブルクドルフの政治的立場の違いは詳しくは説明されず、バッハマンのやり方に異を唱える役回りはハンブルク支局長のモアに集約されている）。

　バッハマンのやり方とは、小さい魚を敢えて泳がせ、それを餌に大魚を釣り上げるというものである。小さい魚とはイッサであり、大魚とは高名な宗教学者のファイサル・アブドゥラ博士だ。彼は篤実で穏健派イスラム教徒たちの信頼が篤いけれども、裏では過激派テロ組織に資金援助をしているという情報もある。人格の九十五パーセントは善だが五パーセントは悪、それがファイサル・アブドゥラという人間なのだ。バッハマンはアナベルを通じてイッサを動かし、アブドゥラに到達して彼を情報源として味方につけようとする。彼を釣ることで、大魚よりも更に巨大な鮫を釣り上げることが可能になるからだ（バッハマンのターゲットがアブドゥラであることは原作では後半に明かされるけれども、映画では冒頭で説明されているので、彼の作戦の筋道が観客にわかりやすくなっている）。

原作では、バッハマンがアナベルを籠絡《ろうらく》するのと並行して、ブルーには二人のＭＩ６局員が接触して圧力をかける。だが映画にはＭＩ６は登場せず、亡父がマネー・ロンダリングに手を染めていた事実でブルーを脅し、協力を取り付けるのはバッハマンの役割となっている。ブルーの亡父とＭＩ６の関係を知る銀行員エレンベルガーは映画には登場しない（銀行を訪れたアナベルをブルーのもとに案内する年配の女性にエレンベルガーのイメージが残されているものの）。そもそも、文庫版で七十ページ目までバッハマンが登場しない原作と違って、彼がイッサを監視していることは冒頭から明かされており、ブルーが初めてイッサと対面した時には、既にブルーはバッハマンの脅しに屈して協力している。横槍を入れてくる外国の諜報組織のうちＭＩ６を省き（原作でアメリカとイギリスの諜報組織が協力関係にあるのは、イラク戦争におけるジョージ・Ｗ・ブッシュ大統領とトニー・ブレア首相の関係の隠喩と見るべきか）、ＣＩＡのみに絞ったのは、新世界アメリカと旧世界ヨーロッパのコントラストを強調するための脚色だろう。

タイトルの『誰よりも狙われた男』（原題 A Most Wanted Man）とは、普通に考えればイッサのことだろう。あるいは、作戦のターゲットたるアブドゥラか。しかし、角度を変えれば、それは組織内で持て余され、対立勢力から睨まれ、外国の諜報組織からもあれこれ口出しされるバッハマンそのひとのことではないだろうか。映画の前半、ハンブルク支局長モアは、容疑者を泳がせているあいだにドイツでテロが起きては一大事という懸念から、バッハマンの迂遠な作戦に難色を示す。だが、会議の席で意外な人物がバッハマンに理解を示す。ＣＩＡのマーサ・サリヴァンだ。彼女の顔を立てたモアは、バッハマンに七十二時間（原作では十日間）の猶予を与える。

マーサが理解を示したのが意外というのは、かつてベイルートでバッハマンの諜報活動に介入し、彼の情報網を破壊したのが他ならぬＣＩＡだったからだ。果たしてマーサは何を目論んでいるのか。そもそも、ＣＩＡがドイツ国内で我がもの顔に振る舞い、漁場を勝手に荒らすのは不条理ではないか……バッハマンはマーサへの不信感が拭えない。

バッハマンの指示のまま動いていたブルーは、アナベルを欺いていることに後ろめたさを覚えるようになり、身辺に気をつけるようそれとなく警告する。イッサの身が狙われていると悟った彼女は、バッハマンやその部下の尾行を撒き、あるアパートの空室にイッサを匿う。もはや時間がないと判断したバッハマンは強行手段に出た。アナベルを拉致し、脅しと甘言を使い分けて自分の指示に従わせる。その目的は、イッサが秘密口座から亡父の金を引き出し、それをアブドゥラに寄付するよう仕向けること。アブドゥラはその金を慈善目的で幾つかの団体に送金するが、送り先の一部をテロ組織とつながる企業に書き換える筈で、それを理由に彼を拘束し、バッハマンの協力者に仕立てるというのが作戦の着地点となる。ところが、イッサは母を虐待した悪徳軍人の父を憎むあまり、父の汚れた遺産は受け取りたくないと主張し始める。同時に、彼はアナベルに愛情を感じるようになっていた（原作ではブルーのアナベルへの愛情が重視されていたが、映画ではむしろイッサとアナベルのあいだの愛情が重要な要素である)。

弁護士を拉致・監禁するというやり口から明らかな通り、バッハマンは目的のためには手段を選ばない人物だ。飴と鞭を使い分け、恫喝したかと思えば相手の情や理性に訴えかける。イッサがアナベルに寄せる愛情さえも利用するため、監視カメラの前で彼女に芝居を演じさせるという非情な指示も辞さない。しかし彼の目的と作戦は、無駄な流血や暴力を避け、救える人間は可能な限り救い、最も穏やかなやり方でテロの芽を潰すという極めて合理主義的なものでもある。彼がそのような手法に固執している理由は何か。九・一一テロ以降、対テロ戦はアメリカの主導で行われてきた。捕虜への非人道的虐待が行われたグアンタナモ収容所に象徴される、テロという暴力に暴力で報いる彼らのやり方が世界に更なる惨禍を撒き散らし、報復が報復を生み、新たなテロの温床となったことは否定し難い。そんなアメリカにかつて大事な情報網を潰された怨念もあって、バッハマンは拙速な彼らとは異なる職人芸めいた手法での諜報活動にこだわり続けているのではないか。

そのような思いもあるからか、バッハマンは徹底した現実主義者であると同時に理想主義者の一面も秘めている。それを示すのは、アブドゥラ博士の息子ジャマールに関するエピソードだ。学生であるジャマールはバッハマンの情報網として、後ろめたさと正義への思いに引き裂かれながら父親の情報を流している。原作にもイシュマエルというアブドゥラの息子が登場するものの、出番はごく僅かでありストーリーには絡まない。展開の都合だけで言うなら、この息子はどうしても必要な存在というわけではない。にもかかわらずジャマールを印象的なキャラクターとして登場させたのは、自分の情報源となった者たちへの、バッハマンの表面には出さない共感や情愛を描くためだろう。ジャマールはテロ組織に協力する父を裏切り、イッサは残忍な父を憎悪し、ブルーは父の後ろ暗い経歴のせいでトラブルに巻き込まれる。この映画は罪深い父を持った息子たちの苦悩の物語であり、彼らの（特にジャマールの）父親代わりがバッハマンの役割とも言える。

　この映画は、九・一一テロとハンブルクの関わりを観客に説明する字幕から始まる。背景で不気味に揺れるのはハンブルクを流れるアルスター川の濁った水であり、イッサはその中から出現する。この汚水は、モハメド・アタを生み、もはや誰が一般市民で誰がスパイで誰がテロリストか見分けがつかないハンブルクという都市、そして同じような状況にある全世界の象徴なのだろう。劇中のハンブルクは、曇天や雨天のシーンが極めて多く、暗色のトーンで統一されている。白か黒か分かち難い灰色の世界、それはル・カレの作品そのものであり、同時に私たちが生きるこの世界の実相でもある。法が認めない汚れ仕事を長年こなしてきたバッハマンの生き方もその例に洩れない。彼の心の奥には、しかし汚水の底に沈んだ黄金のような善が存在し、普段は見えないが、ごく稀に光を放つのだ。

　アナベルとブルーの協力により、バッハマンはアブドゥラ博士の身柄確保に向けて駒を進めてゆく。同時に、イッサにはパスポートを与えて放免し、ドイツへの亡命を認めるというのが、マーサの同意のもとに彼が書き上げた筋書きである。原作では終盤近くの作戦会議にしか登場しないマーサだが、映画では幾度もバッハマンと顔を合わせ、火花を散らす。映画の中盤、バッハマンはマーサに諜報活動に従事する目的を問う。彼女の答えは「世界を安全にする、それで十分」というものだった。終盤の作戦会議では、逆にマーサがバッハマンに、情報源を長期的に使うことの意義と目的について問いかける。答えはやはり「世界を安全にする、それで十分」。同盟国でありながら互いへの不信感によって隔てられたドイツとアメリカ、両国の諜報部員同士は、ここに至って過去の確執を捨て、「世界を安全にする」というひとつの目標のもとで心を通い合わせたかに見えた。

しかし、それは錯覚にすぎなかった。いや、錯覚していたのはバッハマンの側だけであることがすぐに判明する。

イッサが相続した大金をアブドゥラに寄付させる作戦は、すべてを知りつつバッハマンの指示に従ったアナベルとブルーの立会いのもと、見事に成功した。ブルーはタクシーを呼ぶふりをしてバッハマンに連絡する。あとはアブドゥラの身柄を確保するだけ――自ら運転手に変装したバッハマンはタクシーでブルーの銀行の前に乗りつける。銀行の玄関からアブドゥラ、イッサ、アナベル、ブルーが出てくる。バッハマンはタクシーにアブドゥラを乗せる――その時、異変が起きる。それまで彼らの動きを見張っていた一台の車が急発進してタクシーに突っ込み、アブドゥラを強引に連れ去ったのだ。イッサもその場で拘束される。裏でモア支局長と手を結んでいたＣＩＡの仕業だ。アブドゥラを味方にして新たな情報網を築こうとするバッハマンの作戦も、イッサを救うための努力も一瞬で無に帰した。バッハマンを信用して父の身柄を託したジャマールも今後は敵に廻るだろう。座り込むアナベル、立ちすくむブルー。呆然とするバッハマンの視界に、その場から車で去ってゆくマーサの姿が映る。

原作ではここでバッハマンとＣＩＡ支局員ニュートンとのあいだに会話があり、ニュートンは「アメリカの正義だよ、まぬけめ」「目には目をだろう、ギュンター。報復としての正義だ、な？　アブドゥラはアメリカ人を殺してた。われわれはそれを原罪と呼ぶ。ソフトボールのスパイゲームがしたいのか？　そんなのはヨーロッパのちびどもとやってろ」（傍点は原文通り）とバッハマンを罵倒する。映画ではこのくだりでＣＩＡとバッハマンのあいだに会話は一切なく、すべては定められた手順の如く規則的に進められる。バッハマンはマーサの姿を見送りながら「ＦＵＣＫ！」と叫ぶしかない。映画史上、この四文字がこれほど悲痛な響きで放たれたことがかつてあっただろうか。

映画の中盤、バッハマンは監禁したアナベルに「あんた、今どこにいるか、分かってないだろ。ここは現実の世界だ」と迫ったことがある。テロリストとの戦いの現場で、幾人もの血が流されるのを目の当たりにしてきたバッハマンにとって、アナベルの左翼的な理想主義は現実に足がついていないものにしか見えない。アナベルがバッハマンの説得に応じてイッサを欺く作戦に協力したのは、それが現実的にイッサを救う最善の道であると納得したからだ。その時点では、バッハマンの現実主義が勝利を収めるかに思える。だが、バッハマンの作戦もまた、圧倒的な力を持つＣＩＡからすれば時代後れなヨーロッパの理想主義的なやり方でしかなかったのだ。

この暗澹たるラストは、現実とのリンクによって更に衝撃を増す。作中のイッサには、テロ容疑の濡衣でアメリカ軍に拘束され、グアンタナモ収容所で獄中生活を強いられたドイツ在住トルコ人のムラット・クルナズという実在のモデルがいるが（イッサを匿った親子がドイツ在住トルコ人という設定もこの人物から借用したものだろう）、現実とのリンクとはそのことだけを指すのではない。より重要なのは、映画公開の前年である二〇一三年、ドイツのアンゲラ・メルケル首相の携帯電話をアメリカ国家安全保障局が盗聴していたことが暴露された際に、アメリカ下院情報委員会のマイク・ロジャース委員長や下院テロ対策・情報小委員会のピーター・キング委員長といった議員たちが、アメリカの情報機関が情報収集をしているからこそヨーロッパの平和が守られているのだと自国の行為を正当化したことだ。まるで現実が虚構（原作）を追いかけるかのような展開となったのであり、この出来事のあとで公開された映画は、現実と虚構の重なり合いを残酷なまでに浮かび上がらせることとなった。

スパイという濁りに濁った灰色の汚水のような世界で生きてきたバッハマンの黄金の心は、再び汚水の底に深く深く沈むだろう。そして、画面の奥に消えていったフィリップ・シーモア・ホフマンは二度と振り返ることなく、間もなくこの世界からも退場した。ここでもまた現実と虚構は残酷に重なり合う。バッハマンとホフマンの姿が二重写しとなることで、『誰よりも狙われた男』は観る者にとって忘れられない映画となったのだ。

（追記）原作者ジョン・ル・カレは二〇二〇年に逝去した。

道化師たちの貌《かお》――『ジョーカー・ゲーム』

※柳広司「XX《ダブル・クロス》」、およびアニメ『ジョーカー・ゲーム』第十二話「XX　ダブル・クロス」の結末に触れています。

昭和十二年（一九三七年）秋、「情報勤務要員養成所設立準備事務室」という組織がひっそりと開設された。かつて陸軍が使用していた鳩舎を改築した九段坂下の古い二階家から、後に東京郊外の三階建てのビルへと本拠地を移したこの組織こそ、「D機関」と称されるスパイ養成学校である。陸軍の管轄にありながら、学生に陸軍士官学校や陸軍大学校の卒業者はおらず、一般の大学の出身者から選抜が行われた。設立者は謎に包まれた結城中佐、「魔王」の異名を取るスパイマスターである――。

このような設定のもと、結城中佐に鍛え上げられたD機関のスパイたちが国内外で暗躍するさまを描いた柳広司の「ジョーカー・ゲーム」シリーズは、ベストセラーとなって著者の知名度を一気に高めた。『ジョーカー・ゲーム』（二〇〇八年）、『ダブル・ジョーカー』（二〇〇九年）、『パラダイス・ロスト』（二〇一二年）、『ラスト・ワルツ』（二〇一五年）の四冊が刊行されており、いずれも中短篇集

柳広司『ジョーカー・ゲーム』（角川文庫）

である。

結城中佐は学生たちに、数カ国語の外国語の修得、文系理系を問わぬあらゆる方面の学問、爆薬や無電の使い方のみならず、プロの掏摸《すり》や金庫破りによる実技指導やジゴロによる女性の口説き方などまで仕込み、更に完全な闇の中で拳銃やラジオを分解して再び組み立てる、鏡に映った左右反対の文章を一瞬で読み取る、着衣のまま冷たい水中を泳いだあと前日に暗記した暗号を使いこなす……といった、心身の限界に挑戦するかのような訓練も課す。だが選りすぐられた学生たちは、そんな苛酷な訓練も易々とこなしてゆく。そして結城は彼らに、スパイはどんな時も死ぬな、殺すなと教え込む。彼は生きて虜囚《りょしゅう》の辱めを受けずといった陸軍流の軍訓を否定し、「スパイの目的は、敵国の秘密情報を本国にもたらし、国際政治を有利に進めることだ（中略）スパイが敵を殺し、あるいは自決するなどは、およそ周囲の詮索を招くだけの、無意味で、馬鹿げた行為でしかあるまい」と唱えて憚《はばか》らない。

こうしたD機関の訓練方法やモットーは、戦前から戦中にかけて実在したスパイ養成学校「陸軍中野学校」をモデルにしている（中野に移転する前の仮校舎が九段にあったという史実も作中の設定に引き継がれている）。『ジョーカー・ゲーム』角川文庫版の佐藤優による解説にもある通り、結城中佐のモデルは、対ソ連諜報の第一人者であり、陸軍中野学校初代校長を務めた秋草俊少佐だろう。このスパイ養成所を扱った映画としては市川雷蔵主演の『陸軍中野学校』（増村保造監督、一九六六年）が有名であり、四本の続篇も制作されたが（秋草はこのシリーズでは草薙中佐という名前で登場する）、『ジョーカー・ゲーム』の表題作に登場するD機関メンバー・三好のネーミングは、『陸軍中野学校』で市川雷蔵が演じた主人公・椎名次郎の本名が三好であることに因んだのかも知れない。

とはいえ、Ｄ機関は陸軍中野学校を丸写しにしたものではない。「死ぬな、殺すな」の教えを受けたＤ機関メンバーが、殺人事件に巻き込まれたり敵の捕虜になったり記憶喪失になったりといった窮地を、いかに論理的思考によって切り抜けるかがシリーズの妙味となっており、故にスパイ小説であると同時に本格ミステリの醍醐味も具えているのだ。

二〇一六年現在、「ジョーカー・ゲーム」シリーズには二種類の映像化が存在する。ひとつは、二〇一五年に公開された実写映画『ジョーカー・ゲーム』。『ＳＲ　サイタマノラッパー』（二〇〇九年）などのインディペンデント映画で高い評価を得ていた入江悠監督の初めてのメジャー映画であり、脚本は『ＧＡＮＴＺ』（二〇一一年）の渡辺雄介が手掛けた。

主人公（亀梨和也）は、横暴な上官を殺害してしまったため銃殺刑の判決を受けた。ところが処刑の直前、その場に現れた結城中佐（伊勢谷友介）に命を救われ、Ｄ機関にスカウトされる。そこでは、普通の軍人だった主人公にとっては想像を絶するような訓練が行われていた。やがて彼は嘉藤次郎という偽名を与えられ、同期の実井《じつい》（渋川清彦）や小田切（山本浩司）とともに、新型爆弾の製造法が記された機密書類「ブラックノート」を奪取する任務を負って海外へと発った……。

嘉藤次郎というキャラクターは原作には登場しないけれども、Ｄ機関に入るまでのいきさつは「ＸＸ《ダブル・クロス》」の飛崎《とびさき》弘行、訓練の部分は「ジョーカー・ゲーム」の佐久間中尉、チェス好きの日本人としてアメリカ大使グラハムに取り入るあたりは「幽霊《ゴースト》」の蒲生次郎、写真屋になりすました点と後半のイギリス情報部との駆け引きは「ロビンソン」の伊沢和男……といった具合に、原作の複数のキャラクターを合体させた設定になっている。嘉藤という名は、映画「陸軍中野学校」シリーズで草薙中佐を演じた加東大介に因んだのかも知れない（舞台となる南方の都市は架空の街に設定されているけれども、「魔都」の舞台である上海がモデルだろう）。伊勢谷友介の結城中佐は、五十代という原作の設定よりもかなり若々しいが、カリスマ性と華を兼備して秀逸である。オリジナル・キャラクターとして、深田恭子演じるリンという謎の女スパイが登場するけれども、こういう映画の女スパイが大抵『ルパン三世』の峰不二子そっくりのキャラになってしまうのは何とかならないのだろうか。

目立たないことをモットーとするスパイの物語である以上、原作をそのまま一本のエンタテインメント映画にするのは難しい。従って、入江監督が派手めの演出に舵を切ったのは理解できるし、軸となるエピソードとして、最もスリリングな「ロビンソン」を選んだことは正解だろう。ただ、あまり意味のない変装をかなぐり捨てながらの逃走シーン、ラストの時計塔爆破など、流石に少々派手すぎるのではないかと言いたくなる演出も目立つ。その意味で、映画はアクションものとしては楽しめても、原作の再現という点ではやや厳しい評価を下さざるを得ない。

「ジョーカー・ゲーム」シリーズのもうひとつの映像化は、二〇一六年四月から六月にかけて、TOKYO MX ほかで放映されたアニメ『ジョーカー・ゲーム』であり、本稿でメインとして扱うのはこちらである。監督は野村和也、シリーズ構成・脚本は岸本卓。全十二話であり、第一・二話「ジョーカー・ゲーム」、第三話「誤算」、第四話「魔都」、第五話「ロビンソン」、第六話「アジア・

エクスプレス」、第七話「暗号名ケルベロス」、第八・九話「ダブル・ジョーカー」、第十話「追跡」、第十一話「柩」、第十二話「ＸＸ　ダブル・クロス」（原作「ＸＸ《ダブル・クロス》」）という構成になっている（「ダブル・ジョーカー」の前篇である第八話には「幽霊《ゴースト》」のエピソードも取り入れられている）。話によって舞台は東京、ロンドン、満鉄「あじあ号」車内、太平洋航行中の豪華客船、ベルリン……とヴァラエティに富んでおり、それらを再現した考証と作画も見どころだ。第十二話に登場する新宿赤風車座（実在のムーランルージュ新宿座がモデル）に貼られたポスターに記された名前まで、当時の演出家や俳優の名前をもじっていて、その凝りようには驚かされる。

結城中佐（声・堀内賢雄）の指令に従い世界各地で暗躍するＤ機関の第一期生は、原作では十二人だったけれども、アニメでは三好（声・下《しも》野《の》紘《ひろ》）、神永（声・木村良平）、小田切（声・細谷佳正）、甘利（声・森川智之）、波多野（声・梶裕貴）、実井（声・福山潤）、福本（声・中井和哉）、田崎（声・櫻井孝宏）の八人である（いずれも偽名であり、互いに本名も経歴も年齢も知らない）。彼ら全員が揃うのは第一話と第十二話だけであり、その他のエピソードでは各自の派遣先での任務達成が描かれる。一部のエピソード以外は大きな改変もなく、かなり原作に忠実な映像化と言えるだろう。もっとも第六話や第七話のように、長めの分量の原作を三十分枠に収めた場合、多少の窮屈さや説明不足感は否めなかったけれども。

しかし最初、視聴者は第一話でＤ機関メンバーが揃ったところで二種類の当惑を感じたのではないだろうか。ただしそのうち一つ目は、原作を既読の視聴者だけが感じた当惑だろう。つまり、原作には登場人物のうち誰がD機関メンバーなのか最初は伏せられていて、それが明かされることでどんでん返しが作動する話が複数存在する。それを映像化する場合、メンバーの顔を最初に全部紹介してしまうのはせっかくの仕掛けを無効化してしまわないか、という疑問だ。

もうひとつは、原作を既読か否かには関係ない当惑である。それは、D機関メンバーのキャラクターデザインが似通っていて、一度観ただけでは誰が誰なのか判別がつかないことに対するものだ。特に第一話で、彼らが佐久間中尉（声・関智一）とともに憲兵に扮してゴードン邸に乗り込むくだりなど、みな同じ服装なので殆ど見分けがつかない。しかし、やがて明らかになるように、このキャラクターデザインには狙いがあると見るべきだ。

タイトルになっているジョーカー・ゲームとは、結城中佐のやり方を敵視する陸軍主流派の武藤大佐（声・玄田哲章）によってD機関に送り込まれた佐久間中尉に対し、D機関メンバーが仕掛けたトランプのゲームである。一見ただのポーカーのようだが、周囲にいる者を味方につけて、密かに盗み見た相手の札をサインで教えてもらうなどルールは複雑かつ何でもありで、カモにされている人間は種明かしされない限り最後までそのことに気がつかない。この場合は、全員が共謀して佐久間をカモにしたわけである。しかしそれは、あまりに精神性に囚われすぎて目の前しか見えていない佐久間に、大日本帝国が置かれている複雑な国際的状況を教え諭す結城の計らいだった。

そして第一話のラストでは、親日派を装うアメリカ人ゴードン（声・利根健太朗）が実はスパイである証拠を発見するため邸に踏み込むも、どこを捜しても見つからないという絶体絶命の窮地に陥り、しかも上官である武藤大佐に欺かれていたことを知った佐久間が、「結局、ジョーカーを引かされたのは、この俺だったというわけか……」と呟く。ここで、ジョーカーが示すものについて少々考えてみよう。

トランプにおいてジョーカーは他の札の代わりになり得る強力なワイルドカードであり、同時にババ抜きでは最後まで持っていると負ける破滅の札でもある。周知の通り、この札に描かれているのは道化師の姿だ。トランプで他に人物が描かれた札はキング、クイーン、ジャックだが、それらが示す宮廷の厳然たるヒエラルキーを超越して、ジョーカーがワイルドカードとしての威力を発揮するのは、実際の中世ヨーロッパにおける宮廷道化師《ジェスター》の役割と共通している。

宮廷道化師は主に笑いによって主君や廷臣を慰め、機嫌を取るのが仕事であった。肉体的障碍《しょうがい》を持つ者も多く、嘲弄の対象として残酷な扱いを受けていた。しかし一方で宮廷道化師は、主君に向かって無礼な発言をしても許される唯一の存在でもある（ウィリアム・シェイクスピア『リア王』を参照）。それは彼らが宮廷の秩序の制外にあるのみならず、王自身が直視したくない自らの過ちや愚かさ、また王権の限界を映し出す鏡のような役割をも担うからだ。古代ローマにおいては、凱旋する英雄の背後に王冠を戴いた奴隷が立ち、「自分が死すべき存在なることを思い出せ」と囁きかけたというが、中世の宮廷道化師の役割もそれに通じる。

王の所有物であった宮廷道化師に対し、演劇やサーカスに出演する道化師はアルルカン、ハーレキン、クラウン、ピエロ、フールなどさまざまな名で呼ばれるが、硬直した秩序を笑いによって攪乱する役割は変わらない。そして、その姿が滑稽さと同時に不気味さを漂わせることからも窺えるように、彼らには文化史的に悪魔とイメージが重なる部分がある。道化師が邪悪な存在として描かれるフィクションとしてはスティーヴン・キングのホラー小説『IT　イット』（一九八六年）が有名だが、そのイメージの源は、道化師に扮して子供たちを和ませる実業家と残虐な大量殺人者という二つの貌を持つアメリカの実在の犯罪者、「キラー・クラウン」ことジョン・ゲイシーだったとされる。ゲイシーは獄中で多くの絵画を遺したが、その中にも道化師を描いたものが目立つ。アメリカン・コミック「バットマン」シリーズの悪役《ヴィラン》ジョーカーも、この邪悪な道化師の系譜に連なっている。

　日本で道化師を恐怖の対象として描いた作品では、江戸川乱歩の『地獄の道化師』（一九三九年）が有名である。若い女性をつけ狙う殺人鬼「地獄の道化師」が犯行を繰り返すスリリングで猟奇的な物語だが、この小説では犯人が道化師の恰好をしていることがただのこけおどしではなく、必然的な理由があった点に着目したい。壁のような厚化粧、ダブダブの衣装、とんがり帽子といった道化師の出で立ちは、一見目立つようでいて、実は犯人の正体を隠すには絶好の目くらましだったのだ。『地獄の道化師』が刊行された一九三九年は、ちょうど「ジョーカー・ゲーム」シリーズ内で、D機関メンバーたちがスパイとして暗躍している時期と符合する。ここでアニメ版『ジョーカー・ゲーム』に話を戻すことにしよう。

　見分けがつきにくいことで最初視聴者を困惑させたこのアニメのキャラクターデザインだが、話が進んでゆくうち、そこに必然性があることが明らかになってゆく。スパイはそもそも人目についてはいけない存在であり、ひとりだけ目立つようなことがあっては失格である。アニメのＤ機関メンバーはそれぞれ整った顔立ちであり、普通のアニメならそれなりに目立つと思われるけれども、それが（体格や髪型などの微妙な差異はありつつも）八人も揃うことで、かえって個々の特徴が埋没してしまい、全員の顔が最初に紹介されてもネタばらしにならないのである。そして、Ｄ機関メンバーが別人に変装して登場するようなエピソード（複数の人間を演じ分ける場合さえある）でこそ、見分けがつかないキャラクターデザインが視聴者を欺く上で効果を上げるのだ。

　Ｄ機関メンバーたちの没個性的な顔立ちはある意味で、分厚い化粧で塗りたくられて素顔が窺い知れない道化師に通底する。単に顔の問題で連想を強引に結びつけているのではない。結城中佐は陸軍大学校を卒業した者だけが身につけることを許された「天保銭《てんぽうせん》」を嘲弄し、Ｄ機関メンバーは天皇制の是非を俎上に載せ、大日本帝国の敗戦の可能性すら視野に入れた議論を繰り広げる。帝国陸軍という厳格な秩序を攪乱し、柔軟な発想で世界を自在に跳ね回る道化師的存在、それがＤ機関だとは言えないだろうか。

　宮廷道化師の歯に衣着せぬ発言にどれだけ耳を傾けられるか、それが王侯貴族の度量の大小を決めた。自分と同じ恰好で玉座に座った狂える道化師を殺させたアレクサンドロス大王は人間不信のうちに間もなく歿し、道化師を熱湯で責め殺したイヴァン雷帝はロシア帝国史上最大の暴君の悪名を後世に残した。『ジョーカー・ゲーム』の帝国陸軍は、陸軍士官学校出身者を軽んじる結城中佐とＤ機関を目の敵にし、その排斥を図る。第一・二話でいかにも小物然とした武藤大佐が陰謀に失敗したあと、第六話のエンディング・テーマ後のCパートで黒幕として満を持して登場するのが、実質的に陸軍ナンバーツーの権力を持つ阿久津泰政中将（声・西村知道）である。彼はD機関を嫌いつつ、陸軍に諜報機関が必要なことは理解しているため、諜報技術の面ではD機関を模倣しながら、殺人も自決も躊躇わない精神性を持つ、新たなスパイ養成学校を立ち上げ、D機関と競わせる。それが第八・九話「ダブル・ジョーカー」に登場する、風戸《かざと》哲正《あきまさ》中佐（声・黒田崇矢）率いる「風機関」だ。

　風機関は元英国大使の白幡《しらはた》樹《き》一郎《いちろう》（声・長克巳）が陸軍の機密『統帥綱領《とうすいこうりょう》』を盗み読んだという嫌疑により（白幡は原作を読む限りでは吉田茂がモデルだが、アニメのキャラクターデザインは吉田本人のようでもあり、後任の英国大使となった重光葵《しげみつまもる》をモデルにしたようにも見える）、白幡と駐日英国領事グラハム（声・飯塚昭三）の身辺を探るが、殺人も辞さない彼らのやり方は、その上手《うわて》を行く結城たちによって完膚なきまでに否定される。

　D機関と陸軍主流派の正面対決を描いたのはこれらのエピソードだけではあるが、第三話や第六話の結末では、せっかくD機関メンバーが命がけで結城のもとへ届けた情報が、陸軍上層部によって有効に活用されていないことが暗示されている。道化師の諷刺も主君に耳を貸すだけの度量がなければ道化師本人の身を滅ぼすのと同じように、魔王と畏れられる結城の超人的な暗躍も、陸軍の硬直した体制と思想の前では本領を発揮し得ない。

　恐らく、結城本人もそのことは充分に承知しているのだ。第十一話では彼の過去が語られる。二十二年前、ドイツ国防軍にスパイとして捕まった結城は、重傷を負いながらも脱走するが、その際、味方である陸軍から売られたことを知らされる。だが彼はその経験を逆に活かし、陸軍内に本格的な諜報組織を設立することを決意したようだ。

この第十一話では、初めてＤ機関メンバーの死が描かれる。死ぬな、殺すなをモットーとするＤ機関メンバーであろうとも、予期せぬ事故死ばかりは避けられない。この時、結城は若き日に相まみえた宿敵ヴォルフ大佐（声・銀河万丈）の監視をかいくぐり、部下の遺体が安置されたベルリンの病院を訪れる。それは遺体からある機密情報を持ち去るためであったが、同時に遺体の瞼を閉じさせたあたりに、無表情で感情を露《あらわ》にしない結城という男の内面が僅かに窺える。そしてアニメでは、既に以前のエピソードでお馴染みになっていたスパイが今回の死者と同一人物であるという原作にない改変により、彼の死の衝撃を増すことに成功している。

アニメでは今回映像化されなかった原作だが、『ダブル・ジョーカー』所収の「ブラックバード」は、一九四一年十二月の真珠湾攻撃を背景としており、「ジョーカー・ゲーム」シリーズを時系列順に並べると恐らく最後のエピソードとなる。映画「陸軍中野学校」シリーズも、真珠湾攻撃を扱った第五作『陸軍中野学校　開戦前夜』（井上昭監督、一九六八年）が最終作となったことが想起される（もっとも、この場合は当初からの予定ではなく、主演俳優である市川雷蔵の病と翌年の死がシリーズを終わらせたかたちとなるのだが）。もちろん、開戦から先の結城中佐やＤ機関の活動を描くことも出来なくはないだろうが、シリーズのガイドブックであるＫＡＤＯＫＡＷＡ・編『「ジョーカー・ゲーム」の謎』（二〇一五年）収録のインタヴューで著者自身が語っているように、アメリカの国力やヨーロッパの政治の老獪さ、ソ連の意図などを完全に見誤った結果としての開戦と、多くの民間人を死なせたその後の経緯へのアンチテーゼとして「ジョーカー・ゲーム」シリーズが構想されたものである以上、開戦後の彼らの活動を描く意味がないのは明らかだろう。開戦後の大日本帝国は、「ジョーカー・ゲーム」シリーズの史観では道化師のいない宮廷同然であり、必然的にその行く末には、ジョーカーを使いこなせなかった者を見舞う破滅が待ち受けているのである。

最後に、アニメの最終話「ＸＸ　ダブル・クロス」と原作の差異の理由を考えてみたい。このエピソードの主人公・飛崎弘行は、訓練中に理不尽な命令を下した上官相手にトラブルを起こしたため投獄されるが、結城にスカウトされＤ機関に入り、小田切という偽名を得る（原作では飛崎弘行こそが偽名であり、本名は言及されない）。彼は二重スパイの疑いがあるドイツ人記者シュナイダーを監視していたが、シュナイダーは交際相手の女優・野上百合子（声・中原麻衣）のアパートで毒死してしまう。発見者は百合子とその友人・安原ミヨコ（声・坂本真綾）。現場にはシュナイダー自筆の遺書があったものの、納得できない小田切は、彼の周囲の人間関係を洗いはじめ、他の七人もそれに協力して各自で情報を集める。

原作では、シュナイダーが安原ミヨコと深い仲になっている事実を知った野上百合子の犯行だったが、アニメでは逆に、百合子とシュナイダーの仲に嫉妬したミヨコの仕業であり（カモミールの花という原作にない伏線が追加されることでミステリ度が増した）、遺書に記されたＸＸの意味合いも異なる。百合子は原作では殺人犯として逮捕されるけれども、アニメでは所属する劇団を退団し、新天地を求め映画女優として満洲へと旅立ったと説明される。この改変は、「XX　ダブル・クロス」というエピソード自体の幕切れのニュアンスの違いにもつながってくる。

　原作では、結城や他の同期ほど人間としての情を否定しきれず（いかに百合子にアリバイがあったとはいえ、飛崎が彼女を疑わなかったのは、幼い頃に孤独な彼の面倒を見てくれた女性であり、恐らくは初恋の相手でもあった西山千鶴に面影が似ていたからだった）、「自分はどうやっても彼らのような化け物にはなれない」と悟った飛崎はD機関を辞め、代わりに陸軍から、中尉に昇進して北支に配属という辞令を受け取る（北支は中国北部、現在の華北）。D機関で重要な情報を知りすぎた飛崎を陸軍が生かして外に出す筈がなく、昇進させた上で銃弾が飛び交う最前線に送り込むというのがこの辞令の意味である。その際、結城は部屋を出ようとする飛崎を初めて本名で呼び、軍隊式の敬礼をして「死ぬなよ」という言葉を餞《はなむけ》とする。

　一方、アニメでは小田切は満洲の関東軍に転属となる。死地に送るという意味合いは薄れ、野上百合子が旅立ったのと同じ満洲が任地という点は温情の籠もった計らいとも感じさせる。そして結城から「飛崎弘行中尉」という本名で呼ばれ、「死ぬなよ」と言葉をかけられた小田切は敬礼し、それに対し結城が「馬鹿か、貴様。背広姿で敬礼する奴があるか」と静かに返すところで物語は完結する。「馬鹿か、貴様。背広姿で敬礼する奴があるか」とは、第一話「ジョーカー・ゲーム」で結城中佐が初めて佐久間中尉にかけた言葉と同じである。D機関の試練を体験した（あるいは、その場に立ち会った）者では佐久間と小田切だけが陸軍士官学校出身である点や、第一話と第十二話だけが一期生八人全員が登場する点など、二つのエピソードはさまざまな部分で綺麗に対を成しており、その意味でも相応しい幕切れと言えるけれども、原作の結城の敬礼には、飛崎の死の運命をわかっていながら、それでも生き延びろという彼の願望が籠められているのに対し、アニメの結城のあくまでD機関流に徹した台詞は、たとえD機関を離れてもそこで教え込まれた「死ぬな、殺すな」の精神を忘れず国に尽くせという、よりポジティヴなニュアンスが籠められているようにも感じられる。結城は切り札《ジョーカー》の使い道を、満洲の大地にどのように思い描いたのだろうか。

マイ・フェア・ジェントルマン――『キングスマン』

※『キングスマン』の内容に触れています。

小学館集英社プロダクション刊

個人的な思い出話になってしまうけれども、スパイ映画というとまず頭に浮かぶのは、子供の頃、お茶の間のＴＶで放映されていた「００７」シリーズだ。私の子供時代なので、ジェームズ・ボンド役は当然、ショーン・コネリーかロジャー・ムーアである（ジョージ・レーゼンビーのボンドは当時観た記憶がない）。

ロジャー・ムーア版が特にそうだったが、「００７」シリーズは山盛りのアクション、誇大妄想的な陰謀を展開する悪役、グラマラスな美女たちといった派手な要素で満ち溢れており、そのためスパイ映画とは荒唐無稽なものであるというイメージが私の中に形成されたのは否めない。もちろん、そうでないタイプの作品も多いことは後に知るけれども、やはり原体験の刷り込みは強力である。

しかし、拙著『原作と映像の交叉光線《クロスライト》　映像ミステリの現在形』（二〇一四年）でも言及したように、最新のボンド俳優であるダニエル・クレイグの時代になると、伝統的な派手さを保ちつつ、シリアスな要素も重視されている。それは時代の推移に伴う現象なのは確かだろうが、一方で、昔ながらの荒唐無稽なスパイ映画へのノスタルジーも生じるようになっている。マシュー・ヴォーン監督の話題作『キングスマン』（二〇一四年）も、そのようなノスタルジーの機運に連なるものだ。

マシュー・ヴォーンは、マーク・ミラー&ジョン・ロミータ・ジュニアのアメリカン・コミックを原作とする『キック・アス』（二〇〇七年）などで知られるイギリスの異才である。『キングスマン』の原作『キングスマン：ザ・シークレット・サービス』（二〇一二〜二〇一三年）も、ミラーと大御所デイヴ・ギボンズがタッグを組んだアメコミであり、ヴォーン自身も共同原案としてクレジットされている。映画の邦題は単純に『キングスマン』となっているが、原題は原作コミックと同じKingsman: The Secret Service である。

映画『キングスマン』は、玩具箱を引っくり返したような派手で荒唐無稽な展開において、ロジャー・ムーア時代の「００７」シリーズのテイストを再現しつつ（作中、正義側と悪役側が往年の「００７」について意見を交換しあうという原作にない場面もある）、大衆的な「００７」には乏しい毒気の強さを特色としている。グロテスクなシーンの多さは、原作コミックを継承していると同時に、ヴォーンの作風の特色でもある（例えば『キック・アス』では、巨大電子レンジ状の拷問室に入れられた人間が木っ端微塵になるシーンがあった）。原作と映画はテイスト面では共通点が見られる一方、かなり異なる部分も多いのだが、ここではまず映画のあらすじを紹介しよう。

子供時代は優等生だったが、母親の再婚を機にグレてしまい、ケチな犯罪に手を染めていたゲイリー・アンウィン、通称エグジー（タロン・エガートン）は、ギャングである義父の部下から車を盗み、パトカーとカーチェイスを繰り広げた挙げ句に警察に逮捕された。彼は幼い頃に父親の死を伝えに来た人物から手渡された電話番号のことを思い出し、そこに連絡したところ、謎の紳士ハリー・ハート（コリン・ファース）が現れ、彼を保釈させる。ハリーは難事件やテロの解決のため設立された、国家のしがらみに縛られない極秘諜報組織「キングスマン」の幹部であり、殉職したエグジーの父に命を救われた過去を持っていた。幼い頃のエグジーに、いざという時の電話番号を手渡した人物こそハリーだったのだ。エグジーの優れた身体能力と口の堅さに注目したハリーは、彼を「キングスマン」にスカウトした。秘密兵器の防弾傘などを使って、襲ってきたチンピラたちを叩きのめしたハリーの颯爽たるアクションに感嘆したエグジーは、「キングスマン」に入ることを決意する。

折しも組織ではハリーの同僚ランスロット（ジャック・ダヴェンポート）が正体不明の敵に殺害されたばかりであり、その空席を埋めるための試験が始まるところだった。指導教官マーリン（マーク・ストロング）から課された厳しい試練を、男性顔負けの身体能力を持つロキシー（ソフィー・クックソン）、家柄を鼻にかけてエグジーを見下した態度を取るチャーリー（エドワード・ホルクロフト）らとともに勝ち抜いたエグジーは最終試験にまで到達する。だがその頃、アメリカの大富豪リッチモンド・ヴァレンタイン（サミュエル・L・ジャクソン）の陰謀によって世界に危機が迫っており、それを暴こうとする「キングスマン」にも魔手は及ぶ。エグジーやハリーらはヴァレンタインの陰謀を阻止できるのか？

……というのが大まかなあらすじだが、ここからは原作との相違点を挙げていこう。下町の不良という境遇から「キングスマン」にスカウトされる若き主人公は、原作では本名のゲイリー、映画では通称のエグジーと呼ばれる場面が多いので、ここからは使い分けることにしよう。

映画の冒頭では、アルゼンチンの山中に監禁されているジェームズ・アーノルド教授（マーク・ハミル）を救うためにランスロットがジェームズ・ボンドさながら颯爽と登場するが、そこに現れたヴァレンタインの部下で両足が義足の殺し屋ガゼル（ソフィア・ブテラ）によって唐竹割りにされてしまう。ここは原作では、スイスの山中に監禁されているのはなんと俳優のマーク・ハミル本人である（つまり原作を先に読んでいると、映画でアーノルド教授を演じているのがマーク・ハミルであることにニヤリとできるわけである）。マーク・ハミルを救出した「キングスマン」のメンバーは追ってくる敵を鮮やかに撃退しながら秘密兵器つきスノーモービルで逃走するが、断崖から飛び出した時に（組織の経費節減が原因で）安物のパラシュートが開かず、哀れマーク・ハミルもろとも墜落死してしまう。

次の章で陰謀の黒幕である大富豪は早々に登場するが、その名前はジェームズ・アーノルド博士。つまり映画の冒頭で拉致されていたキャラクターは、原作では悪役《ヴィラン》なのである。また、義足の殺し屋ガゼルは映画では白人女性だが、原作ではスキンヘッドの黒人男性だ（余談だが、二〇一七年にTOKYO MXほかで放映されたアニメ『プリンセス・プリンシパル』は、さまざまなスパイものへのオマージュが散見される作品だったが、敵役のノルマンディー公の女性秘書がガゼルという名なのは、『キングスマン』の同名キャラクターを意識したものだろう）。原作のガゼルの黒人男性という属性が、映画ではサミュエル・L・ジャクソンが演じる黒幕に移動したことになる。こうした属性のずらしは、後述の通り、他にも幾つも見出すことができる。

　登場人物のうち、原作と映画で最も相違点が少ないのは主人公のゲイリー（エグジー）で、貧しい家で育ち、母親や継父、腹違いの弟と暮らしているという設定は共通しているし、警察に逮捕されたところを「キングスマン」にスカウトされるのも同じである。ただし、映画のハリー・ハートにあたるキャラクターは、原作ではゲイリーの母親の兄であるジャック・ロンドンだ（映画ではエグジーとハリーのあいだに血縁関係はない）。妹のシャロンから息子の保釈に手を貸すよう頼まれ、その際に彼のスカウトを決意するという流れである。ジャックは表向きは警察の詐欺捜査班員であり、自分が「キングスマン」のメンバーであることを妹にもゲイリーにも極秘にしていたが、甥の身体能力に注目し、彼を組織に誘う（原作では「キングスマン」は極秘組織ではあるものの、国家から独立しているわけではなく諜報機関ＭＩ６に属している）。

　「キングスマン」の本拠地に到着したゲイリーを待っていたのは、ジャックの上司ジャイルズ卿、訓練将校のグレイブスらだ。ジャイルズ卿は映画のアーサー（マイケル・ケイン）、グレイブスは映画のマーリンにあたる。なお、「キングスマン」の主要メンバーがアーサー、ガラハッド（ハリーのコードネーム）、マーリン、ランスロットといったアーサー王伝説の人物の名前をコードネームとしている設定は映画のオリジナルであり、アメコミには珍しい原作のイギリス風テイストを戯画的なほどに強調している。

原作でゲイリーたちに課される訓練は、武術や銃器の扱いから、異性を口説くテクニックなどにまで及ぶ。苛酷さが増しているとはいえ、このあたりは映画も大きく異なるわけではない。だがゲイリーは、上流階級出身の訓練生たちが自分の無教養さを嘲っているのを耳にしてしまい、訓練を放棄して家に逃げ帰る。ジャックはそんな彼をサヴィル・ロウ（ロンドン中心部のメイフェアにある通りで、オーダーメイドの紳士服テーラーが集中していることで有名。ジェームズ・ボンドもサヴィル・ロウのスーツを愛用している設定だ）にあるテーラーに連れて行き、紳士としての身だしなみ、マナーなどを教える。

実はこのテーラーの場面は、原作には三ページしか存在しない。ところが映画ではここに時間を取り、中盤の重要な場面としている。

映画では「キングスマン」の本部に、サヴィル・ロウにある同名の高級テーラーの地下からシャトルで行けるという設定だ。「マナーが人間を作るんだ」（原文ではManners Maketh Manで、Makethは古い英語。一四〜一五世紀の神学者・政治家・教育者であるウィカムのウィリアムの言葉が出典。ウィリアム自身も貧しい家庭から高官に出世し、貴族以外にも大学教育の門戸を開いた人物である）を信条とするハリーはエグジーに、スーツは現代版の鎧、キングスマンは騎士であると教え、紳士的な立ち居振る舞いを身につけさせる。同時に、テーラーの隠し部屋に用意した銃器や、傘やライターなどに偽装した秘密兵器の使い方も教え込む。

ここで、ハリー役がコリン・ファースであるという配役に意味が生じてくる。これまで数々の映画で、典型的なイギリス紳士の役柄を演じ、時にはそれがセルフパロディ的な域に達することさえあったファースほど、この役に似合う俳優はいないだろう。

更に記せば、彼のハリー・ハートという役名と特徴的な黒縁眼鏡は、アーサー役のマイケル・ケインが当たり役としたスパイ、ハリー・パーマーに由来している。原作であるレン・デイトンの小説では一人称の語り手である名無しのスパイだが、『国際諜報局』（シドニー・J・フューリー監督、一九六五年。原作は『イプクレス・ファイル』）でハリー・パーマーと名づけられたこの主人公を、ケインは颯爽たる色男ジェームズ・ボンドとは正反対の、等身大に近いイメージのスパイとして飄々と演じた。労働者階級の出であるケイン自身の訛りを活かした台詞回しも、同じく労働者階級出身ながら、ジェームズ・ボンド役のために発音を矯正されたショーン・コネリーとは対蹠的と言える。この『国際諜報局』での演技が高く評価されたため、ケインはその後も二本の映画とオリジナルのＴＶムーヴィーでハリー・パーマーを演じることになる。

「キングスマン」のリーダーであるアーサーは、上流階級出身者こそ幹部に相応しいと考えており、エグジーに冷やかに接する（原作の最高幹部ジャイルズ卿は、訓練生の出身階級に対するこだわりはない様子で、むしろ訓練将校のグレイブスがゲイリーの身体能力を高く評価しつつ、知性の面で不安を表明している。それに対しジャイルズ卿は「とはいえ、彼の伯父上も最初は同じだったぞ。それを我々が見事育て上げたんだ」（中沢俊介訳、以下同じ）と答えている）。反対にハリーは出自など関係ないと考え、アーサーの思想を俗物的だと批判し、エグジーの資質を伸ばしてゆく。
「生まれの貧しさでは人生は決まらない」とエグジーに語るハリーが引き合いに出した映画は、『大逆転』（ジョン・ランディス監督、一九八三年）、『ニキータ』（リュック・ベッソン監督、一九九〇年）、『プリティ・ウーマン』（ゲイリー・マーシャル監督、一九九〇年）である。それらを観たことがないというエグジーが唯一知っていたのは、もっと古い『マイ・フェア・レディ』（ジョージ・キューカー監督、一九六四年）だった。『プリティ・ウーマン』が『マイ・フェア・レディ』のリメイク的企画であることは知られているが、他の映画も『マイ・フェア・レディ』から直接または間接の影響を受けていると言っていいだろう。もちろん、ここでタイトルが挙がった作品以外にも、例えば近年の映画なら『ファントム・スレッド』（ポール・トーマス・アンダーソン監督、二〇一七年）のような作例がある。

労働者階級の言葉の乱れを「国語に対する反逆罪」と見なすほど英語の正しい発音にこだわる言語学者のヘンリー・ヒギンズ教授（レックス・ハリソン）は、ロンドンの下町の花売り娘イライザ・ドゥーリトル（オードリー・ヘップバーン）をレディに仕立て上げられるかどうかをめぐって賭けをすることになる——というのが『マイ・フェア・レディ』の発端だ。イライザは下町育ちのため、ヒギンズが求めるような喋り方をなかなか身につけることが出来ないが、朝から晩まで続く連日の厳しい特訓の結果、彼女は上流階級の英語とマナーをマスターし、ついには舞踏会で外国の女王の目にとまるほどの麗しいレディになりおおせる。

だが、舞踏会から帰宅直後のイライザとヒギンズの会話は、階級とジェンダーを異にする両者の絶望的なまでの断絶を浮き彫りにする。女性蔑視に囚われ、しかも労働者階級であるイライザを「ドブネズミ」「腐れキャベツ」と呼んで平然としているヒギンズには、彼女にも感情や意地があることを理解できない。ヒギンズ邸を飛び出したイライザはかつて自分がいた下町に戻るも、喋り方も服装も以前とは異なる彼女を人々は思い出せず、親戚たちにたかられる成金となった父親からも絶縁される。イライザがいなくなってから、ヒギンズは彼女に恋していた自分にようやく気づくのだが、彼の呪縛から解放され、広い世界の存在を知ったイライザは別れを告げて去ってゆくのだ。ヒギンズのもとにイライザが戻ってくるというエンディングが用意されているものの、現在の感覚からすると取ってつけたようにしか感じられない。そもそも、この映画の原作となったジョージ・バーナード・ショーの戯曲『ピグマリオン』（一九一三年）は、夫が勝気な新妻を自分に逆らわないようにしつけるウィリアム・シェイクスピアの戯曲『じゃじゃ馬ならし』（一五九四年）への批判が籠められており、映画とは異なりイライザが戻って来ないまま幕を下ろす終わり方だったことを思えば、映画のエンディングは蛇足であり、この物語の本質が、イギリスの厳格な階級社会や、紳士たちのミソジニーとホモソーシャルへの諷刺であることは明らかである。

　これに対し『キングスマン』では、教師側であるハリー自身がもとは労働者階級であり、教育やマナーを身につけることで階級の差を無意味化するという戦略を取っている。またクライマックスでは、ヴァレンタインの計画に加担して自分たちだけ生き残りを図る上流階級が罰せられる。こうしたやり方で、本作は『マイ・フェア・レディ』的師弟関係に付随する危うさを回避している。

因みに『マイ・フェア・レディ』（My Fair Lady）というタイトルは、Mayfair Lady の労働者階級訛りである。メイフェアは一八世紀から高級住宅地として発展し、既に記したように現在は高級紳士服テーラーの集中する商業地区としても知られている。その意味でも、エグジーが挙げたタイトルが『マイ・フェア・レディ』だというのはぴったりなのである。

こうしたエグジーの成長物語の裏側で、大富豪ヴァレンタインの陰謀は着々と進んでゆく。その目的は、人口増加と地球温暖化による世界の破滅を防ぐため、地球にとって害が多い生き物である人類の数を数十億人単位で減らし、上流階級を中心とする選ばれし者のみ生き残らせて世界をリセットするというものだ。これは原作のアーノルド博士の動機と同じだが、アーノルドがマーク・ハミルはじめ、リドリー・スコットやデヴィッド・ベッカムといった実在のセレブを拉致しようとした理由は、自分の尊敬するスターや映画監督やスポーツ選手を陰謀成功後も生き残らせたかったというものであり、二十代前半のオタクらしいその発想は流石のジャックにも推測できなかった。一方、映画のヴァレンタインは年配の実業家ということもあってか、そのような発想とは無縁である。彼がアーノルド教授を拉致したのは、陰謀の目的の正当性を保証してくれるガイア理論の提唱者だからにすぎず（原作でもガイア理論の学者たちが拉致されているが）、ハリーに詰問された教授が陰謀を明かそうとすると、あっさり口封じのため殺してしまう。ヴァレンタインがアジトに監禁したのは、彼の陰謀に賛同しなかったが殺してしまうと問題が生じる要人が中心であり、人気が高いスウェーデン王女ティルデ（ハンナ・アルストロム）もそのひとりである。

原作のアーノルド博士も映画のヴァレンタインも、陰謀の最終ステージのため、電波信号によって善良な人々を互いに殺し合わせる技術を開発する。このあたりで、原作のジャックと映画のハリーの運命は分岐する。

ジャックは、アーノルド博士の恋人アンブローシア（彼女に該当するキャラクターは映画には登場していない）を誘惑し、情事のあとにアーノルドの陰謀の核心を聞き出すが、その直後、ホテルのルーム・サーヴィスを装ったガゼルによってドアスコープ越しに左目を撃ち抜かれて即死してしまう。

これに対し映画のハリー退場は、原作の二つのエピソード――ジャックの射殺と、ハワイの浜辺で集団結婚式を挙げた五十一組の新郎新婦が、アーノルドの操作する電波信号によって互いに殺し合うという前半のエピソードとを組み合わせている。アメリカのケンタッキー州にある狂信的レイシスト集団「サウスグレード教会」がヴァレンタインとつながりがあると知ったハリーは信者を装って潜入するが、ヴァレンタインはその教会で、あらかじめ世界中に無料で配ったＳＩＭカードを通じて電波信号で人間を狂暴化させ殺し合わせる実験を行おうとしていた。電波に操られた信者たちがいきなり互いに暴力を振るう中、自身も抑制力を失ったハリーは信者たちを次々に殺害してゆく。そして、正気に戻って茫然としているところを、現れたヴァレンタインによって左目を撃ち抜かれる。それに先立ち、非情な最終試験で脱落したエグジーは「キングスマン」本部から去っていたが、ハリーの死を知って急遽戻る。

だが「キングスマン」の内部にも、敵と手を結ぶ者が潜んでいた――それも、最高幹部クラスに。

ジャック／ハリーの死を悲しむゲイリー／エグジーの前で、グレイブス／アーサーは敵の内通者という正体を明かす。勧誘に従わないゲイリー／エグジーを、グレイブス／アーサーは毒殺しようとするが、気づかれないうちにグラスをすり替えられたため自分が死んでしまう。このあたりの展開は原作も映画もほぼ同じだが、原作のグレイブスではなくジャイルズ卿に該当する立場の人物が裏切り者だったという属性のずらしがここでも見られる。また、上流階級のプライドにこだわっていた映画のアーサーが死ぬ間際になって労働者階級訛りで毒づくあたりは、彼もまたエグジーやハリーのような経歴を持ちながら、それを隠して上流階級の価値観を内面化しきった人物であったことを想像させる。「マナーが人間を作るんだ」という信念のもと、労働者階級が上流階級と対等に渡り合える組織を理想としたハリーに対し、アーサーは上流階級に自身を同化させるためにマナーを悪用していたことが、彼の断末魔から窺えるのだ。

　人類を殺し合わせる陰謀を阻止するため、そして師匠の敵討ちのため、エグジーはマーリンや、最終試験に合格しランスロットを襲名したロキシーとともに敵のアジトに乗り込む。原作ではゲイリーとともにアジトへ向かう同期の訓練生たちのうち、殺しの実地訓練の際に彼に命を救われるヒューゴ以外はあまり個性を感じない描き方だが（女性訓練生もいるがモブ扱いである）、映画ではロキシーがエグジーの心強い味方になる一方、最終試験直前で脱落したチャーリーはヴァレンタイン側に寝返るなど、ひとりひとりのキャラ立ちがより鮮明になっている。

　この先のクライマックスは、観てのお楽しみということで伏せておくけれども、原作における決着が比較的オーソドックスな印象なのに対し、映画では忘れ難い見せ場が待ち受けている。エドワード・エルガーの行進曲「威風堂々」と言えば、他にも映画やドラマでしばしば使われているけれども、およそ映画『キングスマン』における使われ方のインパクトを超える例はないだろう。

　映画のラストは、人類を救ったエグジーが、人質にされていたティルデ王女と男女の仲になるところで終わる。これはもちろん、往年の「００７」シリーズがボンドとヒロインの情事のシーンで終わっていたお約束をなぞっているが、王女のほうからアナルセックスを許可するというのがいかにもヴォーン作品らしい毒の強さだ。しかし原作は、一件落着後、ジャックの葬儀のシーンに重ねて、彼からゲイリーへの手紙の内容が明かされる。彼は自分が死んだ時のため、甥への手紙をあらかじめ用意していたのだ。その内容が明かされることで、原作は映画よりしみじみした印象の幕切れとなっている。「私はこの仕事を愛している。やりがいに満ちた仕事だよ。しかし、ずっと孤独も感じていたんだ。お前とくだらないバカ話をした時間は、私にとってかけがえのないものだ」と手紙で本心を吐露したジャックは、「無気力な怠け者…それが私たちのような家柄に対する一般的な見方だ。人間はなんにだってなれる。自分がそのいい証明になっていることを願うよ」「まじめに働け。下層に生まれたからって知性まで捨て去って、金のチェーンを巻いたり、くだらんキャップを被ったりする必要はないんだ」「…といっても、上流階級に媚びたりするなよ。自分が何者か忘れるな。昔のバカみたいなあだ名も大事にするんだぞ」とゲイリーに説く。痛快アクションの要素を重視したためにこのくだりはカットされたものの、映画においてもハリーの精神はエグジーに受け継がれたと見ていいだろう。

本作のヒットを受け、二〇一七年にはマシュー・ヴォーン監督による続篇『キングスマン：ゴールデン・サークル』が公開された。麻薬密売組織「ゴールデン・サークル」の首領ポピー（ジュリアン・ムーア）によって「キングスマン」は壊滅、辛うじて生き残ったエグジーとマーリンは、アメリカにある同種の組織「ステイツマン」と共闘することになるが、ポピーを利用して麻薬患者の抹殺を図るアメリカ政府の陰謀も絡んでくる……という物語だ。前作で死んだ筈の人物が再登場する一方で前作の重要キャラクターがあっさり死ぬなど、予想を裏切る展開が続く。いろいろ見せ場は多いものの、前作の水準には遠く及ばずというのが正直な感想だが、前作で映像化されなかった悪党によるスターの拉致は、二作目のエルトン・ジョンの本人役出演によって実現化したし、ジャックがアーノルドの恋人アンブローシアを誘惑して情報を手に入れるくだりは、二作目のエグジーが悪党の元恋人を誘惑するエピソードに流用されている。脚本作りには相当苦労した様子ながら、前作で使わなかった原作のエピソードを取り入れている点には、原作の共同原案者としてのヴォーンの意地を見るべきだろう。

（追記）マシュー・ヴォーンはその後、シリーズのスピンオフ映画として『キングスマン：ファースト・エージェント』（二〇二一年）を撮っている。第一次世界大戦の時期を背景とする「キングスマン」誕生秘話だが、シリーズ本篇よりシリアスなタッチに仕上がっている。

第四部　災厄の歴史年表

予言者と群衆――『天空の蜂』

今年三月、ベルギーの首都ブリュッセルで起きた連続テロの記憶はまだ生々しい（追記：本稿は二〇一六年に執筆）。一連の犯行はイスラム過激派によるものだったようだが、これに伴い、ベルギー南部にあるティアンジュ原発がテロリストの目標のひとつだったという可能性が浮上し、作業員に退去が命じられた。世界にテロが蔓延し、原発もその対象になり得る危険が急速に高まった現在、東野圭吾の小説『天空の蜂』が映画化されたことには単なる偶然とは言い難いものを感じる。

原作は一九九五年、ちょうど東野圭吾の作家生活十周年に発表された大作である（第十七回吉川英治文学新人賞にノミネートされた）。一九八五年、『放課後』で第三十一回江戸川乱歩賞を受賞してデビューした東野は、その後は本格ミステリを中心にコンスタントに作品を発表していたけれども、一九九六年に『名探偵の掟』『どちらかが彼女を殺した』などで高く評価されるまでは、世間の注目度という点では不遇な時期が続いていた（現在のような国民的ベストセラー作家となるのは一九九八年の『秘密』以降）。『天空の蜂』は、それまで東野が手掛けなかったタイプのクライシス・サスペンスで

東野圭吾『天空の蜂』
（講談社文庫）

あり、ブレイク前夜に放った渾身の力作と位置づけられる。

愛知県にある錦重工業の格納庫から、航空自衛隊に納入される予定の超大型ヘリコプター「ビッグB」が何者かに奪取された。ビッグBは犯人の遠隔操縦により愛知県から福井県へと北上し、敦賀半島北端にある高速増殖炉「新陽」の上空にホバリング状態で停止する。「天空の蜂」を名乗る犯人から各方面に届いた犯行声明の内容は、新陽を除くすべての原発を停止せよ、さもなくばビッグBを新陽に墜落させる……というものだった。犯人によると、ビッグBには大量の爆発物が搭載されているという。ビッグBが上空でホバリングしていられるのは約八時間。原発関係者・警察・自衛隊などが対策に追われるが、厄介なことに、犯人側すら全く想定していなかった事態も発生していた。ビッグBの機内には、錦重工業の技術者の子供が取り残されていたのだ……。

東野がこのストーリーを思いついてから執筆に至るまでには五年の歳月を要したという。お手本にしたのは、トム・クランシー原作の映画『レッド・オクトーバーを追え』(ジョン・マクティアナン監督、一九九〇年)。原子力潜水艦ごとアメリカへの亡命を図るソ連の軍人ラウミス(ショーン・コネリー)を、CIA分析官のジャック・ライアン(アレック・ボールドウィン)が救出しようとする物語であり、亡命計画に気づいた艦内のKGB局員が原子炉を暴走させようとするくだりがある。また、核によるテロをモチーフにした作品としては、沢田研二主演の映画『太陽を盗んだ男』(長谷川和彦監督、一九七九年)が有名であり、執筆の際に念頭にあった可能性も高い。

この小説が映画化されたのは、刊行からちょうど二十年後にあたる二〇一五年のことだ。監督の堤幸彦は、『ケイゾク』（TBS系、一九九九年）、『池袋ウエストゲートパーク』（TBS系、二〇〇〇年）、『TRICK』（テレビ朝日系、二〇〇〇年）、『SPEC～警視庁公安部公安第五課　未詳事件特別対策係事件簿～』（TBS系、二〇一〇年）などのドラマで知られる演出家である。ただし、TV方面での人気に比して、劇場用映画を監督する際には芳しくない評価を得ることが多かったけれども、二〇一五年には、映像化不可能と思われた乾くるみの小説を映画化した『イニシエーション・ラブ』と本作の二本の劇場用映画によって高く評価された（この両作で第四十回報知映画賞監督賞を受賞している）。『イニシエーション・ラブ』の遊び心たっぷりな演出に対し、『天空の蜂』は骨太でスケールの大きなサスペンス映画に仕上がっており、堤の意外な側面を感じさせた。脚本は放送作家の楠野一郎であり、映画脚本を手掛けた経験は少ないのでこれまた意外な抜擢と言える。配役は、ビッグBの開発責任者・湯原一彰に江口洋介、新陽の設計に携わった技術者の三島幸一に本木雅弘、謎の男・雑賀《さいか》勲に綾野剛、錦重工業総務部社員の赤嶺淳子に仲間由紀恵、新陽の中塚一実所長に國村隼、福井県警のヴェテラン刑事・室伏周吉に柄本明といった顔ぶれがキャスティングされている。

　群像劇である原作に対し、映画では湯原一彰が主人公として出番や見せ場の多い役柄となっている。湯原の息子・高彦と同僚の山下の息子・恵太が親の目を盗んで格納庫で遊んでいる最中、犯人の遠隔操作でビッグBが急に動き出し、恵太だけが機内に取り残される……というのが原作の発端だが、映画で機内に取り残されるのは高彦（田口翔大）である。映画では湯原と妻・篤子（石橋けい）の仲がしっくり行っておらず、離婚寸前であるという設定が追加されており、技術者としても父親・夫としても責任を負いたがらない弱さを持つ湯原の、息子の危機という状況を経ることによる成長がひとつの大きなテーマとなっていることが窺える。大詰め近くでは、湯原が警察官から拳銃を奪って犯人に突きつけるという原作にないシーンもある。これは、その直前のカーチェイス・シーンでの犯人からの問いへの返答であり、湯原の父親としての覚悟を強調した演出でもあるが、流石にやりすぎだろうという気がする。

文庫版で六百ページ以上の大作である原作は、技術者出身の東野圭吾の面目躍如と言うべきか、夥《おびただ》しい専門知識が盛り込まれている。ただ、それは読み返しが可能な小説だから許されることであり、ＤＶＤやＴＶ録画で鑑賞するならともかく劇場で観ている限りでは後戻り不可能な映画の場合、過剰な専門知識は観客を置き去りにする可能性が高い。映画では大半の視聴者がついて行けるであろう程度に専門知識を絞り込み、原発の設計に精通しているわけではない福井県消防課長の佐久間（光石研）や県警警備部長の今枝（佐藤二朗）らに質問役・突っ込み役を担わせて、観客の理解を幇助している。

中盤の見せ場となっているのは、航空自衛隊の救難員による決死の高彦救出作戦のくだりだが、主演クラス以外ではこの映画で一番美味しい出番を与えられた上条二等空曹役が『仮面ライダーウィザード』（テレビ朝日系、二〇一二年）で仮面ライダービーストを演じた永瀬匡《たすく》、植草一等空曹役が『仮面ライダー龍騎』（テレビ朝日系、二〇〇二年）で仮面ライダーナイトを演じた松田悟志という配役の組み合わせは狙ったものだろう。それはともかく、このくだりは、自衛隊ヘリから発射されたワイヤーがビッグBのクレーンに絡み、それをほどこうとした高彦が危うく落下しそうになったり、自衛隊ヘリが強風に煽られたり雲に包まれたり……と原作以上の大ピンチの連続で、最終的に高彦が助かることがわかりきっていても手に汗握ることは必至である。また、それに先立って、機内にいる高彦と地上の湯原が、光の点滅によるモールス信号で連絡を取り合うという原作にないエピソードは、冒頭に伏線を張っておくことで、しっくり行っていなかった親子関係がモールス信号を介して再建される流れとなっており、本作の脚色でも特に巧みな部分であると思う。

犯人サイドは、原作ではテロ計画のそもそもの発案者である主犯（ビッグB奪取の実行犯でもある）、その人物に共鳴し計画を練り上げた共犯、利用されたかたちの従犯の三人から成っている（ネタばらしを避けるための便宜的な呼称であり、法律的な意味合いとは異なることをお断りしておく）。映画でも三者の関係はほぼ同じだが、主犯は原作と違って最初から顔を見せており、従犯の登場のタイミングも原作より早い。共犯は原作では犯行に関わっていることが登場とほぼ同時に読者に明かされるけれども、映画では正体が暴かれるのは物語後半となっている。また、従犯は原作では共犯の意図に気づかぬまま犯行に協力していたのに対し、映画では薄々気づいていた様子である。原作では、原発にヘリコプターが落下しても死者は出ないし放射能が大気中に漏れることもないと国や電力会社が保証している以上、共犯を殺人未遂で起訴するのは難しいという論理で愛知県警の刑事が従犯から共犯の名を訊き出そうとするけれども、映画では従犯がその論理を自ら口にして逆手に取る。原発の「安全神話」への皮肉としては、映画のほうが痛烈な表現となっている。

事件が起きる日付は原作通り一九九五年八月八日だが、現実にはこの日には、村山富市首相の改造内閣が発足している。映画では、当時のニュース映像を流すことで、現実の一九九五年とのリンクが強調されている。劇中の架空の報道番組に出演し、高彦救出作戦を「極めて困難というほかありません」と評するコメンテーターが特異な髪型をしているのは、当時の報道番組でお茶の間にお馴染みの存在だった軍事評論家の江畑謙介を意識したものに違いない。

一九九五年に起きた重大な出来事といえば、一月の阪神淡路大震災がまず思い浮かぶ。実際、劇中でもこの災害については何度か言及されている（例えば、高彦が父からモールス信号を教えてもらったきっかけは阪神淡路大震災ということになっている）。また、エピローグ的な部分では、成人して航空自衛隊員となった高彦（向井理）が、二〇一一年三月の東日本大震災の被災地で救助活動に携わっている。それらの点で、映画は明らかに原作よりも現実とフィクションをリンクさせたいという意図が垣間見える。

一方で、阪神淡路大震災と同じ一九九五年に起きた筈のもうひとつの大事件は、劇中では全く触れられていない。同年三月の、オウム真理教による地下鉄サリン事件などの一連のテロである（これは原作も同様）。

劇中で描かれたようなテロが一九九五年八月に実際に起きたと仮定した場合、警察も自衛隊も原発関係者もオウム事件を想起しないことはあり得ないだろう。しかし劇中では誰もあの事件について言及していない。つまり、劇中の一九九五年では、阪神淡路大震災は起きていてもオウム真理教事件は起きていないということになる（竹中直人が演じる劇中の警察庁長官は芦田という名だが、現実の一九九五年八月当時の警察庁長官は國松《くにまつ》孝次《たかじ》である。オウム事件の最中、何者かに狙撃されて重傷を負ったあの長官である）。

ここで、映画化に際して行われた改変のうち、最も大きなものが死亡者の有無であることを指摘したい。原作では犯人たちが志したのは無血テロであり、（事件の遠因となった自殺者や病死者を別にして）作中ではひとりも死んでいない。ところが、映画では少なくとも二人が死亡している（はっきり描かれてはいないが、主犯の家に踏み込もうとしてトラップによる爆発に巻き込まれた自衛隊特殊部隊のうち、玄関の扉の前にいた女性隊員も死亡したか重傷を負った可能性が高そうだ）。何故、この映画の製作者たちは無血テロを死傷者が出るテロへと変えたのだろうか。

ひとつは単純に作劇上の都合として、主犯の突然の死によってコントローラが湯原たちの手に入るという流れを作りたかったのだと思うが、それだけならば他の人物も死なせる必然性はない。考えられる可能性としては、オウムのテロに触れない代わりにテロの本質的な悲惨さ、恐ろしさを強調する（あるいは、死者の存在によってオウム事件を暗黙のうちに想起させる）意図があったのかも知れない。後述の通り反原発・原発推進両派のダークサイドを抉った作品だけに、テロをあまり綺麗事として描きたくないという一種のバランス感覚が制作者側にあったとしてもおかしくない。映画でも共犯は、原作同様にこのテロでなるべく死者が出ないように考え抜いていることが強調されているけれども、主犯のほうは原作より更に健康を損なっている様子であり、そのぶんデスペレートな心境に陥っているものと想像される（なお映画では、共犯とのやりとりで主犯が「蜂は巣を守るために囮蜂《おとりばち》を飛ばす」「囮役の働き蜂は敵を巣に誘い込んだあと、そいつと心中する」と自分の役割を囮蜂に譬えており、タイトルの蜂という言葉により複雑な意味が塗り重ねられることとなった）。

もうひとつの可能性として、東京電力福島第一原発の事故が発生した二〇一一年以降の状況を物語に二重写しにしたという見方も可能である。これについて説明する前に、この映画に東日本大震災以降を想起させる描写が多々あることを指摘しておくと、犯人の要求に応じて新陽以外の原発を停止する政府決定が下され、大企業やホテルが節電のため作業を中断したり冷房を停止したりするくだりは、どう見ても震災後に行われた計画停電をなぞった描写となっているし、室伏刑事と部下の関根刑事（落合モトキ）が目撃する反原発派の抗議デモも実際の報道映像を想起させる。終盤、原子炉核燃料開発事業団「炉燃」の筒井理事長（石橋蓮司）に反旗を翻す中塚所長の描写には、現実の原発事故の際、東電本店の命令に背いて海水注入を行わせた吉田昌郎《まさお》所長のイメージが重ねられていると見るべきだろう。しばしば出てくる「想定外」という台詞に至っては説明するまでもない。

だとすれば、当初の犯人たちの見込みに反して死者が出る映画の展開にも、「想定外」の恐ろしさが籠められているのではないだろうか。「想定外」に慌てふためくのは原発や政府の人間ばかりではない。彼らにそのような事態が起こり得ることを思い知らせようとした犯人たちも万能の神ではない以上、「想定外」が引き起こすトラブルからは逃れられないのだ。これもまた制作者たちのバランス感覚が要請した展開なのかも知れない。

さて、原作のラストは、共犯が幾つかの場所に送信したファクスの内容で締めくくられる。「沈黙する群衆に、原子炉のことを忘れさせてはならない」「我々の周りに存在している原子炉が、ひとつの顔だけを持っているわけではないことの証であろう。彼等は様々な顔を持っている。人類に対して、微笑むこともあれば、牙を剝くこともある。微笑みだけを求めるのは、傲慢である」「子供は刺されて初めて蜂の恐ろしさを知る。今度のことが教訓になることを祈る」――そして共犯は護送車の中、「『新陽』に（引用者註・ヘリコプターが）落ちたほうがよかった。そのことにいずれみんな気づく」と呟き、この物語は幕を下ろす（映画では、共犯の自宅に踏み込んだ警察によってファクスの送信は阻止される）。

この共犯の述懐が予言的であることは、二〇一一年三月の東京電力福島第一原発の事故によって明らかとなった。電力会社が多額の金をマスメディアにばらまくことで成立させてきた「安全神話」は崩壊した。いや、そもそも原作刊行直後の一九九五年十二月に、新陽のモデルとなった可能性がある敦賀市の高速増殖炉「もんじゅ」が金属ナトリウムの漏洩による火災事故を起こし、それを隠蔽しようとしたことが大きな非難を浴びている。原作の刊行は同年十一月なのだから、たった一カ月で予言は実現されたわけである。

『天空の蜂』で主犯と共犯が結びつくきっかけとなったのは、原発という存在が孕む矛盾から目を背ける大衆の存在だった。自衛隊の不祥事に関与して退官に追い込まれた主犯は、原発労働者として働くうちに放射線被曝によると思われる病で同僚を失い、自らも被曝で健康を損なう。また原発の設計に携わっていた共犯は、息子が学校でいじめられ、自殺に追い込まれた真相を探ろうとする。自殺の原因は父の職業から反原発派によって敵視され、放射能がうつるなどの罵言を浴びせられていたことだったが、いじめの主犯と目される児童の一家も、反原発派だったため原発推進派からの壮絶な嫌がらせを受けていた。共犯は、このような状況に目をつぶり原子力発電の成果のみを享受する「沈黙する群衆」こそが息子を死に追いやった本当の犯人であると考え、主犯と手を結んで今回の計画に着手する。

『天空の蜂』は原発の構造やテロが起きた際の各機関の対応など、詳細なリサーチと的確な想像力によって書かれた小説であり、先に述べたように原発にトラブルがあった際の社会不安を予知したような作品だが、それ以上に、原発が数々の矛盾を孕み、社会の分断なしには成立しないシステムであることを「安全神話」が健在だった時期に喝破した点にこそ予言性を見出すべきではないだろうか。東日本大震災以降も、原発の危険性を指弾する反原発派と、安全神話の復活を図る原発推進派は互いに譲らない状態だけれども、その発信者たちは、現場で労働に従事するブルーカラーがおかれた環境の劣悪さをどれくらい認識しているのだろうか。例えば、労働者の放射線被曝量については法律で決められているとはいえ、実際には何重もの下請け体制によって骨抜きにされてきた。国も電力会社もその下請けも、厳密に法を守れば原発が動かない現実をわかりきった上で敢えて動かしているのだ。この問題を調査した寺尾紗穂『原発労働者』（二〇一五年）には、一九九五年から震災前までの十六年間を主に福島原発で働いた人物の「25ミリ以上食うと翌年度は東電管轄内には勤められない。だからそういうときは火力か、女川に行く。東北電力だから。（東電管轄内で）浴びた分はそこでは数えられない。会社が違うから。全国まわってる人は結構被曝してる」という証言が紹介されている。また、高線量現場の作業には外国人労働者も駆り出されているという。二重三重に被曝を引き受ける彼ら労働者の存在を前提として、原発が成立している罪深さ。平時の原発だけの話ではない。震災後の原発災害の収束でも、何重もの下請け体制が労働者を送り込む過程で不法行為を繰り返してきた。

作中に登場する原発関係者は、炉燃の筒井理事長（映画では原作以上に体面を気にする傲慢で不誠実な人物という印象だ）を除いてまともな人間として描かれている。彼らの誠意や、仕事にかける矜持は疑うべくもない。しかし彼らの多くはホワイトカラーであり、自衛隊から放逐された後、ブルーカラーとして原発労働に関わった主犯の心情など想像したこともない筈だ。また共犯が指摘したように、国民を欺いてでも原発を動かし続けることが国の至上命令であり、自衛隊員が命がけで遂行した子供の救出劇さえも、国にとってはその裏で起きていることから目を逸らさせるための煙幕でしかなかった。実際には、原発事故後から二〇一五年九月の川内《せんだい》原発一号機再稼働まで、日本の全原発が停止状態（二〇一二年七月から翌年九月まで一時的に再稼働した大飯原発三・四号機を例外として）でも電力は何とかなったという現実を国民が知った以上、仮に『天空の蜂』で描かれたようなテロが起きたとしても政府が同じ対応をするとはもはや考えにくいものの、震災当時の首相・菅直人による脱原発への国策転換を否定した安倍晋三首相（当時）が経済界の後押しのもと、原発再稼働の逆コースを邁進しているさまを見ると、似た事態はあり得ると見ておくべきだろう。

また、原発事故から五年経っても、震災直後に見られた反原発派と推進派の対立は収まっておらず、むしろエスカレートの気配さえ見せている。過激な反原発派による無神経な発言が風評被害を生み、多くの人々を苦しめた事実は非難されるべきにせよ、震災直後から今に至るまで情報隠蔽を繰り返して懲りることがない電力会社や、原発事故で帰還困難区域に指定された地域の住民が家や土地を放棄せざるを得なくなった苦渋など知らぬ顔で、震災前の安全神話を復活を図る推進派が、反原発派よりましな存在であるなどとは全く思えない。また、原発の是非をエネルギー問題としてのみ捉え、原発労働者の問題を度外視しがちな傾向は両派に言えることだが、原発労働の劣悪な現場を稼働の前提としながらそれを国民の目から覆い隠そうとしているぶん、推進派のほうが遙かに悪質だとは言えないだろうか。二〇一四年の東京都知事選において、脱原発を公約に掲げて立候補した宇都宮健児や細川護熙に対し、東京に原発が存在しないという理由で批判する意見もあったが、そのような皮相な批判が示すのは、地方への原発の押しつけによって都市が膨大な電力を消費していられることへの想像力の欠如に他ならない（そういった姿勢こそ、『天空の蜂』の共犯が言うところの「沈黙する群衆」の少なくとも一部を再生産し続けてきたと言える）。映画『SHARING』（篠崎誠監督、二〇一六年）の冒頭で、震災に関する予知夢を調査している大学教授が福島第一原発と発言し、相手から東京電力福島第一原発だと訂正されるくだりがあったことが想起されるけれども、原発が地元の賛成派と反対派という分断のみならず、（本質的に都市の問題でもあるにもかかわらず）都市と地方の分断をも前提としていることは忘れられてはなるまい。

政治家や科学者が原子力発電のダークサイドを覆い、震災前の状況への逆コースに人々を誘導しつつある現在、その背後を透視しようとしているのはクリエイターたちの想像力だ。能のスタイルを借りて原発事故の裏側を描いた柳広司の短篇集『象は忘れない』、福島原発の原子炉四基がすべて爆発したパラレルワールドの日本社会を舞台とする桐野夏生の長篇『バラカ』、いずれも震災から五年後にあたる二〇一六年に上梓された小説である。五年経っても何も変わらないどころか、オリンピックの夢に浮かれて無駄金を浪費する日本という国に突きつけられた、クリエイターたちの想像力の剣《つるぎ》の切っ先である。また二〇一四年には、震災後に再び鎖国した日本を描く多和田葉子『献灯使』が発表されている。先述の『SHARING』など、震災と原発事故を扱った映画も増えた（映画『進撃の巨人ATTACK ON TITAN』〈樋口真嗣監督、二〇一五年〉で巨人に破られた壁を修復しに行く主人公たちには、脚本を手掛けた町山智浩によれば原発の修復に向かう作業員のイメージが重ねられているらしいが、彼らにその指令を下すクバル役が、『天空の蜂』で原発の所長を演じた國村隼だというのは、狙った配役ではないのかも知れないが結果的には皮肉以外の何物でもない）。小説『天空の蜂』の映像化も、近年のこういった流れに位置づけられるべきではないだろうか。

　ここで再び原作のラストに目を向けると、共犯の「『新陽』に落ちたほうがよかった。そのことにいずれみんな気づく」という呟きは、原発が実際に大きな災害に見舞われた際に、多くの国民が原子力エネルギーの二面性を悟るだろうという予言だった筈だ。だが現実には、震災による原発事故が五年かけて炙り出したのは、変わることのない国民性そのものだった。「そのことにいずれみんな気づく」という共犯の予想は、その点で楽観的にすぎたのではないか。そして、『天空の蜂』という小説で作中人物の口を借りてメッセージを発していた東野も、ある意味で楽観的だったのかも知れない。実際には、あれほどの事故があっても、五年も経てば多くの国民は「沈黙する群衆」に逆戻りしたのだから。

映画のエピローグ的な部分では、老いた身になっても支援のため被災地を訪れた湯原が息子の高彦に、共犯が獄中で死亡したことを告げる。その具体的時期は言及されないので、共犯が東日本大震災と原発事故を知ることなく逝ったかどうかは曖昧だが、いずれにせよ、常に真実を言い当てたにもかかわらず誰からも信用されないという呪いをかけられたギリシャ神話の予言者カサンドラのように、共犯の予言は不発のまま葬られた。その虚しさと、それでもその予言を心にとめた者たちが生き続け、災害に対処してゆく希望。そこに『天空の蜂』を通じて制作者たちが訴えたかったことがあり、映像化の意義があったのかも知れない。

眠り男の悪夢――『帰ってきたヒトラー』

※『帰ってきたヒトラー』『カリガリ博士』の結末に触れています。

日本の歴史上の人物で、サブカルチャーの世界において最も自由自在な描かれ方をしているのは織田信長だろう。「実は女性だった」「実は両性具有だった」「現代にタイムスリップして総理大臣になる」「タイムスリップした現代人と出会う」「本能寺で死なずに世界征服に乗り出す」「死後、本当に魔王になる」等々、何でもありの世界である。世界史の人物でこれにかなり近い扱いなのがアドルフ・ヒトラーで、生き延びて再び野望を叶えようとしたり、クローン人間として現代に蘇ったり、史実を無視して映画鑑賞中に他のナチス幹部もろとも銃殺されたり、シャーロック・ホームズを気取ってロンギヌスの槍の行方を推理したり……と、フリー素材めいた利用例は枚挙に遑《いとま》がない。

とはいえ、伝奇小説やオカルト小説の敵役として荒唐無稽な描き方をされているうちは問題ないにせよ、シリアスな作品でヒトラーを描く場合は、死後七十年以上経った今でも慎重な姿勢が必要と

ティムール・ヴェルメシュ『帰ってきたヒトラー』（河出文庫）

されるだろう（例えばドイツ製の映画で言うと、二〇〇七年公開のダニー・レヴィ監督『わが教え子、ヒトラー』は、コメディ仕立てで、なおかつヒトラーを同情的に描いたことが批判の対象となった）。ヒトラーが引き起こした戦争とそれに伴う悪事の数々は、軽々しく扱うにはあまりに桁外れの残忍さに溢れており、それは彼個人の悪、あるいはナチスという組織の悪を超えて、人類の本質そのものの絶望的な罪深さについて考えさせずにはおかないのだから。

　そんな中、荒唐無稽な設定のもとでヒトラーをシリアスに描く——という両路線の架橋に成功したのが、ドイツの作家ティムール・ヴェルメシュが発表した小説『帰ってきたヒトラー』（二〇一二年）である。タイムスリップというＳＦ的な仕掛けを通じて、「ヒトラー的なるもの」と現代社会の親和性を浮かび上がらせた実験的な諷刺小説だ。

　一九四五年四月三十日にベルリンの総統地下壕で拳銃自殺を遂げた筈のアドルフ・ヒトラーは、その時の記憶を失った状態で現代のベルリンに蘇った。彼はまだ戦争が続いているものと思っていたが、それにしては周囲の様子がおかしい。通りすがりの人々は、誰も彼のことを総統だと認識していないようなのだ。ヒトラーは情報を得るために立ち寄ったキオスクで、自分がいるのが二〇一一年八月だと知り、強い衝撃を受ける。数日後、ヒトラーの外貌や喋り方の再現が持ちネタの芸人と勘違いされ、ＴＶ制作会社の社員であるゼンゼンブリンクとその部下ザヴァツキにスカウトされたヒトラーは、人気のトーク番組に出演することになった。トルコ人を罵倒した彼の演説の映像はYouTubeにアップロードされ、彼はヒトラーそっくり芸人として一躍知名度を高める。この人気に乗って再び政界に打って出ようとする彼の野心と、マスメディアの打算、そして大衆の声援が組み合わさって、ヒトラーは更に幅広い支持を獲得してゆく……。

もしも現代のドイツにヒトラー本人がそのまま蘇ったら、という思考実験を通じてヴェルメシュが問いかけるのは、再び彼のような煽動者が登場した時にドイツ国民はその言葉の誘惑に抵抗できるのかということである。折しも、ドイツではアンゲラ・メルケル首相が就任以来、移民・難民の受容に寛容であることへの意見が割れていたが、特に二〇一五年に多くの難民を国内に迎えたことは当初は国民に支持されたものの、その後の治安悪化により批判を招き、二〇一七年九月の連邦議会選挙では与党が議席を減らし、排外政策を掲げる極右政党「ドイツのための選択肢（ＡｆＤ）」が初めて議席を獲得するに至った。民族主義と排外主義を掲げたナチスが支持を集めたヴァイマル共和制末期の状況に似た部分があるとも言えるのだ（移民をめぐる軋轢はドイツに限った話ではないが）。

私は先ほど、「荒唐無稽な設定のもとでヒトラーをシリアスに描く」と記したけれども、表面的には、この小説は全篇を覆う笑いを大きな特色としている。その笑いが、ひとつはヒトラーを本物だと気づかない現代人たちのちぐはぐな対応に由来していることは言うまでもない。ヒトラーが現代の極右政党（しかも実在の）に乗り込んでその軟弱ぶりを罵倒したり、ネオナチに襲撃されて重傷を負ったりといったエピソードはいかにもシニカルである。一方で、本作はヒトラーの一人称で綴られているけれども、これは相当な難題だった筈だ。第三者の視点に映ったヒトラーならいくらでも自由に書けるだろうが、一人称となれば、ヒトラー本人の思考経路をリアルにトレースする作業が必要となる。

そのためには記録に残された（あるいは本人が記述した）彼の発言や思想を綿密に調査しなければならないし、もっと大変なのは、ヒトラー自身の意識を追う以上、彼の所業を主観的には「悪」として描いてはならない点だ――ヒトラーは自分のやったことを悪行などとは全く思っていなかったのだから。

ヴェルメシュはこの難題をクリアして、差別主義者で偏見に満ち、自己正当化の達人で、なおかつ頭の回転の早いヒトラーというキャラクターを描き出すことに成功した。第三帝国の総統に昇りつめただけあって、本作のヒトラーは学習能力が極めて高い。最初こそ手こずるものの、すぐにインターネッツ（作中の表現）に適応するし、最終的な目的に到達するためなら些事において妥協する柔軟性も身につけてゆく。ある程度のユーモアのセンスも具えていて、その意味でこの小説のヒトラーは魅力的でさえある。

それでいて、根の部分の頑迷さ、冷酷さは変わらないのがヒトラーのヒトラーたる所以《ゆえん》である。秘書のクレマイヤーが辞職を申し出たのでヒトラーが理由を訊いたところ、彼女の祖母はナチスによるホロコーストで家族を殺された犠牲者だった……という答えが返ってくるくだりは本作のクライマックスだが、この時ヒトラーは、彼女の祖母の家族が殺されたのは当時の敵国イギリスの爆撃が原因だと最初勘違いし、ホロコーストのせいだと知っても、（祖母とその家族の写真がユダヤ的ではなくドイツ的な顔立ちだったせいで）現場の勘違いで殺されたのだろうと弁明してクレマイヤーを激怒させる。結局、その場では彼女を何とか言いくるめるのだが、その際、「私次第で、彼女をこのまま即、特別措置にすることも可能なのだ」（森内薫訳）という恐ろしい考えすら彼の脳裏をよぎるのだ（「特別措置」とは殺害を意味するゲシュタポの隠語）。現代社会に対するヒトラーの珍妙なリアクションで笑いを誘いつつ、そこに彼を受け入れる大衆への警告も潜ませているのだ。

　この小説は日本を含む世界中で話題になったが、ベストセラー化に拍車をかけたのは、デヴィット・ヴェント監督・脚本による映画版の公開（二〇一五年）だった。なお、原作の時代設定は二〇一一年だが、映画では二〇一四年となっている。

　ヴェント監督は原作のポイントを押さえつつ、前半と後半にそれぞれ独自の工夫を凝らしている。前半のそれは、全国行脚するヒトラー（オリヴァー・マスッチ）と現地の人々との触れ合いをドキュメンタリー仕立てで描いた点。後半のそれは、ザヴァッキ（ファビアン・ブッシュ）がヒトラーの正体に気づいてゆくサスペンス仕立て、および原作を入れ子構造に取り込んだメタフィクション仕立てである。

　映画は原作同様、現代に蘇ったヒトラーの困惑から本格的に開幕するが、ヒトラー覚醒から、キオスクで居候生活をしながら二〇一四年ドイツの状況を学習してゆくくだりにかけての導入部以外、原作のようなヒトラー視点の箇所は僅かしか存在しない。代わりに、観客が多くの場面で視点を共有するキャラクターは、「マイＴＶ」の社員であるファビアン・ザヴァッキ（原作での名前はフランク・ザヴァッキ）である。原作のザヴァッキは好青年で頭の回転も速く、肝が据わっていない上司のゼンゼンブリンクより遙かにヒトラーから信用されている。後半ではヒトラーの秘書クレマイヤーと恋仲になり、最終的に結婚した。一方、映画の彼は、冒頭でゼンゼンブリンクによって馘首《かくしゅ》されるが、自分が偶然撮影したベルリンの街角の動画にヒトラーそっくりの男（実はヒトラー本人なのだが）が映っていることに気づき、彼の奇妙な言動を追う動画を撮影するべく、ドイツ各地を訪問する彼と行動をともにする。その面白おかしい映像を復職の手土産にするためだ。

ヒトラーの全国行脚は小説でも描かれているものの、それほどページが割かれているわけではない。それに対し、映画ではこのくだりが映画前半の最大の見どころとなっている。ザヴァツキと出会う前の導入部の時点で、ヒトラーとクリーニング店の店員の珍妙なやりとりなど、笑えるシーンは幾つもあったが、全国行脚がスタートしてからも、ヒトラーが画学生だった前歴を活かし、バイロイトの街頭で似顔絵描きをして小銭を稼ぐ（しかも、画学生時代が遠い昔だからなのか絵が下手）などの爆笑シーンにより、原作よりもコミカルさを増している。そもそも、原作はヒトラーの一人称なので、現代に蘇った彼がいかに浮いた存在なのかは読者の想像に任される部分もあるけれども、映画では最初から視覚的にヒトラーの珍妙さは明白であるため、戯画化の度合いが高くなっているのは当然とも言える。

しかし一方で、移民への反感に代表されるドイツ国民の暗い本音をヒトラーが引き出してゆくあたりは極めて生々しい。映画では、ヒトラーは彼らに排外主義的な発言をするよう積極的に促しているわけではない。にもかかわらず彼らが自発的にそのような意見を口にするのは、実は相手がヒトラーの恰好をしているからだ。もちろん、彼らは自分の眼前にいるのが本物のヒトラーだなどとは夢にも思っていないし、真実に気づいてしまったらむしろ彼らは恐怖と嫌悪のあまり口を閉ざすだろう。「ヒトラーそっくりの芸人」という、ふざけきったように見える異形の存在を前にしているからこそ、彼らは公の場では言いにくい本音を安心して口に出せたのではないだろうか。しかも、そのような本音を自発的に民衆から引き出させるというのは、かつてヒトラー自身がやったことであり、相手は気づかずとも彼だけは「歴史は繰り返す」法則を明白に自覚しているのだ。ヒトラーの珍道中を笑いながら観ていると、確実にその笑いは途中で凍りつく筈である。

　実はヒトラーとザヴァッキの行脚のくだりは、小説に影響を与えたある作品を、小説以上に大きくリスペクトしているとも言える。ヴェルメシュが原作を執筆する上で意識したのは、ベルギー映画『ありふれた事件』（ブノワ・ポールヴールドほか監督、一九九二年）だったという。金のために簡単に殺人を繰り返すシリアルキラーに密着取材し、その言動をカメラに収めようとする三人の男が、どんどん道徳観念を麻痺させてゆき自分たちも罪を犯すという内容であり、『ブレア・ウィッチ・プロジェクト』（ダニエル・マイリックほか監督、一九九九年）に始まるＰＯＶ映画の先駆として知られる。ザヴァッキがヒトラーの言動をカメラで追うドキュメンタリー・タッチは、この映画を意識したものなのではないか。

　この行脚の最中、ひとつの衝撃的な事件が起きる。ヒトラーが、自分の指に噛みついた犬をいきなり射殺してしまうのだ。原作にないエピソードだが、あまりに唐突に起きるので、ザヴァッキのみならず観客も一瞬茫然とするシーンだ。

ヒトラー動画（もちろん、犬を射殺するシーンはカットしてある）をゼンゼンブリンクに見せてザヴァツキは復職を要求するが、すげなく拒絶されてしまう。ところが、マイＴＶの重役会議の席に勝手に乗り込んだヒトラーの堂々たる演説を聴いたベリーニ局長らは、ヒトラーの完全コピー芸だと誤解して大受けする。視聴率のためなら手段を選ばぬベリーニの判断でヒトラーはバラエティ番組に出演、大衆の人気を獲得し、ザヴァツキも復職に成功した。

　原作では社員同士の意見や姿勢の対立こそあれ、マイＴＶは最終的にヒトラーを世に送る方向で結束するが、映画では局内部の権力闘争が描かれる。社会諷刺芸人としてヒトラーをプッシュする側であるザヴァツキやベリーニ局長に対し、副局長のゼンゼンブリンクはベリーニの失脚を狙って画策を繰り広げる。彼は最初、ヒトラーに人種差別発言をさせるなどしてベリーニに責任を負わせようとするが、それらの発言はかえって番組の視聴率を上昇させ、目論見は一向に成功しない。そこでゼンゼンブリンクは、ヒトラーが犬を射殺する動画を手に入れて生放送中のスタジオで公開し、視聴者を激怒させ、とうとうベリーニを失脚に追い込むことに成功する。当然、ヒトラーもお払い箱だ。それまでどんなヘイトスピーチを繰り広げてもヒトラーを支持していた大衆が、動物殺害を機にいきなり彼を見放すあたりはいかにも現代の世論という印象であり、ブラックな笑いに満ちている。

　ところが、ヒトラー失墜は思わぬ結果を生む。史実のヒトラーがミュンヘン一揆失敗後の獄中生活で『我が闘争』を執筆する時間に恵まれたように、ショービジネスの世界を離れて暇になったヒトラーは、自分の主張やこれまでの経緯をまとめた本を執筆したのだ。タイトルは『帰ってきたヒトラー』。本は飛ぶように売れ、映画化までされ、ベリーニは局長に返り咲く。それを知ったゼンゼンブリンクが悔しがり、スタッフに当たり散らすくだりは、ブルーノ・ガンツがヒトラーを演じた映画『ヒトラー～最期の12日間～』（オリヴァー・ヒルシュビーゲル監督、二〇〇四年）の、所謂《いわゆる》「総統閣下シリーズ」として繰り返しパロディ化されている有名なシークェンスをなぞっていて観客の笑いを誘う。

さて、劇中で出版されたアドルフ・ヒトラー著『帰ってきたヒトラー』の装幀は、実際のティムール・ヴェルメシュ著『帰ってきたヒトラー』のそれとそっくりである。つまり、私たち読者が手に取った原作小説そのものが、映画ではヒトラーの著書として劇中に取り込まれたわけだ。のみならず、それが映画化されたことで、私たちが観ている映画もまた劇中の映画と重なるというメタフィクション構造が明らかになるのだ。ここで、観客も劇中の世界に取り込まれることになる。

こうしたヒトラー現象の熱狂のさなか、ザヴァツキの心境に変化が生じる。登場する主なマスコミ人のうち、ザヴァツキはノンポリの現代青年、ベリーニは上昇志向の強い冷徹な野心家、ゼンゼンブリンクは無能で嫉妬深い小物……と色分けされているものの、当初、ヒトラーの危険性を甘く見ていた点は変わりがない。しかし、やがてザヴァツキはそれまで単に物真似が得意な芸人としか思っていなかった相手が、実はヒトラー本人ではないかという疑惑に到達するのだ。

気づくきっかけは、彼が恋人クレマイヤーの家にヒトラーを連れて行った時の出来事だ。ナチスのホロコーストによって家族をガス室で殺されたクレマイヤーの祖母は今では認知症となっているが、家にやってきたヒトラーを目の当たりにして戦時中の記憶が鮮明に蘇り、「みんな最初は笑ってた。騙されないよ。忘れてない」とヒトラーを非難する。その後、クレマイヤーにユダヤの血が流れていることに対しておぞましい考え方を表明して憚らないヒトラーに驚愕したザヴァッキは、相手が芸としてヒトラーになりきっているのではなく、ヒトラーと精神や思想まで共有している事実を悟る（ここは原作の、ヒトラーにクレマイヤーが激怒するエピソードを上手くアレンジしている。なお、原作ではヒトラーはクレマイヤーの祖母と直接対面してはいない）。そして、自分が最初に撮影した動画に映ったヒトラーが何もない空間から謎の煙とともに出現したように見えることや、その出現の場所がヒトラーの自殺の現場である総統地下壕跡であることに気づき、ついに「ヒトラーは現代にタイムスリップした本人である」という真実に到達する。

ザヴァッキは、ネオナチに襲撃されて入院したヒトラーの病室を訪れるが、既にその姿はない。ザヴァッキは居合わせたベリーニに、ヒトラーが本物だということを訴えかけるものの、当然ながら信じてもらえない。狂ったように取り乱してその場から逃走したザヴァッキを病院関係者が追いかけるところで、画面は一旦ホワイトアウトする。

続くシークェンスで、ザヴァッキはヒトラー暗殺のため立ち上がる。生前、少なくとも四十二回の暗殺計画から生き延びた独裁者に対する、四十三回目の孤独な暗殺者として。クラウス・フォン・シュタウフェンベルク大佐のように多くの同志にも恵まれず、単身ヒトラーの命を狙った家具職人ゲオルク・エルザーのように。

ザヴァツキはビルの屋上にヒトラーを追いつめ、射殺する。しかし、ビルから転落した筈のヒトラーはザヴァツキの背後に現れる。その登場を願ったのが他ならぬドイツ国民である以上、ヒトラーは決して滅びることなどないのだ。——というところで、この暗殺劇が実は現実ではなく、劇中映画『帰ってきたヒトラー』のラストシーンであることが明かされる。ヒトラーは本人が演じていたけれども、ザヴァツキら他の登場人物は、特殊メイクで本人そっくりに扮装した俳優が演じていたのだ。映画のクランクアップ直後、祝杯を挙げるヒトラー、出演者やスタッフ、ベリーニたち、そして新たにヒトラーによってスカウトされた親衛隊の面々。しかしその場に、映画の主人公であり、ヒトラーの存在を世間に知らしめた功労者たるザヴァツキの姿はない。

ここで再度の種明かしが行われ、ザヴァツキが精神病棟に監禁されている光景が映し出される。ザヴァツキによるヒトラー暗殺シーンは劇中映画だったが、その直前のホワイトアウトまでは紛れもない現実だったのだ。結局、ザヴァツキの訴えは誰にも届かず、物語はオープンカーで市内をめぐり、群衆（エキストラ俳優ではなく、本物の一般人である）の喝采を浴びながら内心で不気味な野望を膨らませるヒトラーの姿で幕を閉じる。彼の隣には、ヨーゼフ・ゲッベルスとレニ・リーフェンシュタールを兼ねたような立場を手に入れたベリーニの姿も……（ベリーニ役の女優カッチャ・リーマンは、先述の『わが教え子、ヒトラー』ではヒトラーの愛人エヴァ・ブラウンを演じていたが、再びヒトラーのパートナー的役柄にキャスティングされたことには、二つの役のイメージを重ねようというヴェント監督の狙いがあったのだろうか）。

原作にないザヴァツキの悲惨な末路を、監督がどこから着想したのかは不明である。だが、私はこの映画を観終わった時、ドイツ表現主義を代表する古典映画『カリガリ博士』（ローベルト・ヴィーネ監督、一九二〇年）からの残響を聞き取ったように感じた。

『カリガリ博士』は、翌年には日本でも公開されて谷崎潤一郎や佐藤春夫、江戸川乱歩、竹久夢二らに衝撃を与え、溝口健二監督の『血と霊』（一九二三年）や衣笠貞之助監督の『狂つた一頁』（一九二六年）といった邦画にも大きな影響を発揮した名作である。主人公のフランシス（フリードリヒ・フェーヘル）は、友人のアラン（ハンス・ハインツ・フォン・トワルドウスキー）とともに故郷ホルシュテンヴァルの祭で、香具師《やし》のカリガリ博士（ヴェルナー・クラウス）と眠り男チェザーレ（コンラート・ファイト）の見世物小屋に立ち寄るが、そこでチェザーレから死の予言を宣告されたアランはその夜、忍び込んできた男に刺殺される。この惨劇に先立ち、カリガリに邪険な態度を取った市役所の吏員も殺害されていた。フランシスと婚約者ジェーン（リル・ダゴファー）は犯人としてカリガリ博士とチェザーレを怪しむ。カリガリはチェザーレにジェーン殺害を命じた。ジェーンの拉致に失敗したチェザーレは、群衆に追われて逃げる最中、力尽きて急死する。カリガリが逃げ込んだのが精神病院だったため、その正体は患者だと思い込んだフランシスが院長との面会を求めると、なんと院長こそがカリガリそのひとだった。院長は、数世紀前の人物カリガリの所業を模倣して事件を起こしていたのだ。チェザーレの死を知って取り乱した院長は医師たちに拘束され、自身の精神病院に収容される——というのがこの映画のメインの筋であり、ハンス・ヤノヴィッツとカール・マイヤーによる元来の脚本は、カリガリの断罪によって終わる筈だった。

しかし、プロデューサーの意向によりフリッツ・ラングが脚本を改稿し、冒頭とラストに新たなシーンが追加されることで、右に紹介した物語にどんでん返しが付け足された。実はフランシスもジェーンもチェザーレも精神病院の患者であり、これまでの物語はフランシスの脳内にしか存在せず、院長がカリガリというのも彼の妄想にすぎなかったのだ――という結末である。

脚本家たちの当初の狙いとは異なるせいもあって、この結末には賛否両論が存在する。否定意見で最も有名なのは、ジークフリート・クラカウアーが戦後間もなく発表した論考『カリガリからヒットラーまで』（一九四七年）だろう。映画社会学の嚆矢とされるこの大著で、クラカウアーは『カリガリ博士』を両大戦間期ドイツの社会情勢の寓話と解釈し、カリガリは専制政治または混乱（戦争）を迫る人物、チェザーレは徴兵制によって駆り出される犠牲者であると唱えている。この文脈では、ラングらによる結末改変は「原作が権威に内在する狂暴性を暴露したのに反して、ヴィーネの『カリガリ』は権威を賛美し、その敵対者の狂暴性を非難した。こうして、革命的な映画は一変して、大勢《（ママ）》順応的な作品になってしまった」（平井正訳）と否定的に評価されることになる。

この主張は、後世の『カリガリ博士』評価に大きな影響を与えた（例えば澁澤龍彦「カリガリ博士あるいは精神分析のイロニー」など）。反面、クラカウアーの見解は、後に多くの映画評論家によって否定されることにもなる。一九二〇年に公開されたこの映画が、ナチスの台頭を予言していたというのは後世からの結果論にすぎない……というのがそれらの論拠である。また、プロの映画人たちの判断によるどんでん返しの追加は、必ずしも否定的にばかりは評価できないのも事実だ。しかし、そうであるにしても、『カリガリ博士』の内容にナチスの台頭に至る当時のドイツの世相を重ね合わせるという構図には、論として捨てがたい魅力がある。

　クラカウアーの見解が念頭にあったかは不明だが、『カリガリ博士』をこよなく愛した作家の中井英夫は、連作短篇集『幻想博物館』（一九七二年）所収の「セザーレの悪夢」および「邪眼」で、この映画のイメージを重ね合わせている。「セザーレの悪夢」で「信用できない語り手」的などんでん返しを演出しつつ、対になった「邪眼」では再度のどんでん返しで主人公を醒めても終わらない悪夢に閉じ込めてみせる。ここでは、『カリガリ博士』のイメージは戦争とファシズムの寓意に用いられている。

　新たな結末によって、狂気の殺人鬼カリガリが医師という理性の守護者へ、その罪を暴こうとしたフランシスが精神病者へと反転させられたように、映画『帰ってきたヒトラー』のザヴァツキも、誰よりも正しく現実を見据えていながら精神病者扱いされ、この社会から疎外されて終わる。カリガリは、いやヒトラーは、彼の弁舌と思想に操られる眠り男チェザーレを手先として、再び独裁者として立ち上がるだろう。そしてこの悪夢は、現代のドイツの、そして世界の現実の病弊を反映している以上、観客には醒める術《すべ》などないのである。

阿呆船の祭り――『アルキメデスの大戦』

※『アルキメデスの大戦』の結末に触れています。

例年とは異なり、私はこの原稿を三月から執筆しはじめている。いつも八月に開催される夏のコミックマーケット（本誌《CRITICA》は夏のコミックマーケットが初売りとなることが多い）が、今年は東京オリンピック・パラリンピック（以下、東京五輪と記す）の余波で五月に開催される予定だったからである――といっても既にご承知の通り、新型コロナウイルスの流行によって二〇二〇年のコミックマーケットは史上初の中止となり、東京五輪も延期が決定したのだが。

コミックマーケットに限った話ではなく、東京五輪によって影響を受ける分野はあまりに多いが、この一大イヴェントについては、ろくな話が伝わってこないというのが正直なところだ。二〇二〇年夏期五輪の開催地が東京に決定したのは二〇一三年九月だが、当時の東京都知事・猪瀬直樹は徳洲会グループからの資金提供スキャンダルにより招致から僅か三カ月で辞任、五輪組織委員会会長には森

三田紀房『アルキメデスの大戦　1巻』（ヤングマガジンコミックス）

喜朗元首相が就任した（後に暴言により辞任）。これがケチのつきはじめで、二〇一五年には公募で選ばれた五輪エンブレムや、世界的建築家ザハ・ハディドが設計した新国立競技場デザイン案が撤回された。この際、安倍晋三首相（当時）は開催予定時期が真夏の八月であるにかかわらず、経費節減を理由として客席の冷暖房設備をカットするよう指示した。どう考えても近年ますます激化している東京の夏の暑さを考慮に入れていないとしか思えないのだが、この暑さ対策にしても、有識者会議では打ち水や浴衣といった根本的には何も解決しない案が出た様子で、それが報道されて失笑を買った。水泳競技が行われる予定の東京湾の水質問題も報じられたし、五輪組織委員会がボランティアに参加した大学生に単位を与えるよう各大学に求めた件や、東京五輪招致をめぐる日本オリンピック委員会（ＪＯＣ）前会長・竹田恒和の贈収賄疑惑なども批判を招いている。

　特に問題なのは、東京五輪を控えた首都圏での建設需要の高まりのせいで、東日本大震災を含む地方の災害復興が遅れていることだ。復興五輪という政府のスローガンが名目だけのものにすぎず、復興が五輪に利用されていることは明白である。

　この五輪狂騒曲を見ていると、阿呆船《あほうせん》という言葉が思い浮かぶ。もともとはドイツの作家ゼバスティアン・ブラントが一四九四年に上梓した諷刺文学のタイトルに由来する言葉で、あらゆる種類の阿呆を乗せた一隻の船が各地を彷徨うさまを描いている。元来の意味では阿呆は今で言う精神病患者を指しているけれども、現在の字義通りの意味でこの言葉を解釈するなら、まさに東京五輪は阿呆の群れを満載した船以外の何物にも見えず、まともに舵取りを出来る者が不在である以上、それは座礁するか沈没するかしかないだろう。

さて、この東京五輪の開会式・閉会式の式典総合プランニングチームのメンバーに選ばれたうちのひとりが、映画監督の山崎貴である。西岸《さいがん》良平のコミックを原作とする『ALWAYS　三丁目の夕日』（二〇〇五年）でヒットを飛ばし、その後も話題作を多く撮っている監督だが、『ALWAYS　三丁目の夕日』が安倍晋三の著書『美しい国へ』（二〇〇六年）で言及されたり、国粋的・排外的な言動が多い作家・百田尚樹の小説を原作とする『永遠の0』（二〇一三年）を撮ったりしているせいもあり、近年の日本の過剰な美化に与する監督として批判されることも多い存在である。そこに東京五輪の式典チームに参加したのだから、更に批判を受けたのも無理からぬように見える。

だが、山崎は本当に、安倍晋三や百田尚樹に象徴されるような反動的日本礼讃の流れにひれ伏す体制追随のクリエイターなのだろうか。彼の作品『アルキメデスの大戦』（二〇一九年）を観ると、そのような見方は些《いささ》か皮相的ではないかと思える。

『アルキメデスの大戦』は、三田紀房の同題のコミック（二〇一五年から始まり、現在も連載中）を原作とする戦記映画だ。原作は一九三三年（昭和八年）から始まる。前年には関東軍が傀儡国家たる満洲国を大陸に建設、更にこの年に入って国際連盟を脱退するなど、大日本帝国が国際的に孤立の様相を深めていった時期である。その頃、大日本帝国海軍では、これからの戦争は航空機攻撃が主流になるという流れを見据えて、時代遅れな巨大戦艦の代わりに航空母艦の導入を主張する山本五十六《いそろく》・永野修身《おさみ》らの「航空主兵主義」派と、あくまでも巨大戦艦にこだわる嶋田繁太郎らの「大艦巨砲主義」

派が対立していた（当時は航空機が発明された一九〇三年から三十年しか経っておらず、まだ性能が低かったため、戦艦こそ海軍の主役という考えが多数派だった）。山本派の藤岡喜男造船少将と嶋田派の平山忠道造船中将は、新型戦艦建造計画会議でそれぞれが設計した戦艦の設計図を提示するが、戦艦の造型に優れているのみならず予算が安く済む平山案は、議長の大角岑生《おおすみみねお》海軍大臣を魅了する。

だが、山本や藤岡らは、平山案が不当に安い見積もりに基づいているのではないかと疑っていた。何とかしてそれを証明し、平山案を退けなければならない――思案の挙げ句、山本は平山の不正を数学的に証明してくれそうな人材を思い浮かべる。東京帝国大学数学科の元学生で、不世出の天才と謳われた櫂直《かいただし》だ。軍人嫌いで、しかも渡米して数学研究に専念する予定だった櫂は、山本からの依頼を一度は断るものの、巨大軍艦にこだわる海軍上層部の愚かさが戦争を招きかねないことに思い至り、山本への協力を決意する。海軍に入り少佐の肩書を与えられ、特別会計監査課の課長となった彼は、部下の田中正二郎少尉とともに、平山の偽りを暴くために正確な計算に取りかかった。だが、櫂の非凡な頭脳を警戒する平山による妨害工作が立ちはだかる……。

原作は二〇二〇年二月時点で十九巻まで出ている大作であり（追記：二〇二三年五月時点で三十二巻）、どう考えても完全映画化は難しい。そこで映画では、原作では三巻までにあたる、造船案の見積もりをめぐる櫂と平山の最初の対決をメインに据えている。櫂直役の菅田将暉《すだまさき》は幅広い役を演じ分けて数々の賞に輝く若手実力派で、特に『帝一の國』（永井聡監督、二〇一七年）の主人公・赤場帝一のような天才役、カリスマ役を得意としており、櫂直のような役柄にはうってつけである。彼と対峙する平山忠道造船中将役には、舞踏家から俳優へと表現の幅を拡げた異能のヴェテラン、田中泯《みん》がキャスティングされた。『外事警察　その男に騙されるな』（堀切園健太郎監督、二〇一二年）の在日二世の原子力技術者や『羊の木』（吉田大八監督、二〇一八年）の元殺人者、大河ドラマ『龍馬伝』（NHK総合、二〇一〇年）の土佐藩重臣・吉田東洋といった役柄で無類の存在感を示しており、菅田将暉と対峙するに相応しい組み合わせと言える。他に、山本五十六に舘ひろし、田中少尉に柄本佑、櫂を慕う尾崎財閥令嬢・鏡子に浜辺美波、永野修身に國村隼、嶋田繁太郎に橋爪功、大角海軍大臣に小林克也、戦艦「長門」の艦長・宇野積蔵に小日向文世、藤岡造船少将に山崎一といった豪華キャストが揃った。また、原作で櫂たちに協力する造船会社社長・鶴辺清は笑福亭鶴瓶そっくりのキャラクターとして描かれていたが、映画ではこの役を笑福亭鶴瓶が演じ、役名は大里清に変更された。

　さて、映画の惹句は「これは、数学で戦争を止めようとした男の物語」というものだが、「戦争を止めた」ではなく「戦争を止めようとした」であることに注目だ。平山造船中将が出した巨大戦艦案こそ、後の戦艦「大和」なのだが（平山のモデルは史実の「大和」設計者・平賀譲である）、「大和」が米軍の攻撃を受けて沈んだことはよく知られている通りだ。原作ではまだその時点まで進んでいないけれども、映画では冒頭、「大和」の沈没が約五分に亘って描かれる。つまり、「大和」建造を阻止しようとした櫂の目論見は成就しなかったことが、冒頭五分で観客に明かされてしまうのである。かといって、カタルシスのために史実を変えてしまうわけにもいかない。では、この映画はどのような結末へと向かってゆくのだろうか。

平山案の虚偽を暴こうとする過程は、原作と映画でそれほど大きな違いがあるわけではない。ただ、細かい違いの中でも注目したいのは、料亭で豪遊する櫂が山本五十六からスカウトされるくだりの台詞である（原作では二人は面識があるが、映画では料亭での邂逅が初対面だ）。海軍に協力したくない理由を山本から訊かれた櫂は「あなたたちのやっていることは美しくない」と答え、多くの国民が貧困に苦しんでいる一方で軍事に多額の費用が注入されている現状を指弾する。それを聞いた山本は「つまり君は、貧しい人々の状況に義憤を感じているのか」と常識的に解釈するが、「いえ、貧乏人がどんな暮らしをしてようと興味ありません。しかし余りにもバランスが悪い。全くもって美しくない。僕は美しくないものを好きにはなれません」というのが櫂の答えである。原作の彼はもっと素朴に、軍艦製造に多額の金が注ぎ込まれてゆくことへの義憤と戦争勃発への危惧から山本の誘いに応じるのだが、何事より美が優先するのが映画の櫂の性格の際立った特色であり、これが結末への伏線となっている。

　原作との相違点で目立つのは、尾崎財閥の令嬢・鏡子の扱いだろう。櫂は当初、鏡子の父の尾崎留吉から目をかけられて書生兼鏡子の家庭教師を務めていたが、尾崎財閥が手を組む嶋田たちの考えの愚かさを堂々と公言したため、尾崎家から追放されてしまう。これが原因で帝大を辞め、渡米を考えていたところを山本五十六から声をかけられ、彼に協力することになるが、櫂を恐れる嶋田一派はスキャンダルをでっち上げることにする。櫂が尾崎家の女中・セツと通じたのが追放の理由だという風説を流したのだ。ここは映画では、櫂と鏡子のスキャンダルに変更されていたけれども、尾崎留吉と協力関係にある嶋田一派が、その娘である鏡子をスキャンダルに巻き込むのはどう考えても不自然だろう。また、映画ではセツは木南晴夏が演じていたが、嶋田の手先の高任《たかとう》海軍中尉（奥野瑛太）に情報を流すだけの端役に変更されており、木南がキャスティングされるほどの役とは思えなかった。女性キャラクターに関する脚色は、映画版は全体にあまり成功していないように感じられる。

ついでに言うと、後半、大阪の大里造船に赴いた櫂と田中を、鏡子が追ってくるくだりも映画オリジナルの展開である（原作ではこのシーンは鶴辺造船の東京支社が舞台なので大阪までは行かないし、ここに鏡子は登場しない）。ヒロインである鏡子の見せ場を作るためだが、深窓の令嬢である彼女が、今ならともかく当時の列車で一人旅を出来たというのも不自然だろう。実は原作では、櫂には佳つ乃《かの》という芸者の交際相手がおり、映画では描かれない四巻以降の展開に目を通しても、鏡子より彼女のほうが遙かに重要な役割のキャラクターとなっている。原作では櫂と佳つ乃の色事が描かれるのに対し、映画では櫂を性欲とは無縁そうな（女性の乳房を見ても数学的な美しか感じない）ストイックなキャラクターとして造型したことで、かえって女性キャラクターの描き方に不自然な皺寄せが生じてしまったのではないか。

大阪で大里社長の協力を得て平山案の費用を計算し直す櫂たちのもとに、本来なら七日後の筈だった第二回新型戦艦建造計画会議の開催が翌日午前十一時になったという知らせが届く。もちろん嶋田・平山の妨害工作であり、櫂たちは翌日までに（厳密には、その日の最終の夜行列車までに）計算にめどをつけなければならなくなった。このあたりのタイムリミット・サスペンスの要素は、大阪から東京という距離の難関が加わったぶん、原作より映画のほうが強調されている。翌日、櫂たちは計算が未完成のまま海軍省会議室に到着し、彼らが計算を必死で進める横で議事は進行する。時間稼ぎを図る山本・永野と、結論を急がせる嶋田のあいだで、議長の大角海軍大臣の心は嶋田側に傾いていた。実は、原作ではこの会議のシーンに山本は不在である。山本は映画では描かれなかった四巻以降の重要キャラクターではあるが、原作の三巻までの時点では、櫂を海軍省にスカウトするくだりで大きな役割を果たすものの、その後はあまり出番がない。舘ひろしという大物俳優が山本にキャスティングされたため、映画では出番の多いキャラクターに変更されたと思われる。舘が演じる山本は、司令官としてのカリスマ的な威厳を漂わせつつ、人間味のあるさばけた雰囲気もあり、アメリカとの開戦を避けようと願いながらも、ラスト近くで永野から「いや、君もやはり軍人なのだなと思ってな」と言われるように、いざ戦争が起こった時のための作戦を練っておくような面も持ち合わせている……という、複雑な矛盾を内包した人物像を表現していて秀逸だ。クライマックスの会議における山本は、もともと原作で彼がいないシーンに登場させられたせいか、議事の流れを変えられるでもなく些か頼りないが、このあたりは原作の四巻以降の展開における、それまで山本に心酔していた櫂が、海軍の改革者として振る舞う山本自身に認識不足な一面があることに触れて考えを改めるくだり（八巻）を反映したとも思える。

　山本五十六に触れたついでに少し寄り道しておくと、変人で知られた櫂を山本がスカウトするくだりはもちろんフィクションだが、史実の山本も、常識破りな発想をする人材を重用する傾向があった。

連合艦隊司令長官に就任した山本が先任（首席）参謀に指名した黒島亀人《かめと》は、艦内で香を焚きしめた暗い自室に籠もり、裸で作戦を練るという奇行で知られ、先任参謀に引っかけて「仙人参謀」「変人参謀」などと呼ばれたが、参謀としても奇策を好むタイプだった。山本が櫂をスカウトするエピソードは、この山本と黒島の関係が一部モデルになっているのかも知れない。

嶋田・平山の目論見通りに彼らの新型戦艦建造案が議決されるかと思われた寸前、櫂の計算が終了する。彼はボードに数式を書きながら、平山案の見積もりの誤りを指摘し、会議は大混乱に陥る。このシーンは菅田将暉の演技力が全開になっており、居並ぶヴェテラン俳優たちを前に、難解を極める台詞を誤らず流暢に口にするばかりか、同時並行で数式をボードに正確に記してみせた菅田の役作りは、櫂がそのまま乗り移ったかのようで圧倒的としか言いようがない。

櫂の指摘に嶋田・高任らが動揺する中、不正を暴かれても「それがどうした」と動じないのが平山だ。たとえ自分が提出した予算案が虚偽でも、それは国防の秘密を守るためだと言い張る平山。明らかに詭弁ではあるが、国防の論理の前では櫂の正論は通らない。優柔不断な大角大臣の心情がまたしても平山側に傾き、もはや打つ手なしと思われた時、櫂は平山案の致命的欠陥に気づく――海洋波に対する想定が決定的に甘く、毎秒三〇メートルの大波を受けた場合、艦体が破断、沈没する可能性さえあるという事実に。

櫂の指摘に対し、平山は潔く負けを認め、大角らの遺留を押し切って自身の案を撤回する。技術者として高い矜持を持つ彼は、自身の案を通すための不正には手を染めても、案そのものの欠陥に目を瞑るわけにはいかなかったのだ。

　こうして、平山案＝「大和」建造計画は白紙撤回となる。山本・永野・藤岡らが勝利したのだ。しかしそれでは、冒頭五分間の「大和」撃沈シーンとはつながらない。ここで原作と映画は、その後が全く異なる展開に分岐する。

　原作の三巻後半は、自身が設計した新型戦艦の案が可決された藤岡造船少将を一転して襲う悲運を描く。当時、藤岡が設計していた水雷艇は安全設定に問題があった。だが藤岡は、平山を超える世界最高の造船官になるという野望に目が眩み、その問題点を過小評価してしまう。そして翌一九三四年、取り返しのつかない悲劇が起きる。藤岡が設計した新型水雷艇「峰鶴《みねづる》」が暴風雨の中で沈没し、百名もの死者を出したのだ。小心で責任感が強い藤岡はこの事態に耐えられず、海軍省内で拳銃自殺を遂げる（「峰鶴」沈没は史実の水雷艇「友鶴《ともづる》」沈没事件がモデル。藤岡のモデルである設計者の藤本喜久雄造船少将は、「友鶴」沈没翌年の一九三五年に脳溢血で急逝した）。藤岡から遺志を託された櫂は艦艇改修を模索するが、その答えを出すということは、平山が懸案として悩んでいた「大和」建造計画に助け船を出すことにもなる。巨大戦艦建造計画を潰すために数学者の道を捨てて海軍省に入った自分が、かえってその計画の推進に手を貸すことになる……櫂はジレンマに苦悩しつつ、藤岡の遺志を継ぐことを決意。かくして、「大和」をめぐる彼と平山の対決は四巻以降に持ち越されてゆく。

　それに対し映画では、櫂を造船研究所に呼び出した平山は「大和」の模型を見せ、それを完成させるための正しい数式を教えるよう彼に迫る。「櫂君、正直になりたまえ。君は、この船を、一度は生み出したことがある。（中略）ならば、これが完成した姿を、見たくない筈がない」。このメフィストフェレスめいた誘いに櫂は「やはりこの船を造ってはいけない。最強の戦艦を持っているという驕りは、日本を必ず戦争へと向かわせます。戦争へ向かおうとする、国民の感情を生み出してはいけない。誰もが誇りに思う、巨大な、美しい戦艦は、この国にとって呪いでしかない」と反論する。

　だが平山は、この戦艦が作られようが作られまいが、大日本帝国は必ず戦争へと向かうと予言する――「事は、この船一隻が左右する段階ではない。我々は、その先を見つめなければならない」と。アメリカと戦争をすれば日本は必ず負けるという点は、櫂と平山の予測に違いはない（何故アメリカに勝てないのかを如実に表現しているのが、冒頭の「大和」沈没シーンで、撃墜された米軍機からパラシュートで脱出したパイロットを米軍の友機が救出して去ってゆくのを艦上の日本兵たちが茫然と見守る描写だ。人的資源を決して無駄にしない米軍の合理主義が、捨て身の攻撃を重んじる日本軍の精神主義と対蹠的に描かれているわけである）。だが、そこから展開される平山の考えは戦慄的だ。「そうなれば、この国は確実に滅びる。だが、その時、日本という国の象徴となるような巨大戦艦があったらどうだろうか。それが沈められた時、その絶望感は、この国を目覚めさせてはくれないだろうか。だからこそこの船は、美しく、巨大で、絶対に沈まないと人々に信じさせなければならない。期待させ、熱狂させ、そしてついには凄絶な最期を遂げることが、この船の使命なのだ」というのが平山の論理なのだ。大日本帝国の依代《よりしろ》となって滅びるべき船――だからこそ平山は、この船を「大和」と命名したのだった（原作で彼の口から「大和」という名前が出るのは一巻の第二話という早い時点だが、映画でラスト近いこの時点まで引っぱったのは効果的だ）。

　平山は、登場人物の誰よりも時代の行く末を正しく見据えている。国民がナショナリズムに熱狂すれば、もはや戦争を止めることなど不可能なこと、日清戦争から外国相手に勝ち戦を続けてきた日本が負け方を知らないという弱点を持つことも、正確に把握している。だが、登場人物のうち、誰よりも深い狂気に冒されているのもまた平山なのだ。沈めるためにわざわざ巨大で美しい船を造るという彼の論理は、まるでG・K・チェスタトンや連城三紀彦のミステリのパラドックスさながらである。しかし、もちろん沈むのは船体だけではない。「大和」を日本の依代として沈めるという平山の計画は、多くの乗組員をも犠牲にする結果となる（冒頭五分間の凄惨な「大和」沈没の描写は、そのことを観客に思い起こさせるためにある）。それを平山が計算に入れていない筈がない。その犠牲の重みを知り尽くし、それでも「大和」を沈める、それが平山の冷え冷えとした狂気だ。

　だが、そんな平山の論理に、櫂は反論できない。滅びに突き進む帝国にブレーキをかけるのが難しいことを知る彼は（櫂の与り知らぬ場においてではあるが、非戦派の山本五十六さえも、航空母艦の導入によって万が一アメリカと戦争になった際にハワイの真珠湾を奇襲する作戦を既に立てている）、平山の悪魔的な論理、そして完成した「大和」の巨大で美しい姿を見たいという欲望に抗えない。序盤の料亭のシーンで描かれたように、数学的な美こそが彼を動かす原理だからだ。彼が平山の誘いに直接答える描写はない。しかしこの映画は、完成した「大和」の出航を、櫂が涙を流して見送るところで終わる。傍らの士官から「何故泣いておられるのですか？」と訊かれた彼は「僕にはね、あの船が、この日本という国そのものに見えるんだよ」と呟く。士官はその真意を悟ることなく、「そうですね、素晴らしい船です。まさに大日本帝国の象徴です」と応じる。平山の誘いに応じた櫂だけが、「大和」に課せられた役割と運命を知り、その未来に涙するのである。

原作にないこのオリジナルの結末のヒントとなったのは、私の想像だが、宮崎駿監督のアニメ映画『風立ちぬ』（二〇一三年）ではないだろうか。この映画の主人公・堀越二郎（声・庵野秀明）は大日本帝国海軍の戦闘機開発のチーフに抜擢された三菱重工業の設計者であり、『アルキメデスの大戦』の原作にも四巻から登場している。『風立ちぬ』で、その堀越と夢の中でしばしば対面し、「いいかね日本の少年よ。飛行機は戦争の道具でも、金儲けの手立てでもない。飛行機は美しい夢だ。設計家は夢に形を与えるのだ」と彼を鼓舞するのがイタリア人技師のカプローニ伯爵（声・野村萬斎）だ。宮崎駿が言うように、この映画のカプローニは堀越にとってのメフィストフェレスである――映画版『アルキメデスの大戦』の櫂にとっての平山のように。「君は、ピラミッドのある世界と、ピラミッドのない世界、どちらが好きかね？　空を飛びたいという人類の夢は、呪われた夢でもある。飛行機は殺戮と破壊の道具になる宿命を背負っているのだ。それでも、私はピラミッドのある世界を選んだ。君はどちらを選ぶね？」というカプローニの問いに、堀越は「僕は美しい飛行機を作りたいと思っています」と答える。

堀越は、やがて海軍の求めに応じて新型戦闘機の設計に従事する。作中の彼は、決して海軍の言いなりの人物としては描かれていない。「俺たちは武器商人じゃない。いい飛行機を造りたいだけだ」

と述べる彼の盟友・本庄（声・西島秀俊）にしても同様である。しかし、彼らの志がどうあれ、美しい飛行機を造りたいという純粋な夢は、昭和初期という時代にあっては、ひとを殺す道具たる戦闘機の開発にどうしても奉仕せざるを得ない。ラスト、幻想の中で堀越に再会したカプローニは、堀越が設計した零式艦上戦闘機（零戦）が特攻のために飛び立つ光景を見て「美しいな。いい仕事だ」と褒め称える。それに対し堀越は「一機も戻ってきませんでした」と力無く呟く。「飛行機は美しくも呪われた夢だ」――このカプローニの言葉が示すように、堀越は自らの美しい夢に呪われた。だが、その呪いに彼は余りにも受動的で無自覚だ。ピラミッドのある世界を積極的に選んだというカプローニからの問いに、堀越は「僕は美しい飛行機を作りたいと思っています」という、微妙に焦点をずらした答えしか返さなかった。その無自覚さ、無責任さが、零戦に乗った特攻隊員たちの命の重みをどこまで感じているのかわかりにくい「一機も戻ってきませんでした」という答えにも表れている。これに対し、映画『アルキメデスの大戦』の櫂は、自ら悪魔の弟子となって乗員たちの死の責任を背負い、呪いを積極的に引き受けるという苦渋に満ちた立場を選択したのだ。

　この映画において、山崎貴が監督のみならず脚本をも担当していることを思い出そう。そして、彼が他ならぬ東京五輪の開会式・閉会式の式典総合プランニングチームのメンバーでもあることも。映画オリジナルの結末として平山の悪魔的な論理を思いついた山崎ならば、「大和」の運命と東京五輪をめぐる愚かしい狂騒曲とを重ねていてもおかしくはない。彼こそ、東京五輪という阿呆船に乗り込んだトロイの木馬なのではないか――というのは、些か空想がすぎるだろうか。しかしいずれにせよ、コロナ禍がここまで世界を覆い尽くした今、東京五輪は幻となる可能性が高くなりつつある。この五輪に対する山崎の真意も、その時は不明のまま終わるのかも知れない。

（追記）東京五輪は幻となることなく、二〇二一年八月、新型コロナウイルス第五波の真っ只中で強行されたが、その開会式・閉会式の式典総合プランニングチームは二〇二〇年十二月に解散となった。そのため山崎貴の真意も、本人の口から明かされない限り不明のままとなる可能性が高い。

第五部　ジェンダーの縮図

水銀の因果の環——『お嬢さん』

※『お嬢さん』の内容に触れています。

ミステリの年間ランキング選出を名物とする宝島社の『このミステリーがすごい！』は三十年近い歴史を持つけれども、二〇一七年現在、同じ作家が二年続けて一位を獲得した例は二回しか存在しない。二〇一五年版と二〇一六年版で国内部門一位に選ばれた米澤穂信と、二〇〇四年版と二〇〇五年版で海外部門一位となったサラ・ウォーターズだ。

イギリスの作家であるウォーターズは、初めて邦訳された長篇『半身』（一九九九年）で『このミステリーがすごい！』の一位を獲得し、翌年にも『荊《いばら》の城』（二〇〇二年）で二年連続一位の栄冠に輝いた。現時点で、デビュー作を除く全長篇が東京創元社から邦訳されており、日本人には馴染みが薄い過去のイギリスを舞台にした時代ミステリが多いにもかかわらず、本邦の読者に受け入れられやすい作風であることがわかる。本国でも、『半身』でＣＷＡ（イギリス推理作家協会賞）の歴史部門にあ

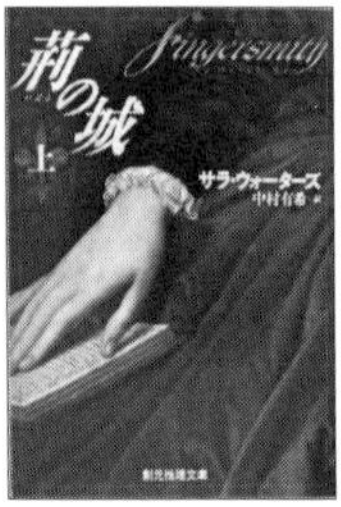

サラ・ウォーターズ
『荊の城』（創元推理文庫）

たるエリス・ピーターズ賞を受賞、またイギリスで最も権威のある文学賞であるブッカー賞に三度に亘ってノミネートされるなど評価の高い作家である。作風の最大の特色は、どの作品においても女性の同性愛を扱っていることだ（作者自身もレズビアンであることを公言している）。

そんな彼女の作品のうち、未訳のデビュー作“Tipping the Velvet”（一九九八年）、『荊の城』、そして『夜愁』（二〇〇六年）の三長篇は、イギリスのBBCによってドラマ化されている。その中で『荊の城』だけが日本でもWOWOWで放送され、DVDが発売されたのは、最もミステリ色が濃い作品だからだろうか。

『荊の城』という物語の導入部を紹介しておくと――養母のサクスビー夫人により、スラムで掏摸《すり》として育てられた孤児のスーザン（スウ）は、色男の詐欺師リチャードの片棒を担いである計画に着手する。ロンドン郊外の広壮なブライア城には、リリー家の偏屈な老当主クリストファーと、その姪のモードが住んでいる。貴族になりすましたリチャードが、世間知らずなモードを誘惑して駆け落ちし、婚礼を挙げたあとモードを精神病院に監禁してリリー家の財産を手に入れるというのがその筋書きで、スーザンはモード付きの侍女としてブライア城に住み込み、リチャードの計画を密かに手助けする役目を任された。ブライア城でスーザンが目にしたモードは、殆ど外出したこともない文字通りの深窓の令嬢。叔父クリストファーのために書物の朗読をする時間は、スーザンはその場に近づくことを禁じられていたが、戻ってきたモードはいつも疲労している状態だった。やがてリチャードがモードを籠絡し、財産乗っ取り計画は着々と進められていったのだが……。

ヴィクトリア朝の貧困層と富裕層を往還しながら進む波瀾万丈のストーリー、騙す者と騙される者のあいだに芽生える愛情、連城三紀彦の小説を想起させる大どんでん返しの連続……と、時代小説としても恋愛小説としてもミステリとしても読みどころが多い作品である。原題の Fingersmith は掏摸を意味するが、邦題はブライア城（Briar）の直訳であると同時に、モードやスーザンの境遇をも象徴した良い訳であると思う。ＢＢＣのドラマ版は、スーザンにサリー・ホーキンス、モードにエレイン・キャシディ、リチャードにルパート・エヴァンス、クリストファーにチャールズ・ダンス、サクスビー夫人にイメルダ・スタウントンという配役で、おおむね原作通りの手堅い出来である。

さて、東野圭吾や天藤真や貴志祐介や宮部みゆきの小説を原作に選ぶなど、韓国は日本をはじめとする他国のミステリの映画化に積極的な国と言える。とはいえ、ウォーターズの『荊の城』が韓国で映画化されるとは、誰に想像出来ただろうか。しかも、日本によって併合されていた一九三〇年代の朝鮮を舞台として。それが今回取り上げる映画『お嬢さん』（二〇一六年）である。

メガホンをとったのは、韓国を代表する映画監督パク・チャヌクだ。『復讐者に憐れみを』（二〇〇二年）、『オールド・ボーイ』（二〇〇三年）、『親切なクムジャさん』（二〇〇五年）の「復讐三部作」や、ハリウッドで撮った初の英語作品『イノセント・ガーデン』（二〇一三年）などの代表作を持つ彼は、『オールド・ボーイ』では日本の漫画を原作とし、異色の吸血鬼映画『渇き』（二〇〇九年）ではフランスの作家エミール・ゾラの『テレーズ・ラカン』（一八六七年）を踏まえるなど、国境を越えてさまざまな文芸作品からインスピレーションを得るクリエイターであり、その意味ではウォーターズの小説に着目したことに不思議はない。また、『オールド・ボーイ』の原作とは異なる監禁期間に韓国民主化の過程が重ねられていることは拙著『原作と映像の交叉光線《クロスライト》　ミステリ映像の現在形』（二〇一四年）で論じたが、『お嬢さん』は更に遡った時期の歴史が背景にあることにも注目したい（ついでながら、不気味な蛸のイメージも両作品に共通する）。舞台と時代の設定を改変したのは、原作に忠実なBBCのドラマが先に存在していたからでもあるらしい。

主な配役は、原作のモードにあたる和泉秀子に『火車　HELPRESS』（ビョン・ヨンジュ監督、二〇一四年）のキム・ミニ、スーザンにあたるスッキに本作でデビューした新人キム・テリ。リチャードにあたる詐欺師「藤原伯爵」は『テロ、ライブ』（キム・ビョンウ監督、二〇一三年）の名優ハ・ジョンウで、冷酷な悪役ながら、丸出しの尻を鞭で打たれるシーンや最期の台詞など、滑稽で情けない演技によってどこか憎めない雰囲気も漂わせている。クリストファー叔父にあたる上月教明《こうづきのりあき》は『悪いやつら』（ユン・ジョンビン監督、二〇一二年）のチョ・ジヌンが、一九七六年生まれながら髪を白く染めて老け役に挑んだ。

物語は一九三九年、スラム街で育った元掏摸の少女スッキが令嬢付メイドとして上月家にやってくるところからスタートする。もちろん原作同様、財産乗っ取りの陰謀の一環なのだが、映画では原作のサクスビー夫人にあたるスッキの養母ボクスン夫人や同居人たちは（冒頭に登場し、後半でもある役割を果たすものの）影が薄く、陰謀の主導権は詐欺師にある。彼は貧しい出自の朝鮮人でありながら藤原伯爵と名乗り、既に秀子の叔父・上月教明の信頼を得ている。次に秀子の愛情を得ることがこの陰謀には必須であり、その段取りを速やかならしめるためにスッキがメイドとして上月家に入り込んだわけである。

意図的なネーミングかどうかは不明だが、藤原伯爵とは一見ありそうでいて、実は絶対にあり得ない名前である。確かに藤原氏は、大化の改新の功臣・藤原鎌足以来、天皇家と結びついて廟堂に君臨し、時には天皇を凌ぐ権力を掌握した一族ではあるけれども、鎌倉時代以降は五摂家・清華家など数多くの家系に分かれ、それぞれが近衛・九条・鷹司・西園寺などの家名を称するようになり、明治時代に華族に列した時も多くの家はそれらの家名をそのまま引き継ぎ、（西園寺公望や近衛文麿がそうであったように）本姓である藤原を名乗ることはなかった。つまり藤原伯爵とは、いかがわしい偽華族であることを露骨に示す名前なのだ。しかし、対する上月のほうも実は日本に帰化した朝鮮人である。密輸品を賄賂として日本の高官の通訳となり、日韓併合の功績で金鉱の採掘権を入手して財を成した彼は、「朝鮮は醜いが、日本は美しい」と言い放つ筋金入りの日本マニアだ。彼は日本の没落華族・上月家の娘と結婚し、彼女が死んだ後は再婚せず、膨大な蔵書に囲まれた孤独にして贅沢な暮らしを送っている。だが上月家の財産の相続人は死んだ夫人の姪にあたる和泉秀子であり、上月は秀子が成人するまでの管財人にすぎない。偽の日本人、しかも秀子の財産を狙う者という点で、藤原も上月も所詮は似た者同士の立場なのである。

背景となる大日本帝国統治下の一九三九年の朝鮮は、ヴィクトリア朝イギリスほど身分格差は大きくない代わり、日本人対朝鮮人という民族問題が絡んで、作中のヒエラルキーの描き方は更に複雑化している（登場人物のうち誰が日本語を理解しているかが重要な要素だったりもする）。監督は記者会見で「近代化が韓国人にもたらした影響を描こうと思った」「日本の支配下に置かれていた当時、韓国人の心のうちは個々に異なっていたが、中には日本に憧れを抱く人や、魅せられている人もいた。そういう人が日本に魅せられた理由やその心理を描きたかった。韓国と日本がどうということではなく、社会のヒエラルキーや個人の思いを描きたかった」と語っている（古賀重樹「日本統治下の禁断の恋　パク・チャヌクのデカダンス　カンヌ映画祭リポート2016」、「日本経済新聞」二〇一六年五月十七日）。

　イギリス風の洋館と和風建築が結合した上月邸（ロケ地は三重県桑名市にあるジョサイア・コンドル設計の六華苑。屋内の大部分はセットで、美術監督のリュ・ソンヒと金勝浩一による、重厚な中に頽廃を漂わせた美術が素晴らしい）も、朝鮮式の家屋は使用人用となっていることから窺えるように、欧米文化に憧れる日本人に更にコンプレックスを抱く朝鮮人という重層的な構図を象徴している。出演者はみな韓国人俳優であり、韓国語と日本語の台詞をちゃんぽんで喋る。劇中で日本人という設定の人物もいるため日本語の台詞はかなり長く、それを思えば大健闘と言うべきだが、女優陣はともかく、ハ・ジョンウの日本語はちょっと聞き取りづらい部分もあった。『ピーター・グリーナウェイの枕草子』（ピーター・グリーナウェイ監督、一九九六年）を想起させるような奇妙な日本文化描写も目立つが、そのあたりが気になるのは日本人観客だけかも知れない。ただし、藤原や上月が偽日本人であることや、上月邸があくまでも朝鮮人が憧憬する日本のイメージであることを考慮すれば、その奇妙さは必ずしも弱点ではないということになる。「あまりにもおかわいそうで、ペロペロと舐めて、よしよしとお撫でしとうございます」といった台詞が微妙にぎこちない日本語で発音されることで、内容の滑稽さやグロテスクさが余計に際立って聞こえるのだ。これはむしろ日本人観客の特権と言うべきか。

上月は財産を手に入れるため、血のつながらない姪の秀子との結婚を目論んでいる。そうなる前に藤原と秀子が日本に駆け落ちして結婚し、更に秀子を精神病院に強制入院させて上月家の財産を我がものとする――それが藤原の筋書きであり、スッキは彼の共犯者として計算ずくで動く筈だった。ところが、彼女の前に誤算が立ちはだかる。それは彼女が秀子の美貌に魅了されたことだ。秀子がそんなに美しい娘だとはあらかじめ聞かされていなかったのである。原作ではスーザンもモードも美人としては描かれておらず、初対面ではむしろ互いに（少なくとも、それぞれの主観では）不美人という認識だったのだが、映画では女優の美しい肌が強調され、スッキが恋に落ちるきっかけが視覚的な説得力で迫ってくる。

このあたりの展開は一見、原作をほぼ忠実に踏襲している。叔父の目を盗んで駆け落ちした藤原と秀子がスッキとともに日本に渡り、慌ただしく婚礼を挙げ、いよいよ計画成就の日、大どんでん返しが訪れるのも原作通りだ。しかし、そこに至るまでに、観客は幾つか意味不明の描写が存在することに気づくだろう。それらは、原作と異なる映画独自の結末の伏線となっている。

ここからはその結末に触れることになるので、未見の方は注意していただきたい。邦訳の上巻にあたる部分までは、映画は秀子の叔母である上月夫人（ムン・ソリ）のエピソードを別として、原作をかなり再現している。第一部の最後、スッキは精神科医たちに奥様（秀子）が精神を病んでいると証言し、入院させようとする。ところが、医師たちが捉えたのはスッキの腕だった。実は藤原と秀子が、スッキのことを自分がメイドだと思い込んでいる本物の秀子だと医師たちに証言し、彼女を秀子の身代わりとして拘束させたのだ。藤原とともにその場から立ち去る秀子の姿を見ながら、スッキは「秀子を世間知らずだと思っただろう。とんでもない。和泉秀子お嬢様に関して申し上げるなら、あの方は最初から……悪いアマだ」と心の中で呟く。ここは原作の、モードに欺かれたと知ったスーザンの「ねんねの鳩ぽっぽ。そう思っていた。誰がねんねだ。あの売女《ばいた》、全部知っていやがった。何もかも、最初《はな》っから承知だったんだ」（中村有希訳）という心の叫びに照応している。

その後、第二部が秀子視点となり、彼女の生い立ちに遡るのも原作通りだ。しかし物語は、ここから大きく原作を逸脱してゆく。原作後半の第二の大どんでん返し、モードの出自、陰謀の首謀者の意外な正体とその哀しい末路など、すべて映画ではカットされ、精神病院のくだりは大幅に短縮された。スーザンがモードの真意を知る感動的なラストまでもが映画には存在しないのだ。その意味で『お嬢さん』は『荊の城』の忠実な映像化ではない。だが、そうだからこそ『お嬢さん』は原作と違う意味で傑作になり得たとも言える。少なくとも私は、『お嬢さん』をオリジナルの映画としても、『荊の城』のアレンジ作品としても堪能した。

五歳で朝鮮半島に連れて来られ、叔母の夫である上月の館に引き取られた秀子。しかしその館は、彼女にとって豪奢な牢獄に他ならなかった（原作のモードはブライア城に引き取られるまで精神病院で看護婦の真似事をさせられていたが、映画の秀子にはその設定はない）。秀子は叔母とともに、上月のコレクションである膨大な春本の朗読の特訓を強いられ、読み間違えたり、叔父の意に逆らったりした時には残酷な折檻が待ち受けていた（上月は幼い秀子の手を、紐で繋がれた金属製の鈴で打つ。中国では「鳴鈴」、日本では「りんの玉」と呼ばれる性具があるが、この鈴もそのような使い方をされていたと推察される）。

その朗読は、上月本人のためばかりではなかった。上月邸の巨大な書斎には富裕な日本人紳士が足しげく訪れ、上月夫人による卑猥な朗読と、それに続く稀覯本のオークションを楽しんでいた。やがて精神のバランスを失った夫人は、庭の桜の木で首を吊って死ぬ。しかし上月は何ら意に介することなく、妻の姪の秀子を後継者とした。秀子は朗読で男たちを満足させるにとどまらず、人形相手の淫らで屈辱的なショーをも強いられる。そんな男たちの中に新顔を見つけた時、彼女の運命は思わぬ方向へと動き出す。

新顔の男は藤原伯爵を名乗っていたが、本当は下層階級出自の朝鮮人だった。彼は一方では上月の信頼を得ながら、秀子には叔父の束縛から自由になるための陰謀を囁きかけてゆく。自分と秀子が駆け落ちし、メイドを秀子の身代わりとして精神病院に入れ、秀子自身は別人となって自由を、藤原は上月家の財産の半分を手に入れる――というのが計画の骨子だ。そのためにはメイドは出来るだけ鈍そうな娘がいい、というわけでスッキが選ばれる。

ここからは、第一部でスッキの視点から描かれていた数々のシーンが、秀子の視点から再現される。スッキが藤原と組んで行っていた欺瞞の裏では、秀子が藤原と組んでスッキを誘導していた（スッキが日本語を読めないことが、二人の陰謀に巧みに利用されている）。だが、スッキにとって秀子の魅力が誤算であったように、秀子にとってもスッキに魅力を感じてしまったことが誤算だった。スッキから藤原の求婚を受け入れるよう助言された秀子が彼女を平手打ちするシーンは、スッキ視点の第一部では唐突に感じられるのだが、第二部の同じシーンでは秀子の心情が明かされることで腑に落ちる仕掛けとなっている。

藤原とスッキの板挟みになった秀子は、叔母と同じように庭の桜の木で縊死を図る（第一部の駆け落ちシーンで桜の枝から垂れ下がっていた首吊り縄の意味がようやくここで明らかになる）。彼女を救ったのはスッキだった。ここでスッキと秀子は、互いに隠していた陰謀をそれぞれ告白し、新たな計略へと踏み出す――藤原の罠を利用し、その裏をかくために。このあとの展開は、ウォシャウスキー兄弟（現・ウォシャウスキー姉妹）の初監督作品である『バウンド』（一九九六年）を想起させる。秀子は館を脱出する際、スッキを上月の書斎に導き、春本の朗読を強いられていたことを明かす。スッキは怒りに任せて春本や春画を破壊し、書斎の入り口に置かれた蛇の像の頭部を砕く。もちろん、ここでは蛇が男性器に見立てられている。

秀子はスッキや藤原とともに日本に逃亡し、藤原と婚礼を挙げ、スッキを自分の身代わりとして精神病院に入れる。ここで第一部のラストに重なるわけだが、原作の第一部はスーザンの一人称であり、先に引用したこの場面での心の叫びは、モードに欺かれたことへの本心からの憤怒である（そして、彼女はモードの真意を第三部のラストまでは知る機会はない）。それに対し、映画のスッキの「秀子を世間知らずだと思っただろう。とんでもない。和泉秀子お嬢様に関して申し上げるなら、あの方は最初から……悪いアマだ」という台詞は、全く異なる意味合いを帯びている。スッキは自分たちの計画のため、敢えて精神病院に入って藤原を欺いたのだから。生き馬の目を抜くスラム街で生まれ育ったスッキにとって、「悪いアマ」とは褒め言葉なのだ。同じメイド視点でも一人称の文章と映像表現との差異を利用したダブルミーニングにより、原作を既読の観客をも騙してみせたパク・チャヌクの手腕は見事である。

映画の第三部は、ほぼオリジナルの展開である。秀子に色仕掛けで欺かれ、阿片入りワインで昏倒した藤原。目覚めると、そこには上月が派遣した手下たちがいた（そのあいだ、逃走した秀子は、養母らの手助けで精神病院を脱走したスッキと再会している）。藤原は上月邸の書斎の地下室に連行され、製本用の機械で指を切断されるなどの拷問を味わう。上月は秀子との初夜がどのように淫猥なものであったかを語るよう藤原に強制する。ここに至っても、上月は現実の女体ではなく、誰かの口から淫らな情景を語られるのを聴くことで欲情する男なのだ。

この映画の脚本が、原作のエピソードを最も巧みに利用したと言っていいシーンは、これに続いての藤原の回想である。第一部では秀子と藤原の初夜の物音をスッキが隣室で耳にし、翌朝、シーツの上に血痕を目撃する。だが第三部では、秀子が藤原に身を任せることはなく、シーツの血痕は刃物で自分を傷つけて破瓜を偽装したものだったと藤原の回想で明かされるのだ。この偽装破瓜は原作の中盤にもあるエピソードだが、それをスッキへの（そして観客への）ミスリードとその種明かしに利用し、秀子とスッキの愛のかたちを印象づけた脚色は秀逸極まりない。そして藤原は、上月に「こら貴様、秀子は俺の妻だぞ。妻との初夜を言いふらす奴がどこにいる?」と啖呵を切る。悪事の相棒として利用するつもりが、藤原もまたいつしか秀子を愛していたのだろう。そのあいだに、拷問にかけられながら藤原が喫った水銀入り煙草の煙は、窓のない地下室に充満していた。上月は悶死し、藤原も秀子の面影を思い浮かべながら息絶える。原作でもクリストファーとリチャードは死ぬが、映画の上月の死はより自業自得感が強く、藤原の死は非情な悪党に徹しきれなかった男の物哀しさを感じさせる。一方、上海へ向かう船上では、夫婦に変装して上月の手下の追跡を逃れたスッキと秀子の姿があった……こうして映画は幕を下ろす。

　成人映画指定されたことからもわかるように、本作にはエロティックな描写がかなり多く、特にスッキと秀子のベッドシーンは極めて濃厚かつ大胆に演出されている。しかし、それは彼女たちの互いへの感情を表現するために不可欠なものであり、性的な搾取を受けていた女性二人の精神的・肉体的解放を描いたラストの爽快さにつながっている（このラストの美しいシンメトリーの構図は、二人が偽りの主従関係からも解放され対等の存在になったことを示す）。原作者のウォーターズは脚本を読んだ際、改変が大きいため原作ではなく原案という表記を監督に促したというが、結局は完成した映画に満足し、原作表記を許したという。恐らく彼女は、この映画が自分の小説の本質を生かした上での、最も高水準な二次創作であることを理解したのだ。

　最後に、劇中では具体的に言及されない、だが個人的に気になった描写について、空想の羽ばたかせすぎという可能性は承知の上で推論してみたい。第一部で初めてスッキが書斎に足を踏み入れた際、上月は薬のようなものを口にしている。舌が黒いのは筆を舐める癖のせいらしい。その後、この薬についての言及はない。本筋に絡むわけではないので何の薬でもいいようなものだが、私は本作を最初観た際、これを丹薬のようなものではないかと想像した。

丹薬とは、不老不死を目的とする煉丹術（錬丹術）において生成される薬である。煉丹術は中国発祥の道教に基づく古代科学であり、さまざまな鉱物を釜で加熱して化学反応させた「神仙薬」を丹薬と呼んだ。三世紀から四世紀にかけての人物である葛洪《かっこう》の煉丹術手引書『抱朴子《ほうぼくし》』には九種類の丹薬が紹介されており、そのトップに挙げられた「丹」とは水銀のことだという。硫化水銀を中心として黄金・銀・砒素・硫黄などの鉱物を、熱したり煎じたりして服用していたというのだが、そんな代物が危険でないわけがなく、唐王朝においては不老不死のため丹薬を愛用した皇帝が幾人も寿命を縮めている。煉丹術は日本にも渡っており、平安時代には仁明天皇や藤原忠平といった貴人が「金液丹」なる丹薬を服用した記録が残っている。こうした煉丹術と、金属文化や修験道との関係は内藤正敏・松岡正剛『古代金属国家論』（一九八〇年）に詳しい。

ここで『お嬢さん』の内容に戻るならば、上月は金鉱で財を成した人物として設定されている（金鉱をはじめとする鉱山は朝鮮半島の北部に多いので、上月の金鉱は恐らく現在の北朝鮮の領土内にある筈だ）。一九一〇年代に半島北部で金の採掘を行なった古河財閥などの、日本の実業家のイメージが重ねられているのかも知れない。言うまでもなく、金鉱と煉丹術には密接な関係がある。

このことを考えれば、上月の愛用薬が丹薬に類したものであるという私の空想にも何がしかの裏付けが生まれはしないだろうか。中国の皇帝たちがそうであったように、富と権力を手に入れた上月が最後に欲しがるのは長寿の筈だ。

そんな上月に対し、藤原は最後に水銀で一矢報いてみせる。そこまで考えてパク・チャヌクが上月を金鉱成金に設定したのかどうかは不明ながら、因果の環はここで見事に閉じたことになる。そもそも、水銀は英語ではマーキュリーだが、これは雄弁家や盗賊の守護神とされるローマ神話のメルクリウスに由来する。詐欺師である藤原が最後に使う毒としてこれほど相応しいものはない。

そして水銀のイメージは、ラストの船上、スッキと秀子が鈴（幼い頃の秀子への折檻に使われたあの鈴である）を用いて愛し合うシーンにも投影されていると考えることも可能だ。古《いにしえ》の中国王朝の後宮において女性の自慰や同性愛に用いられた性具「鳴鈴」は、フランスの医師ジャン・ゴルダンとオリヴィエ・マルティの著書『お尻とその穴の文化史』（二〇〇〇年）によると「薄い銀でできた小さな玉がつながったもので、二個一組で用いる。一つには水銀の滴が入り、もう一つには金属の薄片が入っている。それをヴァギナに入れると、女性の動きに対応して震え、振動と音が女性の快感を信じられないほどに高める」（藤田真利子訳）というものだった。秀子を苦しめ続けた男たちは水銀で葬られ、解放された秀子は水銀と縁のある性具でスッキと愛し合う――まさに水銀が導いた因果の環と言うべきであろうか。

禁忌と境界――『悪魔が来りて笛を吹く』

※『悪魔が来りて笛を吹く』の結末に触れています。

横溝正史『悪魔が来りて笛を吹く』（角川文庫）

「私は、この恐ろしい小説だけは、映画にしたくなかった」――これは、横溝正史の小説『悪魔が来りて笛を吹く』（一九五四年）が一九七九年に斎藤光正監督により映画化された際、原作者の横溝自身がＴＶのＣＭに出演して口にした台詞である。時まさに横溝正史ブームの真っ最中、一九七五年にはＡＴＧが『本陣殺人事件』（高林陽一監督）をヒットさせ、一九七六年には角川映画第一弾『犬神家の一族』（市川崑監督）が国民的な話題作となるなど、横溝作品の映画化・ＴＶドラマ化が相次いでいた時期になる。そんなさなか、原作者がＣＭで「映画にしたくなかった」と言明することで、それまでの映像化との区別化を図った印象がある。

といっても、この小説は刊行直後の一九五四年に一度映画化されているし（松田定次監督）、一九七七年には毎日放送の「横溝正史シリーズ」の一本として連続ドラマにもなっている。それを思えば今更という気がしないでもないが、このCMの台詞が、実は原作の記述を踏まえているのも確かだろう。『悪魔が来りて笛を吹く』は雑誌《宝石》に一九五一年から一九五三年まで連載された小説だが、物語の時代背景は一九四七年である。名探偵・金田一耕助の戦後の活躍としてはごく初期にあたるわけだが、それがやや後れて発表された理由について、著者は作中で「ほんとうをいうと、私はこの物語を書きたくないのだ。この恐ろしい事件を文字にして発表するのは、気がすすまないのだ。なぜならば、これはあまりにも陰惨な事件であり、あまりにも呪いと憎しみにみちみちていて、読むひとの心を明るくするところが、微塵もないからである」と語っているのだ。

　では、その「あまりにも陰惨な事件」とは、どのような内容だろうか。

　一九四七年九月、旧華族・椿家の一人娘である美禰子《みねこ》が、金田一耕助のもとを訪れる。この年の春、彼女の父親である椿英輔《ひですけ》子爵は、銀座の宝石店・天銀堂で起こった大量毒殺事件の容疑者として警察の取り調べを受け、その後に信州の霧ヶ峰で服毒自殺を遂げた。ところが、彼の妻・秌子《あきこ》らが、死んだ筈の英輔の姿を目撃したのだ。金田一は美禰子の依頼で、椿邸で催される砂占いに同席することになったが、その最中に停電が起き、灯がつくと砂の上に火焔太鼓に似た模様が浮かび上がっており、邸内には英輔が作曲したフルート曲「悪魔が来りて笛を吹く」が鳴り響いた。ここから、恐るべき惨劇が幕を開ける——。

　横溝正史は自作のモチーフとして現実社会での出来事をかなり頻繁に取り入れるタイプの作家だったが、『悪魔が来りて笛を吹く』にも、少なくとも三つの出来事が取り入れられている。一つ目は、発端の天銀堂事件のモデルとなった帝銀事件だが、余りにも有名なので説明は不要だろう。二つ目は、一九四八年、高木正得《まさなり》子爵（旧丹南藩主の家系で昆虫学者。三笠宮崇仁親王の妃・百合子の父）が奥多摩で自殺し白骨死体となって発見された事件で、これが椿英輔子爵の自殺のモデルとなったと推測される。

さて三つ目だが、これは前二つのような有名な話ではないし、そもそも表沙汰になった出来事でもない。戦前、博文館の編集者だった横溝は、房州の海辺の町で家族とともに暮らしていた時期があったが、その頃、「いつも憂えに沈んでいるような」「とても綺麗なお嬢さん」を見かけることがあった――と、後年になってエッセイ「淋しさの極みに立ちて――『かいやぐら物語』の思い出」（《幻影城》一九七五年二月号）に記している。その町を紹介してくれた友人から「あれは気の毒な娘で、華族の娘なんだが、父と母は兄妹なんだ。つまり兄妹相姦してうまれたのがあの娘なんだ」と教えられた横溝は愕然としたが、「しかし、当時はまだそれをテーマにして、後年長篇小説を書くにいたるであろうとは夢にも思っていなかった」という。その長篇小説こそが他ならぬ『悪魔が来りて笛を吹く』であり、内容の最も陰惨な部分は、この兄妹相姦に由来している。

古代日本においては異母兄弟姉妹にあたる皇族の近親婚の例が普通に見られる。これはやんごとない血の純粋性を求めたものと思われるが、同母の場合は禁忌とされていた。それを示しているのが『古事記』に記された木梨軽皇子《きなしのかるのみこ》と軽大娘皇女《かるのおおいらつめ》（衣通姫《そとおりひめ》）の悲劇だが、房州で華族の暗い秘密に触れた横溝の念頭には、こうした古代史のエピソードのほか、鶴屋南北『東海道四谷怪談』（一八二五年）

の直助権兵衛とお袖、河竹默阿弥『三人吉三廓初買《さんにんきちさくるわのはつがい》』（一八六〇年）の十三郎とおとせのような、江戸の戯曲・文芸に出てくる例も思い浮かんだかも知れない。

ここで物語の結末に触れるが、椿英輔が「悪魔が来りて笛を吹く」という曲の中で「悪魔」と密かに指名した相手とは、椿家の書生・三島東太郎である。本名を河村治雄という彼は、恋人の小夜子を残して徴兵されたが、復員してみると小夜子は何故か自殺していた。小夜子の母・駒子（おこま）からその理由を聞き出した彼は、自分が椿子爵夫人・秌子と、その実の兄である新宮《しんぐう》利彦子爵のあいだの子であり、小夜子は利彦が別荘の小間使いだった駒子を犯して産ませた子であったと知る。治雄の子を宿した小夜子は、兄妹相姦の子である治雄と、その異母妹である自分が二重の悪因縁で結ばれたと知り、「畜生道」に堕ちたと絶望して自殺したのだ。関係者への復讐を決意した治雄は、まず椿英輔に事実を知らせて脅迫し、その旧友の息子である三島東太郎を名乗って椿家に入り込み、砂占いの席で火焔太鼓（新宮利彦の痣と同じかたち）を出現させて関係者を恐怖に陥れる。その夜、利彦と秌子の伯父の玉虫公丸《きみまる》元伯爵に正体を知られた治雄は彼を殺害し、やがて実の父である利彦を、そして母の秌子をも殺めてゆく――。

この小説は繰り返し映像化されているが、最も原作に忠実なのは「横溝正史シリーズ」版（金田一役は古谷一行）。原作にない犠牲者が出ているなどの改変はあるし、玉虫殺害の現場が密室になった理由が曖昧であるといった弱点も見られるものの、全五話を費やしただけあって歴代で最も丁寧な映像化なのは間違いないし、三島東太郎役の沖雅也、椿英輔役の江原真二郎、新宮利彦役の長門裕之らキャストも原作のイメージに極めて近い。映画では、一九五四年の松田定次監督版（金田一役は片岡千恵蔵）は東太郎は傀儡に過ぎず、その裏には別の真犯人が存在している。一九七九年の斎藤光正監督版（金田一役は西田敏行）は、治雄の妹にして恋人の小夜子は死んでおらず、椿家の女中・お種となって兄とともに復讐を果たすという改変が行われた。ドラマ化ではどうかというと、東太郎が使用人ではなく椿家の息子であり、自らの兄妹相姦のエピソードもない一九九二年の単発ドラマ（TBS系。金田一役は古谷一行）、舞台が岡山県に変更され、利彦と秌子が兄妹ではなく従兄妹となっている一九九六年の単発ドラマ（フジテレビ系。金田一役は片岡鶴太郎）、玉虫殺害の際の密室トリックが省略された二〇〇七年の単発ドラマ（フジテレビ系。金田一役は稲垣吾郎）と、お世辞にも原作に忠実とは言い難い作例が並ぶ。

　こうした中、この作品の映像化で最も強烈な印象を残すのは、二〇一八年七月、NHK－BSプレミアムで放映された単発ドラマだ。この作品は、吉田照幸・監督、喜安浩平・脚本による金田一耕助シリーズとしては、二〇一六年放映の『獄門島』に続く第二作であり、前作のラストでは既に次作が『悪魔が来りて笛を吹く』であることが示されていた。ただし、『獄門島』で長谷川博己が演じていた金田一耕助役は、『悪魔が来りて笛を吹く』では吉岡秀隆にバトンタッチされた（なお吉岡は、一九七七年に公開された野村芳太郎監督『八つ墓村』が映画デビュー作であり、四十一年ぶりの横溝作品出演ということになる。BSプレミアムのシリーズの第三作は『八つ墓村』であり、吉岡が金田一役を続投した。また、喜安はこの『悪魔が来りて笛を吹く』の放映直後、日本テレビ系でアニメ『風が強く吹いている』のシリーズ構成・脚本を担当したが、その第二話のサブタイトルは「鬼が来りて」だった）。『獄門島』は最後の殺人のトリックが初めて原作通り再現されるなど、かなり小説に忠実な出来である一方、犯人が知らなかった事実を突きつけて嘲弄する長谷川博己のエキセントリックな演技が強烈なインパクトを残した。言うまでもなく、『獄門島』は戦地から復員した金田一耕助が手掛けた最初の大事件である（その前に「百日紅《さるすべり》の下にて」があるものの）。戦場で夥《おびただ》しい無意味な死を目撃してきた金田一の心の傷を強調し、その彼が結局は無意味だった殺人計画を嘲笑うという脚色は、この原作が戦後文学の傑作であることを改めて強調したと言えよう。

では、吉田・喜安コンビは、第二作『悪魔が来りて笛を吹く』（今回は脚本に吉田も参加している）にはどのような新解釈を施したのだろうか。

今回のドラマは、二時間のうち前半ほぼ一時間で事件の経緯を描き、後半一時間を謎解きにあてている。かなり大胆な構成と言うべきだが、前半を観てみると、人間関係は簡略化されているし（椿家の住人のうち、烋子の乳母・信乃と女中のお種は登場しない。そのため、椿・新宮・玉虫の三家族が同居するにもかかわらず、使用人が東太郎と小間使いの菊江しかいないというやや不自然なことになっている）、展開は駆け足気味にせよ、比較的原作の流れを押さえている。通常、映像化される場合には冒頭に描かれる天銀堂事件の再現映像を省く（途中でイメージ的に挿入されるが）などの工夫が、展開のスピーディーさに役立っている。事件の背景を探るべく、金田一が須磨と淡路島へ向かうくだりは、原作では出川刑事が同行するけれども、今回のドラマでは出張した等々力警部（池田成志）と須磨で合流する。東京の重大事件において捜査の指揮を執る彼が、わざわざ関西まで出張するのは些か強引な流れだろう（稲垣吾郎版でも、原作の等々力にあたる橘署長が自ら須磨まで出向いているが）。

事件は、椿英輔（益岡徹）の謎めいた自殺、美禰子（志田未来）の依頼で椿邸を訪れた金田一の前で行われる砂占い、その夜に密室で殺害される玉虫伯爵（中村育二）、小夜子（小林涼子）の母で今は妙海尼と称している駒子（黒沢あすか）の淡路島での殺害、東京の椿邸での新宮利彦（村上淳）殺害、真犯人の共犯で偽英輔の正体である飯尾（益岡徹・二役）の屍体発見……というところまでは原作通りに進む。ミステリとしての脚色で注目すべきは、三島東太郎（中村蒼）が偽者であることを金田一が見破る手掛かりとして原作で描かれる彼の訛りが、この小説の映像化としては珍しく再現されたことだ（しかも、須磨の宿の女中の台詞によって、同じ単語の岡山人と関西人の発音がどう違うかが示されているのはフェアである）。小説ではもちろん東太郎がどんな喋り方をしているか読者にはわかりようがないため、作中人物にとってしか手掛かりになり得ないのだが、これを再現したのは制作者たちが映像ミステリだから可能なことを突きつめて考えた結果に違いない。ゲーテの『ウィルヘルム・マイステルの修業時代』に椿英輔の遺書が隠してあったというくだりは描かれるものの、伏線としては回収されないままなのは、尺の都合か、それとも謎解きの段取りに関係した判断か。

映像化される際、大抵原作と異なっているのが秌子の運命である。原作では、「悪魔」の正体を知り、恐怖に駆られて鎌倉の別荘に向かった彼女は毒を盛られて悶死するのだが、今回のドラマでは未遂に終わる。秌子が毒殺されるのは一九五四年の映画版と一九九二年の古谷一行の単発ドラマ版だけで、その他の映像化では、彼女は東太郎が自分の息子だったという真実を知って自殺する。異色なのが二〇〇七年の稲垣吾郎版で、東太郎は「あたしを殺して」と迫る秌子に「あなたは生き恥を晒して生き続けてください。これが、あなたに対する僕からの復讐です」と宣告するのだ。今回のドラマも同様なのか……と思わせておいて、物語は後半戦に突入する。

この時点での椿邸の住人の生き残りは、美禰子、秌子（筒井真理子）、利彦の妻・華子（篠原ゆき子）、その息子・一彦（中島広稀）、秌子の主治医にして愛人の目賀《めが》重亮《じゅうすけ》（山西惇）、玉虫の愛人・菊江（倉科カナ）、そして三島東太郎の七人。このうち、毒を盛られて自室で臥せっている秌子を除く六人と等々力警部の前で、金田一は謎解きを開始する。

彼が指名した真犯人、それはもちろん三島東太郎だ。金田一は東太郎の犯行を説明してゆく。最初の殺人は玉虫伯爵殺しだが、この密室が意図せざるものであった点や、東太郎に最初は殺意がなかった点は、今までの映像化の中で最も原作に近い。砂占いの席に火焰太鼓を出現させたからくりを玉虫に見抜かれた東太郎は衝動的に殴りかかり、相手に傷を負わせる。その後、真実を共有することで東太郎と玉虫のあいだには一種の契約関係が生まれるのだが、部屋を出た後、東太郎は自分の側が殺されるかも知れないと思い直して玉虫殺害を決意する（この時点で、甥と姪の醜聞を暴かれては困る玉虫の側にこそ強い殺意がある）。玉虫は部屋に施錠するが、東太郎は扉の上の欄間越しに玉虫を呼び寄せ、不意を衝いて相手のマフラーで絞殺する……こうして現場は密室となり、犯人も意図しない不可能犯罪となったわけだが、あとで触れるように、ここで原作を踏襲し、この時点での東太郎の積極的な殺意を否定したことには意味がある。

事件の解明が進行してゆくと、原作を既読の視聴者は、東太郎こと治雄が利彦と秌子（原作では二人は兄と妹だが、今回のドラマでは姉と弟）の近親相姦によって生まれた子であり、殺人の動機もそこに起因する……という衝撃的な事実がいつ明かされるかを、固唾を呑んで見守ることになる。ところが、ここからドラマは原作と大きく異なる展開へと突入するのだ。

ドラマの治雄は、復員して小夜子の自害を知るが、駒子は彼を突き放すばかりで娘の死の理由を教えようとはしない。そのため治雄は、椿家の関係者の誰かが小夜子を自殺に見せかけて殺害したと推測し、椿英輔のもとに赴いて使用人となり、諸悪の元凶を突きとめようとする。つまりこの時点では、治雄は復讐こそ企てているものの、自分の出生の秘密には全く気づいていないのだ。

だが、後ろ暗いところがある関係者たちは、治雄が事実を知って自分たちに近づいてきたのだと勝手に思い込む。その結果、英輔は自作の曲に後述のメッセージを残して自殺する。また、玉虫が治雄に殴打されたあと一旦契約を結ぶ理由が曖昧になっているが、恐らく、小夜子の死の理由を知りに来たとでも言ったのであろう治雄を、秌子と利彦の子だと玉虫が気づいたものと推測される。

原作では、実父・利彦と同じ火焔太鼓の痣があることを治雄はずっと前から知っている（普段は見えないが、酒を飲んだ時などに浮かび上がってくる）。今回のドラマでは治雄を下戸として描き、彼自身が痣の存在を知らないことに説得力を持たせている。もっとも、砂占いの席で火焔太鼓を浮かび上がらせる動機が弱くなったのは否めないが、治雄が性格面から利彦を小夜子殺しの最も疑わしい人物と考えたとしても不自然ではないし、利彦の痣自体は家中の人間が知っているという説明もある。

　小夜子の自害は、今までの映像化で最も凄惨に演出されている。お腹の子の父である治雄が自分の兄だと知った小夜子は、その腹に刃物を突き立て、血の海の中で絶命するのだ（原作では服毒自殺）。また、秌子と利彦の近親相姦は、ドラマでは秌子が姉ということもあって彼女の主導と見られる（原作の秌子が自分の意思らしいものを持たず、ただ流されてゆくばかりの女なのと対蹠的だ）。秌子は利彦に駒子を犯させ、その後、彼女が見ている前で弟と交わる。つまり、駒子への凌辱は自分たち姉弟の快楽の食前酒《アペリティフ》にすぎないという描写である。彼らの近親相姦が、これほど醜悪に描かれたこともかつてなかった。

　この件について金田一は、「特権階級にとっては、よくある事故のようなものでした」「世間だって、娘のほうが金目当てで誘惑したと噂をするのが関の山」といった表現で非難する。また、駒子が利彦の子を宿した事実が金蔓になると知った彼女の父・植辰は、娘に「ようやったなあ」と無神経極まる言葉をかける。これらの原作にない表現が、近年の #MeToo 運動を意識していることは明らかだ。二〇一七年、アメリカの高名な映画プロデューサー、ハーヴェイ・ワインスタインの長年に亘るセクハラが告発されたことをきっかけに、セクハラや性的暴行の被害を告発する #MeToo 運動は世界的な拡がりを見せたのだが、日本でも同年、ジャーナリストの伊藤詩織が元TBSのプロデューサー・記者の山口敬之《のりゆき》による準強姦被害を告発するも、山口が安倍晋三首相（当時）と近しい関係にあったため、逮捕状は執行寸前で停止され（警視庁幹部による首相への忖度があったのではないかと取り沙汰された）、かえって被害者である伊藤に非難が浴びせられた。「世間だって、娘のほうが金目当てで誘惑したと噂をするのが関の山」という台詞は、恐らくこの件を念頭に置いている。

金田一は新宮利彦が駒子を犯したというだけなら、彼の伯父である玉虫が駒子の父の植辰から金を強請られたのはおかしいと考える（それこそ「特権階級にとっては、よくある」ことだから）。そして金田一は、いくら特権階級でも致命傷となる大スキャンダルとして、玉虫の姪と甥の近親相姦から子が産まれたという秘密に到達するのだ。

ところで、金田一は椿邸の客間で一同を前に謎解きをするのだが、正確にはこの部屋は二間続きになっている。東太郎＝治雄は食堂と思しき隣室に、その他の人々は客間に陣取り、両者は敷居によって分けられているのだ。そして金田一は、二つの部屋を行き来しながら真相に迫ってゆく。この時点で既に殺人者と判明している治雄を別室に隔離しておくのは自然ではあるけれど（また、椿邸のロケ地である三重県桑名市の洋館「六華苑」がそういう造りだったからでもあるのだろうが）、ここには演出上の別の意図も考えられる。

この時、客間にいる関係者は椿美禰子、新宮華子、新宮一彦、目賀重亮、菊江の五人だ。前三人は言うまでもなく旧華族に属する。残り二人は椿一族ではないものの、目賀は金田一への「その者は何じゃ！」という上から目線の態度や、治雄への「この平民が！」という罵倒から窺えるようにいっぱしの華族気取りであり（ドラマでは省略されているが、原作では彼は炑子と内々に結婚しているので広い意味では華族の一員と言えるかも知れない）、菊江も使用人というより玉虫伯爵の愛人としての面が強調されている。この二人を準特権階級と見なすならば、ここで特権階級に見下される側は東太郎＝治雄しかいないことになる（その孤立を強調するためと考えれば、女中のお種を省いたのは単に人間関係を簡略化するためだけにとどまらない意図があったとも見なせる）。二つの部屋を分かつ敷居は、この格差の象徴だ。

　出生の秘密を告げられた治雄は当然ながら信じようとしないが、金田一から酒を飲むよう強要され、自分の背中に利彦と同じ火焔太鼓の痣があることを初めて知る。妖子の寝室に駆け込んだ治雄は母を問い詰めるが、妖子は事実を悪びれた様子もなく認めたばかりか、「いい男ねえ……。ねえ、する？」と股を開きさえする。激情で我を忘れた治雄は金田一の制止を振り切って妖子を滅多刺しにし、等々力警部に射殺される。妖子が息子と知らず治雄に迫り、彼に殺害される……という脚色は、ＪＥＴによる漫画版『悪魔が来りて笛を吹く』（二〇〇二年）に前例があるものの、その描写はドラマのほうが遙かに凄惨だ。

　ここまで来て、タイトルにある「悪魔」とは誰のことだと視聴者は思っただろうか。原作では椿英輔が名指しした「悪魔」とは治雄のことである。また、横溝作品の登場人物中でも下司っぷりで群を抜く新宮利彦が一番の「悪魔」という印象を受けるひとも多い筈だ。しかしドラマでは利彦のみならず、妖子の行為の醜悪さが際立つ（金田一も二人の行為を「悪魔の所業」と表現している）。では治雄はどうだろうか。確かに彼は多くの人間を死に追いやった。とはいえ、最初の玉虫殺しは成り行きによるものであり、共犯の飯尾を殺したのは、彼が指図を無視して妙海尼こと駒子を殺害したからだった

（原作では治雄が飯尾に駒子を殺させており、目的のために最愛の女性の母親まで殺す治雄の非情さが強調されている）。原作と違って相手が実の父母だということを知らなかったぶん、利彦殺害と烁子毒殺未遂の動機が曖昧になったのは否めないものの、そこまでで二人の悪辣さはたっぷり描かれているため、彼らに同情を寄せる視聴者は皆無だろう。

つまり、ここまでの時点では治雄は真の「悪魔」ではなかった。少なくとも「悪魔」に徹してはいなかった。母と知った烁子を悪鬼の形相で惨殺した時、彼は初めて「悪魔」と化したのであり、そうさせたのは烁子自身だったのだ。

ここで、身分の格差の他にこの物語に設けられたもうひとつの境界が、世代の違いであることが明らかとなる。今回のドラマで、全く罪がないと言える登場人物は美禰子と一彦の二人——つまり、まだ若い世代である。世代という点では、犯人である治雄、恋人の小夜子も彼らと同じカテゴリーに括られるだろう。それに対し、年長の世代は誰ひとりとして罪から逃れられない。原作でも、また従来の映像化でも、椿英輔と新宮華子の二人は、それぞれの妻や夫の不倫の罪なき犠牲者として描かれることが多かった。原作のラストでは、華子は息子の一彦やその従姉の美禰子とともに陰惨な空気が淀む椿邸を出て、新たな生活に入りハッピーエンドを迎える。しかし、今回のドラマでは真相が暴かれる前から、華子も英輔も烁子と利彦の不倫を知っていた様子である。事件決着後に金田一が椿邸を再訪した際、一彦は「母は、少し心を病んでいるようです」と呟いている。これは、華子が真実を知りつつ沈黙を決め込んできたことへの罰なのだろう。

そして、華子以上に罪深い存在として描かれるのは英輔である。右のシーンに続き、一彦は美禰子に促され、金田一の前で英輔作曲の「悪魔が来りて笛を吹く」をフルートで吹く。その指遣いを見て、金田一は初めて気づくのだ――「悪魔が来りて笛を吹く」という曲が右手の中指と薬指を使わなくても奏でられるように作曲されており、そのことで英輔が、戦地でそれらの指を失った治雄を「悪魔」と名指ししていたことに。衝撃を受けた金田一は、それに最初から気づいてさえいればみんな救えたのに……としゃがみ込んでしまう。

「悪魔が来りて笛を吹く」に隠された秘密は、原作でも金田一は最後まで気づかず、正体を暴かれた治雄が、自ら吹奏してようやく明らかとなる（その直後、治雄は服毒自殺する。ただし彼がフルートをいつ習ったかという説明は全くないので、英輔のフルートの弟子である一彦が演奏したドラマのほうが自然だとも言える）。しかし、そのニュアンスは原作とドラマでは異なる。ドラマの場合、治雄は出生の秘密など知らず、単に真実を知りたいがために椿家に奉公人として住み込むようになっただけである。ところが妻と義弟の関係を知る英輔は、治雄が秘密を知っているものと思い込み、わざわざ曲を作って彼が「悪魔」だというメッセージを織り込み、名誉ある椿の家名が汚辱に塗《まみ》れるという恐怖から勝手に自殺して、自分だけさっさと楽になってしまう。すべては彼のやましい気持ちのなせるわざであり、その意味で、惨劇の引き金を引いた英輔も椿邸に巣喰う「悪魔」のひとりだったという見方も可能である。少なくとも、死後、娘の美禰子から「お父様は弱いひとであったけれど、正しい、親切なひとだった」と評される原作の英輔のイメージから程遠いことは確かだ。

最後、謎解きのシーンで金田一は真実を明かすよう、関係者全員から寄ってたかって追いつめられる。これは、恋人を失い、その理由を知ろうとしただけの罪もない青年を椿邸の人々（美禰子と一彦を除く）が寄ってたかって追いつめて「悪魔」に仕立てたという事件の構図を反映しているかのようだ。

美禰子・一彦・華子の未来に希望を描くことで事件の陰惨さを中和した原作と比較すると、二つの部屋が象徴する身分の格差と、罪なき者と罪人とを隔てる世代の差という二つの境界を設けることで、今回のドラマ版は遥かに厳しい余韻を残すものとなった。華子や英輔らへの断罪、烋子と利彦の不倫の従来ない醜悪な描き方を見ても、それが #MeToo 運動の時代を生きる視聴者への倫理的な問いかけであることは明らかだが、結果的に「あまりにも陰惨な事件であり、あまりにも呪いと憎しみにみちみちていて、読むひとの心を明るくするところが、微塵もない」という原作冒頭の記述を、最も忠実に反映した映像化となったとも言えよう。

ガラスの崖と沼の底――『W県警の悲劇』

※『W県警の悲劇』の第一話「許さない女」と最終話「追い詰める女」の結末に触れています。

葉真中顕『W県警の悲劇』（徳間文庫）

幕末の黒船来航以降、日本という国のドラスティックな変化は大抵、大国アメリカの強力な牽引に促されて発生している。特に男女平等という観点では、一九四五年の太平洋戦争敗戦と、それに続くGHQの統治が果たした役割は大きかった。改正衆議院議員選挙法公布により、女性の国政参加が認められたのは一九四五年のことであり、地方参政権は翌一九四六年に実現している。同年には大日本帝国憲法下での最後の総選挙である第二十二回衆議院議員総選挙によって女性国会議員が初めて誕生し、一九四七年には、女性参政権が明確に保障された日本国憲法が施行された。

日本の警察において、初めて女性警察官が採用されたのも戦後の一九四六年のことである（当時は婦人警官と呼称）。かつては交通部門に配属されることが多かったが、近年は他部門への配属も増えている。女性幹部も増加しつつあり、一九八九年に初の女性警察官僚として警察庁に入庁した田中俊恵は、女性として初の警察署長、初の都道府県警本部長、初の警視監などの栄えある記録を打ち立ててきた。

　とはいえ、人数の面でも力関係の面でも、警察が圧倒的な男性優位組織であることは事実で、小説やドラマなどのフィクションの世界でもしばしばそのような実情が描かれる。女性刑事が昔気質の男性刑事から「これだから女は使えない」と吐き捨てるように言われるシーンは、刑事ドラマにおいてはお馴染みの描写である。そんな男性優位組織における女性刑事の描かれ方は、例えばＴＶドラマ『沙粧妙子　最後の事件』（フジテレビ系、一九九五年）の主人公・沙粧妙子（浅野温子）が、優秀だが組織には向かないエキセントリックな一匹狼的な性格として描かれていたのに対し、誉田哲也の小説『ストロベリーナイト』（二〇〇六年）などに登場する姫川玲子は、警視庁捜査一課の「姫川班」を主任として率いる立場であり、他班の主任とは対立することもあるものの姫川班の男性刑事たちからは慕われていて、女性刑事の描かれ方にも変化が感じられる。

　一方、現場で捜査に従事する女性刑事ではなく、幹部として上を目指すキャリア官僚が描かれる場合もある。こちらの早い段階での代表格は、『踊る大捜査線　THE MOVIE 2　レインボーブリッジを封鎖せよ！』（本広克行監督、二〇〇三年）に登場した沖田仁美（真矢みき／現・真矢ミキ）だろう。女性初の警視庁刑事部管理官となった彼女は、出世欲が強く、そのための機会を見逃さない野心家として描かれており、自分が女性であることも戦略的に利用しようとする。これも、二一世紀初頭の過渡期的な描かれ方と見るべきかも知れない。

葉真中顕《はまなかあき》の連作短篇集『W県警の悲劇』（二〇一九年）は、そんな警察におけるさまざまな女性警察官たちの姿を描き分けている。全六篇の主人公はそれぞれ異なるものの、第一話「洞《うろ》の奥」と最終話「消えた少女」で重要な役割を果たし、他のエピソードでも名前が言及されることが多いのが松永菜穂子だ。W県警初の女性警視である彼女は、旧態依然たる女性蔑視の傾向が根強く残る県警を改革し、後に続く女性警察官たちのために道を切り拓こうとしている人物である。

　現実の都道府県警察でWから始まるのは和歌山県警のみだが、作中の記述に目を通しても、具体的に和歌山を思わせるところは全く見当たらないし、特定の県や地域に結びつくような方言も出てこない。夏樹静子の名作『Wの悲劇』（一九八二年）のタイトルのWが和辻《わつじ》家のWであると同時にWomanのWでもあるように、そのタイトルをもじったと思しい『W県警の悲劇』の場合も、WomanのWという含意があると解釈して間違いないだろう。

　W県警には、「円卓会議」と呼ばれる非公式の幹部会議が存在している。参加資格があるのは警視正以上の階級の幹部に限られており、高級中華料理店「玉好園《ぎょっこうえん》」の特別個室の円卓を囲み、中華料理に舌鼓を打ちながら県警の運営方針を話し合うのだが、その内容は県警の不祥事になり得るような事態の隠蔽が中心であり、階級が下の菜穂子はその意思決定に従わなければならない立場である。原作の最終話「消えた少女」から引用しておくと――「地方採用の警察官のキャリアルートには、警視と警視正の間に巨大な壁がある。警視までは管理職であっても地方公務員、対して警視正以上は形式上国家公務員だ。つまり警視正以上は官僚としての立場を与えられ、名実共に県警の幹部となる」。

菜穂子は女性として初めて警視正となることで円卓会議に参加し、幹部として県警を改革しようという志を秘めているのだ。

この小説がBSテレ東の「土曜ドラマ9」枠で連続ドラマ化されたのは、二〇一九年の七月から九月にかけてである。原作の刊行の数カ月後という、驚くべきスピードでの映像化だ。演出は河原瑶（第一話・第五話・最終話）・酒井麻衣（第二話・第三話）・日暮謙（第四話・第七話）・原田健太郎（第六話）、脚本は泉澤陽子（第一話・第二話・第七話・最終話）・井上テテ（第三話・第四話）・三浦駿斗（第五話・第六話）。「土曜ドラマ9」は、二〇一八年には佐藤青南原作の『サイレント・ヴォイス　行動心理捜査官・楯岡絵麻』（シーズン二は二〇二〇年）、二〇一九年には知念実希人原作の『神酒《みき》クリニックで乾杯を』、二〇二〇年には上川隆也主演のオリジナルドラマ『執事　西園寺の名推理』『執事　西園寺の名推理2』を放映するなど、良質なミステリドラマには定評がある枠だ。

『W県警の悲劇』は原作では全六話だが、ドラマはオリジナル・エピソードを追加して全八話としている。ドラマと原作の関係は次の通り。

第一話「許さない女」↓原作第一話「洞の奥」
第二話「したたかな女」↓原作第四話「私の戦い」
第三話「溺れる女」↓原作第二話「交換日記」
第四話「一途な女」↓原作第三話「ガサ入れの朝」

第五話「欲望の女」↓オリジナル回
第六話「惑わす女」↓オリジナル回
第七話「禁忌の女」↓原作第五話「破戒」
第八話「追い詰める女」↓原作第六話「消えた少女」

原作のある六つのエピソードを観てみると、ミステリとしての骨格は驚くほど原作を再現している。特に、文章ならではのミスリードや仕掛けを、映像独自の表現にきちんと置き替えていることには驚かされる。

例えば第二話「したたかな女」では、原作同様、冒頭の痴漢容疑者の取り調べシーンから既にミスリードが始まっているのだが、これはまだ序の口で、第三話「溺れる女」に至っては全篇ミスリードの饗宴とすら言えるトリッキー極まる演出が行われている。最も映像化困難と思われる内容の「ガサ入れの朝」を映像化した第四話「一途な女」では、登場人物の主観と客観の切り替えを利用して、原作の仕掛けを真っ向から映像で再現しようとしている。このドラマのスタッフの、ミステリに対する理解度の高さは称賛に値する。

原作との最大の違いは、「洞の奥」と「消えた少女」以外では直接的な出番がない松永菜穂子警視（芦名星）を、シリーズ全話を通しての主役兼狂言回しの位置に据えた点だろう。各エピソードにゲストヒロインの女性警察官がいて、監察官である菜穂子と対峙するという趣向だが、これによって全事件における菜穂子の立場が真相に迫ろうとする探偵役の色合いを帯び、それぞれ秘密を抱えたゲストたちとの心理戦（ドラマとしては女優たちの演技合戦）の面白さが盛り込まれることになった。また、どのエピソードでも円卓会議で幹部たちから無理難題を押しつけられる菜穂子の姿が描かれており、男性優位組織のW県警で、更に上の立場へとのし上がろうとする彼女の苦闘が視聴者に印象づけられる。円卓会議メンバーを演じるのは正名僕蔵・大石吾朗・松澤一之・大河内浩・阪田マサノブという顔ぶれだが、狡猾な俗物的キャラクターを得意とするヴェテラン俳優をよくぞこれだけ集めたものだと感心させられる。なお、芦名星は二〇二〇年に三十六歳で生涯を閉じたため、本作は彼女のゴールデンタイム唯一の主演連続ドラマとなった。

「正しいことと間違っていることのあいだには、はっきりした境界線があるわけじゃない。人によって、正しさの基準は違うから。例えば、育った環境や年齢、そして性別によって。男たちが絶対的な権力を握るこの警察組織の中では、女たちの正しさは黙殺され、男たちにとっての正しさが優先される」——というのが、ドラマの第一話「許さない女」の冒頭における菜穂子のモノローグだ。この第一話では、原作同様、菜穂子と熊倉清《せい》巡査（佐藤仁美）との出会いが描かれる。菜穂子は組織犯罪対策課に暴力団との内通者「鼠」がいると睨み、同課で最も信頼できる清廉実直な警察官・熊倉警部（螢雪次朗）にその炙り出しを内々に命じる。ところが、内通の相手だった暴力団員の柏木が何者かに殺害され、続いて熊倉警部も事故死か他殺か不明な転落死を遂げてしまう。警察内部に暴力団との内通者がおり、あまつさえ殺人まで犯したとあっては、県警幹部の首が幾つも飛びかねない不祥事だ。

円卓会議で自ら責任を取り、熊倉の死の真相と「鼠」の正体を突き止めると申し出た菜穂子は、熊倉の娘の清が何かを知っていないか、監察官室に呼び出して探りを入れる。

清は父の部下である谷口（忍成修吾）と交際していたが、熊倉の死の当日、谷口の所在は曖昧だった。一度は彼が「鼠」ではないかと疑いを向けた菜穂子だが、やがて、谷口がその日、他の女性と浮気していた事実を探り出す。

振り出しに戻った菜穂子は、熊倉が事故死でも他殺でもなく、自殺だった可能性に思い至る。清との会話から熊倉の遺書の隠し場所を推測した菜穂子は、予想通りその場所から遺書を見つける。その文面によると、実は熊倉自身が「鼠」であり、菜穂子から内偵を命じられたことで怯えて手を引こうとした彼は柏木と諍いになり、誤って相手を死なせてしまう。その結果、清にだけ見せるつもりの遺書を山中の洞に隠して断崖から身を投げたのだった。

――という結論とともに、菜穂子は熊倉の遺書を円卓会議に提出する。幹部たちは熊倉の死は事故死、柏木の死は迷宮入りとして処理することを決定、遺書は揉み消される。「この円卓会議では、真実とは暴くものではなく、コントロールするものだ」「今はまだ、濁った水でも飲み干す段階だ。（中略）この腐った県警を、私が改革する」と内心で決意を固める菜穂子。

ところが、そのあとに更なるどんでん返しが待っている。熊倉の遺書は自筆ではなく、娘の清が書いたものであり、それを菜穂子が発見するのも清の示唆に操られたからだった。尊敬していた父が悪徳警察官だったことを知った彼女は、それを「無かったこと」にするために、柏木と父を殺し、前者を父の仕業、後者を自殺とする筋書きの遺書を偽造し、それを菜穂子に発見させて警察組織自体にすべて揉み消させるという計画を立てたのだ（なお原作では、事件決着後に恋人の谷口の浮気を知った清が、彼をも失踪に見せかけて殺害したのではないかという暗示的な描写があるけれども、ドラマではその後の谷口に関する言及はない）。

　このエピソードが第一話に来ることで、松永菜穂子が名探偵的な役割を果たすものと予想していたであろう視聴者は、何とも言えない気分に陥った筈だ。菜穂子は熊倉が悪徳警察官だったことを見抜けず内偵を命じたばかりか、いかに県警の改革のためとはいえ真実の揉み消しに加担し、挙げ句の果てに真犯人の熊倉清にもまんまと操られたのだから。第一話のラストで、菜穂子は「正しさとは何か。警察官の鑑と言われた熊倉警部でさえ、道を踏み外してしまった。誰にでも、道を踏み外す可能性はある。でも、私はそうならない。泥の中から美しい花を咲かせる睡蓮のように、泥の中にいても、決して泥には染まらない」と独白する。果たしてその決意は揺るがないものなのか、そして本当に彼女は警視正の地位に相応しいほど優秀なのか、視聴者の心には一抹の不安が残るだろう。

　その後、菜穂子は一話ごとに監察官として善悪とりどりの女性警察官と出会い、彼女たちの話から事件の真相を探り出し、ある時は相手を心服させ、ある時は警察組織から排除しながら、円卓会議の意向に添うように真実をコントロールしてゆく。それらのエピソードの中でも、ミステリとしての真相自体は原作通りながら、キャラクター配置に大胆な改変が見られるのが第七話「禁忌の女」だ。原作「破戒」では、佐山というカトリック教会の神父が変死し、その息子が父親を絞殺したと自首した事件をめぐって、一度は警察を離れたが刑事に復職した滝沢純江が真相を探ってゆく。佐山は少女時代の純江の恩人だった（松永菜穂子は純江の警察学校時代の同期として、彼女の回想にのみ登場する）。一方、ドラマの滝沢純江は佐山神父の娘にして菜穂子の先輩であり（ドラマでは床嶋佳子が演じていて、菜穂子役の芦名星とは年齢差がある）、女性警察官の出世頭として菜穂子の目標にして理想でもあったが、結婚を機に退職し（そのあと復職）、認知症の父親の世話をしていた。そんな彼女が父親を殺したと自首してきたことで、菜穂子と純江は警察官対容疑者として相まみえることになるのだが、この脚色が功を奏しているのは、佐山の屍体の吉川線に関する偽装の説得力が増した点だ。絞殺屍体の首筋につく吉川線は、ＴＶの刑事ドラマでも自殺・他殺を見分ける手掛かりとしてよく言及されるので、一般人にとっても今や常識の部類だろうが、そうは言っても、咄嗟に吉川線のことを思いつくのは警察関係者であるほうが自然だからだ。

　原作でも菜穂子は警察改革のためともに歩む同志と見込んでいた滝沢純江の退職と結婚に不満を感じている描写があるが、ドラマではより直截に、「古い価値観に縛られて、主婦になるんですか。妻になり、母になることが、そんなに価値のあることですか」と純江をなじり、「裏切り者」という言葉をぶつける。その描写からは、女性警察官が組織内でなかなか幹部に昇進できない旧弊な現状への苛立ちとともに、自分の奉じる価値観以外を認められない菜穂子のある種の狭量さも窺える。

　マイノリティ（主に女性）が組織内で実績を積んで昇進の階段を昇ってゆくと、ある段階で昇進が停まってしまい先へ進めなくなる現象を「ガラスの天井（Glass Ceiling）」と呼ぶことは広く知られているけれども、「ガラスの崖（Glass Cliff）」という言葉もある。組織が危機的状況に陥った際に、女性に重要な役職が押しつけられることを指す。最近のわかりやすい例で言えば、二〇二一年二月、日本オリンピック委員会（JOC）の臨時評議員会において、元首相で東京五輪組織委員会会長の森喜朗が「女性が沢山入っている理事会は時間がかかる」などの放言で批判を浴びて会長職を辞した際に、後任に選出されたのは五輪相の橋本聖子だった。女性に関する問題発言で辞任した森の後任に橋本が選ばれた（五輪相の後任にはやはり女性国会議員である丸川珠代が就任）のは一見妥当に思えるけれども、橋本は政治家として森の子飼いと言うべき立場であり、森体制のカラーが払拭されたわけではない。のみならず、二月時点で東京五輪まであと半年を切っているにもかかわらず、新型コロナウイルス流行の鎮静化の見通しも立っていない状況で橋本に会長の座が回ってきたのは、本人の意思に関わらず外堀が埋められたためやむを得ず引き受けたという見方もあり、取り敢えず批判をかわすための盾、あるいは責任を押しつけるためのスケープゴートとして選ばれた可能性が高い。

ドラマ『W県警の悲劇』では、菜穂子がこの「ガラスの崖」に繰り返し立たされる。円卓会議のメンバーたちが繰り出す無理難題に、菜穂子は優秀な頭脳と臨機応変な判断力でそつなく応えてゆく。その過程で、彼女は県警の腐敗体質という泥水を啜《すす》るような真似もするが、自分が幹部の立場になり改革を始めるまでは、それもやむを得ぬことと割り切っている。このような菜穂子の思考は、大御所・徳川家斉《いえなり》の金権腐敗の側近たちを一掃するまでは敢えて自分も多額の贈賄で手を汚した江戸幕府の老中・水野忠邦を彷彿させるものがある。

先述の通り、円卓会議という名は高級中華料理店の円卓を囲みながら開催されることに由来しているけれども、このネーミングは更なる由来に遡れば実に象徴的だ。五世紀末ブリテン島の伝説の英雄アーサー王は、キャメロットの城に円卓を設け、配下の騎士たちとそれを囲んだという。世に言う円卓の騎士である。伝説では高潔な騎士たちだけが着座することを許された円卓が、『W県警の悲劇』では腐敗した幹部たちの密議の場となっているのは皮肉だが、女性が排除されたホモソーシャルな空間であるという点で二つの円卓は共通点を持つ（原作における玉好園という店名も、玉→睾丸→男性の象徴と考えれば、円卓を囲む警察幹部たちの男性的権威への執着と女性への排他的感情を暗示しているように思える）。アーサー王伝説においては、騎士のひとりランスロットは王妃グウィネヴィアと不義の関係となり、それをきっかけにキャメロットは崩壊してゆく。また、ジェフリー・オブ・モンマスの『ブリタニア列王史』（一一三六年頃）では、アーサーの甥にあたる騎士モードレッドがグウィネヴィアと密通したとされている。いずれにせよ、グウィネヴィアの存在がアーサー王と円卓の騎士の関係を崩壊させるという伝説が象徴しているように、W県警の円卓会議も、忌避していた女性警察官の参入によって変化を余儀なくされる筈だ――いや、筈だった、と言うべきか。

第七話「禁忌の女」のラストで、警察官が殺人の容疑者になるという非常事態に完璧な決着をつけ、円卓会議の男たちすらもはや認めざるを得ない大手柄を立てた菜穂子は、警視正への昇進の内示を受け、最終話「追い詰める女」の冒頭で、ついに円卓会議の正式メンバーとして迎えられる。ガラスの天井とガラスの崖を打ち砕いた結果、泥の中から花開く睡蓮のように、これから始まるであろう栄光の日々――しかし、それこそが菜穂子の破滅の序曲でもあった。

菜穂子は、下田杏奈という少女の失踪事件を捜査するため、自ら車を運転して県内の外れにある猿渡署へと向かう。杏奈は同署の少年課の警察官・下田友里（伊藤かずえ）の娘だった。菜穂子は友里の不自然な態度から、母親から娘へのＤＶを見抜く。だが、肝心の杏奈は発見されなかった。

事件に一応の決着がついた後、山道で車を走らせる菜穂子。やがて、彼女は深い泥沼がある山奥へと辿りつく。そんな菜穂子をＧＰＳで追跡し、彼女の前にいきなり現れた人物がいた。第一話で父親が死んだあと、猿渡署に異動していた熊倉清だ。猿渡署を訪れた際の菜穂子のちょっとした挙動の不自然さから真実を見抜いた清は、菜穂子の隠された罪を暴いてみせる。その手掛かりのひとつが菜穂子のパンツの裾の汚れだったのは原作と同じだが、ドラマではオリジナルの伏線も用意されている。第一話「許せない女」で、円卓会議メンバーの食べている料理の汁が自分のシャツに飛んだことに気づいた菜穂子は、それを監察官室のゴミ箱に捨てる。円卓会議の男たちの価値観に穢されたように感じたからだが、初めて監察官室で菜穂子と対面した時にそれを目にしていた清は、ちょっと汚れたシャツですら捨てる潔癖な菜穂子が、最終話での再会の際、泥で裾が汚れたパンツ姿で猿渡署にやってきたことの不自然さに気づいていたのだ。

菜穂子の罪――それは、猿渡署に向かう際、激しい雨の中、山道に飛び出してきた下田杏奈を轢き殺してしまったことだった。菜穂子は杏奈の遺体を車のトランクに隠し、何食わぬ顔で関係者と接して事件を解決したあと、山中にある泥沼に密かに遺体を沈めるつもりだったのだ。

その現場を熊倉清に見つけられた菜穂子は、自分を見逃してくれと懇願する――せっかく警視正に昇進した自分が逮捕されれば、W県警の旧弊な男尊女卑体質は改善されることなく続く、まだまだ自分が後進の女性警察官たちのために道を作っていかなければならないのだと。ひとりの少女の命を奪いながら、なお高邁な理想で自らを誤魔化し続ける菜穂子は、この時、自分が円卓会議メンバーと同じ、不祥事は揉み消せという考え方に同化していることに気づいていない。女たちが流してきた血と涙を忘れないためにと、ペンダントの宝石から、監察官室で出すお茶、愛車の色まで赤で統一していた菜穂子は、その赤い車で少女を死なせ、あまつさえ遺体隠蔽に使ってしまった。第一話のラストで「誰にでも、道を踏み外す可能性はある。でも、私はそうならない。泥の中から美しい花を咲かせる睡蓮のように、泥の中にいても、決して泥には染まらない」と独白していた彼女だが、幾つもの不祥事の隠蔽に手を染めているうちに、自覚なしに完全に泥で汚れきっていたのだ。

そんな彼女に、清は自分が菜穂子のあとを継いで女性警察官の道を切り拓くと答える。少女を死なせたもののあくまでも故意ではなかった菜穂子に対し、裏切られたら消せばいいという信念のもと、次々とひとを殺めながらそれに後ろめたさを一切感じない清は、正真正銘のサイコパスである。警察組織の幹部には、絶対になってはいけない人材である。

しかし、それまでのエピソードを振り返るなら、清の父親の熊倉警部をはじめとして、腐敗した、あるいは邪悪な男性警察官も何人も登場していた（自己保身に汲々とする円卓会議メンバーもそうだ）。この汚れきった世界にあっては、女性が警察の幹部になったからといって事態が劇的に改善されるわけではない。男も女も、権力の甘い匂いの前では急速に堕落する。ある意味、それこそが本当の「男女平等社会」なのかも知れない。

かくして、熊倉警部同様に警棒で撲殺された菜穂子は、山奥の泥沼に沈められる。ドラマのラストシーンは、彼女の「泥沼の底からは、一体何が見えるのだろう」というモノローグで締め括られる。泥の中の睡蓮のイメージで菜穂子を象徴させたドラマの演出は、彼女が辿った転落の道のりをより効果的に視聴者に刻みつけたと言えよう。

第六部　恐怖と幻想の俯瞰図

伝染する怪異――『残穢《ざんえ》――住んではいけない部屋――』

幽霊の存在など全く信じないひとでも、自分が住んでいる家でかつて変死事件があったと聞けばいい気分はしないだろう。だから不動産業者には、心理的瑕疵のある所謂《いわゆる》「事故物件」を借り手に告知する義務があるとされているのだが、最近は事故物件の情報を提供するウェブサイトも広く知られるようになっている。その名は「大島てる」、事件や事故で死者が出た物件を炎のかたちのアイコンで表示し、それをクリックすると過去にその場所で起きた出来事の具体的な説明が出てくるというものだ。その知名度を支えているのは、自宅や近所がその種の物件かどうか確かめたいという恐れ混じりの好奇心だろう。

事故物件に対する私たちの拭い難い忌避感を背景とした怪談小説は数多《あまた》あるが、その頂点に位置する傑作が小野不由美の長篇『残穢』（二〇一二年）だ。同時期に刊行された全九十九話の怪談集『鬼談百景』（二〇一二年）と対を成しており、併せて読むと百物語になるという趣向である。もともと『鬼談百景』は、著者が少女向けホラー小説として発表していた「悪霊」シリーズ（一九八九～一九九四

小野不由美『残穢』（新潮文庫）

年。後に「ゴーストハント」シリーズとして改稿）のあとがきで読者から募集した怪談実話をもとにしたものだ。

『残穢』の主人公「私」の名前は作中に出てこないが、経歴などから小野不由美本人であることは明白である。その「私」のもとに、読者の久保さんから奇妙な手紙が届く。久保さんが現在住んでいる東京郊外の「岡谷マンション」の二〇四号室で、畳を掃くような物音がするというのだ。「私」は久保さんと手紙でやりとりしながら怪音の原因を探ろうとする。だが、マンションの別の部屋でも物音がしていたり、二〇四号室に以前住んでいた梶川という青年が別のアパートへ転居後に自殺していた事実が判明するなど、異変は思いのほか大きなスケールで発生していた。「私」と久保さんが岡谷マンションとその一帯の過去にまで調査対象を拡げるにつれ、因縁の糸は時空を超えてとめどなく遡行してゆく……。

第二十六回山本周五郎賞を受賞したこの小説は、書くのが難しいとされる長篇怪談では稀有な成功例である。まず、フェイク・ドキュメンタリーの体裁を取った着想が秀逸だ。主人公が著者自身をモデルにしているのみならず、平山夢明や福澤徹三といった実在のホラー作家が「私」の調査に協力するという趣向もあり、読者にはどこまでが実話なのか判定が難しい。また、あくまでも心霊現象に懐疑的な「私」が、合理主義者であるからこそ一連の出来事に何らかの因縁を見出さざるを得なくなる過程にも説得力がある。

作中で描かれる怪異は、最初岡谷マンションという空間に限定されているように思える。ところが、

「私」と久保さんの調査により、岡谷マンションの怪異は支流にすぎないことが判明する。本流は明治時代、北九州で起きた悲惨な出来事（作中の表現では「奥山怪談」）に遡るのだが、それに起因する怪異に触れて感染した者が死んだり事件を起こしたりすることで、現象は日本中に拡大してゆくのである。作中、このメカニズムは日本古来の「穢れ」の概念を引き合いに出して説明される。

平安中期に編纂された『延喜式』の「触穢《そくえ》」の記述を作中の「私」が要約した部分を引用してみると――

「つまり、仮に、太郎の家に死穢が発生したとする。このとき、次郎が太郎の家で着座（引用者註・この場合は同火《どうび》・共食《きょうしょく》を指す。古来から、火や食べ物や水を共有することで死穢は伝染するとされた）すると、次郎のみならず次郎の家もまた死穢によって汚染される。この次郎の家に三郎が着座すると、三郎もまた死穢に汚染されることになるのだが、この汚染が三郎の家に持ち帰られることはない。ただし、すでに汚染されている次郎が三郎の家に赴いて着座すると、三郎の家も汚染されることになる。しかしながら、四郎が三郎の家で着座しても、四郎が汚染されることはない。死穢はここで伝染力を失う」。つまり「穢れは伝染し、拡大する。浄めるための祭祀が行なわれなければ、広く薄く拡散していくのだ」。それは法則であり、死穢そのものに主体的な意思はない。『残穢』の怪異もそれと似ていて、首を吊った女の出現や赤ん坊の泣き声といった現象が起きても、女や赤ん坊に祟ろうという積極的な害意があるわけではないが、それでも怪異の体験者は不幸に陥ってゆく（そもそもの本流である「奥山怪談」は確かに死者の怨念に起因しているものの、岡谷マンションで起きた現象ではそれはもはや殆ど無関係になっている）。ただそこに住むだけで、あるいは訪れるだけで悪性のウイルスのように感染し、しかもその人物が別の場所に転居したり訪問したりすることで更に拡大するあたりが、本作で描かれる怪異のたちの悪さなのだ。

『残穢』の発想源を辿れば、そのひとつが鈴木光司『リング』（一九九一年）なのは明らかだろう。ある怪異に触れただけで、本人に落ち度はなくても無差別的な呪いに感染してゆく物語という共通点がある。事故物件ものという点では、ホラー映画「呪怨《じゅおん》」シリーズ（二〇〇〇年～）の影響も見逃せない。しかし、「リング」シリーズでは山村貞子、「呪怨」シリーズでは佐伯伽椰子《かやこ》と、両シリーズの怪異の主体が人気キャラクター化したのに対し、『残穢』にはそのような存在はいない。また、「呪怨」シリーズでは取り敢えず伽椰子の家に関わらなければいいけれども、日本中どこに住もうと地雷を踏んでしまう危険性がある『残穢』は、よりリアルな恐怖を描いていると言える。まさに大島てるのようなサイトの需要がある時代ならではの怪談なのだ。

因みに、作中人物として登場している福澤徹三の怪談実話集『怖の日常』（二〇一六年）には、『残穢』と関連する二つの実話が収録されている。福澤自身の祖父の死にまつわる謎めいた状況（『残穢』に出てくるような呪われた絵を所持していたらしい）と、実際に変死事件が連続している福岡県のある地域について言及したものだが、作者である小野不由美も知らないような事実が、フィクションである筈の『残穢』の内容と何故か符合してしまう不気味さが、この物語の虚実を更に曖昧化している。

この傑作小説が、中村義洋監督、鈴木謙一脚本という布陣で、『残穢―住んではいけない部屋―』として映画化されたのは二〇一六年のことである（同年には、中村義洋・安里麻里・岩澤宏樹・大畑創・

内藤瑛亮・白石晃士というＪホラーの最前線で活躍する映画監督たちの競作により、『鬼談百景』のうち十話がショート・フィルム化された）。配役は、主人公の「私」に竹内結子。中村監督が原作を読んだ時から竹内をイメージしていたというだけあって、いかにも理知的な佇まいながら、話が進むにつれて窶《やつ》れてゆくさまが見ものである。その他は、久保さんに橋本愛（原作では三十代のライターだが映画ではミステリ研究会に所属する大学生）、「私」の夫であるミステリ作家の直人（小野不由美の夫の綾辻行人がモデル。綾辻の本名・内田直行の「直」と、行人の「人」を合体させた名前か）に滝藤賢一、怪談作家の平岡芳明（平山夢明がモデル）に佐々木蔵之介、福岡に住む心霊マニア・三澤徹夫（やはり福岡在住である福澤徹三がモデルだが、何故か実在の彼とは年齢などの設定が大きくかけ離れている）に坂口健太郎……という顔ぶれである。劇中には、原作に登場しない《閻《えん》》という怪談専門誌が出てくるが、これは当初メディアファクトリーから刊行され、後にＫＡＤＯＫＡＷＡから出るようになった実在の怪談専門誌《幽》がモデルである（山下容莉枝が演じた編集者の田村は、《幽》の元編集長・岸本亜紀がモデルだろうか）。

　映画の大筋は原作に忠実だが、言及されるだけの人物も含めれば膨大な人名が出てくる小説なので、映画では人間関係がある程度簡略化されている。二〇〇一年に始まって二〇〇九年に終わる原作に対し作中の時間は二〇一二年から二〇一四年までとかなり短縮されたし、エピソードもあちこち剪定されているが（岡谷マンションの隣の岡谷団地に住む鈴木さんが体験した怪異はいかにも映像映えしそうなので、カットされたのは残念である）、逆に原作で僅かしか言及されなかったエピソードを膨らませた部分もある。原作では数ページの出番の飯田家（岡谷団地から最初に出ていった住人だが、映画では久保さんの隣人）に関するエピソードだ。原作では久保さんは飯田家の人々と直接顔を合わせてはいないのだが、映画では快活そうな様子で久保さんの隣室に引っ越してきた一家の様子を見せておき、そこから彼らがいつの間にか転居していなくなるまでを直接映像化している。謎の悪戯電話のせいでノイローゼ状態となった飯田家の主婦・栄子（篠原ゆき子）が玄関のドアから顔だけ覗かせながら久保さんと会話するくだりは、実際には何も起きていないにもかかわらず、個人的にはこの映画の中で一番怖いと感じたシーンだった。そして、原作の中盤で説明される一家の悲惨な末路を、映画ではラスト近くに配置することで絶望的な余韻の醸成に成功している。

怪談とはいえ、実際には幽霊が出たり超常現象が起こったりする直接的シーンが皆無の原作（怪異はすべて主人公にとって伝聞でしかない）を映像化するのは大変だった筈だが、中村義洋と鈴木謙一のコンビは、伊坂幸太郎原作の『アヒルと鴨のコインロッカー』（二〇〇七年）がそうであったように、映像化困難な原作を手掛けた時ほど傑作を生むという特異な才能を持ったクリエイターである。この小説を映画化するにはまさに最適の人材だったと言えよう。

この映画のドキュメンタリー感は、メインの五人以外、メジャーな俳優を殆ど使っていないことに起因している。といっても、山下容莉枝・上田耕一・不破万作・篠原ゆき子・吉澤健・須田邦裕・渋谷謙人・芦川誠・水木薫・十貫寺梅軒ら、それなりに知られた出演者も多いのだが（成田凌のようにその後主演級に出世した出演者もいる）、全員見事に俳優オーラを消して一般人になりきっている。それ以外の出演者では、赤ん坊の声の幻聴に悩まされた果て、娘の婚礼から帰宅した直後に晴れ着姿のまま縊死する高野トシヱを演じた塚田美津代の演技がとりわけ不気味で秀逸だった。

同時にリアリティを演出しているのが、主要な舞台の岡谷マンションを、いかにも霊が出そうな陰気な建物ではなく、どこにでもある普通のマンションでロケをした点である。誰の身にも起こり得る怪異の物語である以上、舞台はあくまでも平凡な場所でなければならない道理である。また、原作では岡谷マンションの具体的な場所がぼかされているのに対し、映画では実在の東京都小平市となっている（ただし、小平市に津田はあるが作中の塚田という町名は存在しない）。

こうした細部のリアルさは、中村義洋・鈴木謙一コンビの経歴を振り返ることで腑に落ちる。両者は今でこそ伊坂幸太郎や湊かなえのベストセラーの映画化で知られているが、それ以前には心霊ドキュメンタリー映像のプロフェッショナルだったのだ。巷に溢れるその種の映像の代表格である「ほんとにあった！呪いのビデオ」シリーズ（一九九九年〜）は、二〇一七年の時点でスペシャル版を含めて七十巻を超える人気シリーズとなっているが、その初代の構成・演出を務めたのが中村と鈴木であり、中村は作中のナレーションも担当していた。

一般から投稿された怪奇映像を紹介しているという体裁の「ほんとにあった！呪いのビデオ」シリーズは、実質的にはフェイク・ドキュメンタリーであり、中村も現在ではそれをほぼ認めたかたちになっている。その演出で中村と鈴木は心霊現象のリアルな描写の腕を磨いていった（それが『残穢―住んではいけない部屋―』の迫真の恐怖演出にも生かされたわけである）。近年では、このシリーズのフェイク映像が、雑誌・ムックの怪奇特集やＴＶの心霊番組で「本物」として紹介される場合もあり、それだけ真に迫った映像が多かったことを物語る。『残穢』の映画化で中村が監督に決まったのは、「ほんとにあった！呪いのビデオ」シリーズを全巻揃えているほどの熱烈なファンである小野不由美の指名によるものに他ならない。

　このシリーズの五巻『ほんとにあった！呪いのビデオ5～呪われた学校篇～』（二〇〇〇年）に収録された「校庭」という話は、ある小学校の校庭で撮影された映像に「おとうさん」という謎の声が録音されていた――という、敢えて言えば怪異としてはしょぼいネタである。ところが、その続篇にあたる『ほんとにあった！呪いのビデオSpecial』（二〇〇〇年）収録の「続・父を呼ぶ声」では、背景に映っている小学校の横の廃屋に人影が見えるという視聴者からの指摘を受け、スタッフが現地に赴いて調査を始める。群馬県にあるその廃屋では、二十年ほど前に息子が家族四人を殺害して自殺するという惨劇が起こっており、しかも大正時代にも同じ場所で婿養子による家族殺しがあったという。しょぼい現象の裏を探ってみると、思いがけず陰惨な大事件があったというわけだ。そして新しいほうの事件では、犯人である息子の父親は七年前に死んでいるにもかかわらず、事件の直前、息子が「おとうさん」と呼ばれている人物と喧嘩が絶えなかったという不可解な証言でこの話は終わる――かに思えるのだが、同じ巻に収録の「ニュース映像の怪」では、全く関係なさそうな怪異の原因を探るうちに再びこの廃屋の因縁が浮上するのだ。怪談作家にして心霊現象研究家の小池壮彦（『残穢』原作の中でも名前が紹介されている）は、『心霊ドキュメンタリー読本』（二〇一六年）の中でこれら一連のエピソードについて、「一見したところ、特定の場所の過去を暴いていく話である。時間軸を縦に延ばしていく話に見える。だが、実はひとつの面から別の面に世界が分かれていく話である。特定の空間から別の空間へと横に移動している」「ここでまた視聴者は、ひとつの事件が〝生きもの〟のように別の顔を見せていくことを体感する。このスタイルが日本の心霊系フェイクドキュメンタリーのなかで、ひとつの完成形を見せたのは本作品が最初である」と指摘している。怪異が「特定の空間から別の空間へと横に移動している」という表現は、そのまま『残穢―住んではいけない部屋―』にも当てはまることは言うまでもない。

謎の声が録音された怪異といえば、そもそもシリーズの第一作『ほんとにあった！呪いのビデオ』（一九九九年）の時点で、スタッフが投稿映像から聞こえる声の解析を埼玉県音響粒子学研究所なる実在しない研究所に依頼するくだりがあったし、謎の声や音から怪異が展開されるホラー映画としては他に、中村義洋が監督・脚本を兼ねた『Booth　ブース』（二〇〇五年）がある。中村が音響による怖さの演出を重視する監督であることがこれらの作品から窺えるけれども、中村・鈴木コンビの作品でもうひとつ見逃せないのが『世紀末の呪い　増殖』（二〇〇〇年）だ。ドキュメンタリー作家が幾つかの少年犯罪（当時実際に起きた事件を連想させそうな設定である）を取材してゆくうち、犯人たちを操った謎の声の存在が暗示される……という内容を、ドキュメンタリー調のパートと再現映像パートとを織り交ぜて描いた作品である。今観ると、霊の合成映像の技術は些かチープだけれども、ドキュメンタリー・パートの迫真性と、再現映像パートに漲《みなぎ》る不穏で陰惨な空気は尋常ではない。怪音、無関係に見えた複数の事件を結ぶ共通点……といった要素は『残穢―住んではいけない部屋―』を予告しているかのようだ。そしてこの作品が画期的だったのは、最初からフェイクと銘打っていた点である。フィクションでありながらそこで展開される物語は異様に生々しく、実際の出来事を想起させずにはおかないのだ。

フェイクであることを明示したドキュメンタリー風映像といえば、遡れば『第3の選択』（一九七七年）が名高い。これはイギリスで制作された番組で、火星移住計画をめぐる陰謀をいかにもドキュメンタリー風に紹介したものだ。本国での本来の放映予定日は四月一日であり（実際には六月二十日に放映）、エイプリル・フールに合わせて作られたフェイク番組であることは明らかなのだが、日本ではそれを伏せたかたちで紹介されたため、作中の陰謀を事実と信じる視聴者が続出した。

日本のホラー映画では、石井てるよし監督『邪願霊』（一九八八年）が画期的だった。Ｊホラーの礎を築いたひとりである小中千昭が脚本を執筆したこの作品は、アイドルに取材したドキュメンタリー番組が怪異現象によりお蔵入りになるまでの過程を描く内容であり、そのフェイク・ドキュメンタリー性はその後のＪホラーに絶大な影響を与えた。この傾向を更に発展させたホラー映画としては、『ノロイ』（二〇〇五年）などの白石晃士監督作品が代表と言える。ＴＶでは、事情があってお蔵入りしたドキュメンタリー映像を発表する形式をとった長江俊和監督・脚本の「放送禁止」シリーズ（フジテレビ系、二〇〇三年～）が、本格ミステリ的な謎解きも狙った試みとして知られ、複数の劇場版も作られている。

『残穢』新潮文庫版の中島晶也の解説にあるように、一九八〇年代末から一九九〇年代初頭にかけて、同時多発的に三つの画期的怪談が登場している。映像の世界では『邪願霊』、怪談実話の世界では木原浩勝・中山市朗『新・耳・袋　あなたの隣の怖い話』（一九九〇年）、そして創作怪談の分野では鈴木光司『リング』である。小野不由美の『残穢』は言うまでもなく創作怪談の分野で『リング』の呪いの連鎖というテーマを継承したものだが、姉妹篇である『鬼談百景』は成立の事情からして怪談実話の系譜に連なるものだし、その『鬼談百景』『残穢』が映像化されたことによって今度は映像怪談の系譜にも連なり、虚と実、映像と文章を越境する作品となりおおせたわけである。

ここで試みられた現実と虚構の境界侵犯は、実は本邦怪談史において新しい風潮というわけではない。例えば、江戸後期の歌舞伎の立作者・勝俵蔵《かつひょうぞう》は、変死した役者・小幡《こはだ》小平次（芝居に関わる者が彼のことを話すと祟りがあるとされていた）の怪談を『彩入御伽艸《いろえいりおとぎぞうし》』（一八〇八年）として戯曲化した際、初演までに祟りが役者らの身に実際に起きたというフェイクの宣伝で芝居を大当たりさせた。恐らく、類似した宣伝は現在のホラー映画でも行われているのだろう。

だが、そうした宣伝が、意図とは無関係に虚構から現実へと侵蝕してくることも時にはあるのだ。勝俵蔵改め四世鶴屋南北は、『東海道四谷怪談』（一八二五年）でも当時実際にあった事件のモチーフを作中に取り入れるなどして宣伝マンとしての敏腕ぶりを見せた。しかし、芝居の内容と田宮岩という女性にまつわる実際の出来事とが大きく乖離している（つまり、本来ならばお岩さんは祟る筈がない存在である）にもかかわらず、四谷怪談を上演すると祟りがあるという話は広く信じられており、実際、偶然で片づけるには余りにも不吉な出来事の頻度が高い。

　南北らによるこの種の宣伝を想起させるのが、『残穢―住んではいけない部屋―』に実際に霊らしきものが写っているという噂である。《週刊新潮》二〇一六年二月四日号掲載の小野不由美と中村監督の対談「私たちがホラーにハマる理由」では、監督が撮影の際にあった奇妙なこととして、「現場というより後で発覚したんです。たとえば、タクシー車内のシーンで誰のものか分からない手がすっと映りこんでいる。スタジオで編集作業をしている時にも、女の人が空中で囁いているのを、何人かのスタッフが聴いています。別の映画のデータが出たんじゃないのとか笑っていましたが、スピーカーの位置からそれはあり得ないんです。３つ目は、『私』役の竹内結子さんと『久保さん』橋本愛さんがカフェで話しているシーン。竹内さんのヌケ（背景）に、まっすぐこちらを見て仁王立ちしている人物が映りこんでいるんです。撮影時にそういう不審人物がいたら、カメラマンもモニターを見ている僕も気づかないわけはないんです。ヌケにはエキストラを通したりしているので、仁王立ちしていたら助監督が注意するはずなんですよ」と発言している。

　これらのシーンを実際に確認したところ、背景で仁王立ちしている人物は、助監督が見逃したただの通行人だろうという気がするし、車内の手（？）にしてもスタッフのもののように見えなくもない。真偽はさておき、このような現象をちゃっかり宣伝に使っている時点で、鶴屋南北に遡る宣伝手法が現代にも脈々と継承されていると言える。

　そういえば、昔の日本の幽霊画には、河鍋暁斎や清水節堂の作例に見られる如く、まるで幽霊が掛け軸から抜け出してくるような「描表装《かきびょうそう》」という騙し絵の技巧を凝らしたものが存在するが（『リング』のＴＶから貞子が抜け出す演出の先駆とも言える）、ここで想起されるのは『残穢―住んではいけない部屋―』の、エンドクレジットが流れはじめてからのラストカットだ。福岡の奥山家に由来する呪いの絵は戦災で失われたと「私」や久保さんには説明していた筈の國谷《こくや》住職（上田耕一）が、その絵を取り出して寺の本堂に掛ける（原作では絵は実際に失われた様子だ）。絵にカメラがズームアップすると、そこに描かれた美人の表情が恐ろしいものに変貌している――というのがこの映画の閉幕なのだが、これなどは幽霊画の描表装の技巧を現代風に翻案したものとは言えないだろうか。その意味でこの映画には、Ｊホラーというより日本の怪談史と切っても切れない虚構と現実の境界侵犯の伝統が、さまざまなかたちで凝縮されているのだ。

それまでの静かな展開から一変、怪異が登場人物たちを次々と襲うラストは賛否両論分かれるところだ。先述の対談「私たちがホラーにハマる理由」では監督が「映画の最後5分くらいは、ホラーの〝お約束〟を敢えてやってみた、という感じで、けっこうはっきり見せてます。それ以前は『回想』という設定で、いくら怖いシーンでも現在進行形の怖さではない。最後に話がようやく『現在』に戻ったところで、１００分間やれなかったことを思い切りやりました（笑）」と発言しているが、この部分はなくても怪談として成立したかも知れない。「私」の新宅に謎の電話がかかってきて、誰もいないのに廊下のセンサーライトがつくところで終わらせたとしても――いやむしろそのほうが、怖さがずっと後まで尾を曳く映画になった可能性もある。

とはいえ、怪異の伝染という点では映画のほうが深刻な描かれ方だとも言える。飯田家の凶事、岡谷団地の住人だった鈴木家の誕生日祝いを撮影した映像の異変、「私」の新宅の不穏な気配と悪戯電話、梶川青年が自殺した部屋の新しい住人が目撃する首吊り女……等々、原作では作中のあちこちに分散して語られる関係者の恐怖体験が、映画ではラストにまとめて釣瓶打ちされる（映画には岡谷団地は登場しないので、誕生日映像の異変は岡谷マンションの元住人・屋嶋家の出来事に置き換えられた）。また原作では、先ほど引用した「触穢」の法則から類推して、怪異の連鎖を断ち切る方法はある程度察せられるのだが（例えば久保さんは岡谷マンションに住むことで穢れに感染し、次の住居にも穢れを持ち込んでしまうけれども、更にその次の住居では怪異に見舞われていない）、映画ではそもそも法則自体が詳しく説明されないため、穢れを免れる術《すべ》は不明のままである。そしてラストでは、本筋とはさほど関係なかった筈の《闇》編集部の男性編集者までもが「奥山怪談」の祟りを受けるのだ。この怪談の「話しても祟られる、聞いても祟られる」という特性を強調した演出である。恐らく、怪異は全登場人物に拡がり、やがて描表装の幽霊画のようにスクリーンから現実に侵犯するかも知れない。そこに思い当たった観客が、自分の住処に〝何か〟がいる可能性を少しでも想像してそこはかとない不安に陥った時こそ、この映画の虚実越境は真に成就するのだろう。

ドイツの秋、魔女たちの冬――『サスペリア』

※『サスペリア』の結末に触れています。

小説あるいはコミックというメディアで発表された原作と、その映像化作品とを対比して論じてきたこの連載にあって、今回取り上げる『サスペリア』（ルカ・グァダニーノ監督、二〇一八年）は些《いささ》か浮いている印象を与えるかも知れない。この映画は、イタリアのホラー映画界の巨匠ダリオ・アルジェントが世に放ち、世界的大ヒット作となった、あの『サスペリア』（一九七七年）を原作とする四十一年ぶりの再映像化だからだ。しかし、原作と映像の対比という点で、これほど論じ甲斐のある作例も珍しいというのも事実である。グァダニーノはアルジェントの『サスペリア』をリメイクしたのではなく、再構築したのだ。その再構築はどのように行われたのかを本稿では論じたい（紛らわしいので、以下、アルジェント版を旧『サスペリア』、グァダニーノ版を新『サスペリア』と記すことにする）。

旧『サスペリア』は、それまでジャーロと呼ばれるミステリ映画を主に作ってきたアルジェントが、

『サスペリア〈HD リマスター／パーフェクト・コレクション〉Blu-ray』Blu-ray 発売中、6,800円（税抜）（ハピネット・メディアマーケティング）
※クレジットはP285

初のオカルト・ホラーに挑んだ作品である。アメリカからドイツのフライブルクにある名門バレエ学校にやってきたスージー・バニオン（ジェシカ・ハーパー）の周囲で次々と不可解な現象や惨劇が起こり、ついに彼女が諸悪の元凶たる魔女ヘレナ・マルコスと対決する――というメインの筋自体は決して複雑なものではないけれども、アルジェントらしい華麗を極めた殺人シーン、プログレッシヴ・バンド「ゴブリン」による強烈な音楽、随所に鏤《ちりば》められたミステリアスな表象が醸し出す迷宮感覚が、この映画を今なおカルト的な人気を誇るものとしている。

　脚本はアルジェントの前作『サスペリアＰＡＲＴ２』（一九七五年。邦題に反し『サスペリア』とは無関係なジャーロ映画）に出演し、彼の公私に亘るパートナーとなったダリア・ニコロディと、アルジェントの共同執筆によるものだが、ここにはひとつの謎めいたエピソードが存在している。ニコロディの祖母はイヴォンヌ・ミュラーというピアニストだったが、若い頃、人智学者ルドルフ・シュタイナーが創設した学校で演奏技術を磨こうとしたものの、そこで黒魔術が推奨されていたため怖くなって逃げ帰ったという（イヴォンヌは千里眼の持ち主であり、孫娘に白魔術を仕込んだともいう）。その話を聞いたアルジェントがニコロディとともに件《くだん》の学校を訪問したところ、素姓を明かしてもいないのにその場にいた女性から「ニコロディさん、お祖母さまはお元気？」と尋ねられ、恐ろしくなって逃げ帰った……というのだ。

『サスペリア』というタイトルは、イギリス・ロマン派の文人トマス・ド・クインシーの『深き淵よりの嘆息』（一八四五年）から取られたものだ。その中の「レヴァナとわれらの悲しみの貴婦人たち」という章には、マーテル・ラクリマルム（涙の母）、マーテル・サスペリオルム（嘆きの母）、マーテル・テネブラルム（暗闇の母）という「三人の母」が登場する（野島秀勝訳の岩波文庫版では母を「貴婦人」と訳している）。そこから『サスペリア』を第一作とする「魔女」三部作の構想が誕生し、一九八〇年には第二作『インフェルノ』が作られる。ある建築家が三人の魔女のために世界各地に三つの館を建て、そのうちマーテル・サスペリオルムの館がフライブルクのバレエ学校で、『インフェルノ』に登場するニューヨークのアパートにはマーテル・テネブラルムが住んでいるという設定だ。魔女の秘密に迫った人間が次々と惨殺されるという基本的な筋は『サスペリア』同様ながら、前作と比較しても説明されないままの謎が多すぎる不可思議な映画だが、辻褄を無視するなら、アルジェントの殺人美学の頂点とも言える傑作に仕上がっている。そして三部作完結篇『サスペリア・テルザ／最後の魔女』が作られたのは、遙か後年の二〇〇七年のことだ。ヒロインのサラは、アルジェントとダリア・ニコロディの娘であるアーシア・アルジェントが演じた。地中に封印されていた魔女の遺物が発掘されたことで、ローマに住むマーテル・ラクリマルムの魔力が発動し、世界中の魔女がローマに集結する……という物語で、特定の建物を中心に惨劇が起こる前二作と異なり黙示録的な内容となっており、見せ場もスタイリッシュな殺人美学よりはグロテスクさが強調された。

　さて、旧『サスペリア』を十歳の時に観て大きな衝撃を受け、この映画の大ファンになったルカ・グァダニーノによる新『サスペリア』だが、あからさまにアルジェントへのオマージュを捧げたニコラス・ウィンディング・レフン監督の極彩色魔女映画『ネオン・デーモン』（二〇一六年）とは異なり、演出や雰囲気に旧『サスペリア』を想起させる部分は少ない。とはいえ、作中でマーテル・ラクリマルム、マーテル・サスペリオルム、マーテル・テネブラルムの名前が言及されるので、アルジェントの「魔女」三部作の設定を踏まえているのは明らかだし（秘密の地下室へ降りてゆくのは『インフェルノ』、クライマックスのサバトの描写は『サスペリア・テルザ／最後の魔女』を意識したようにも見える）、マーテル・サスペリオルムのアジトがドイツにあるというのも旧『サスペリア』と同じだが、場所はフライブルクではなく西ベルリンとなっている。一九七七年、ヒロインのスージー・バニオン（ダコタ・ジョンソン）は、アメリカの片田舎からドイツに渡り、「ベルリンの壁」の傍にある舞踏団「マルコス・ダンス・カンパニー」の扉を叩く。彼女の卓越した才能を見抜いたカリスマ的な振付師マダム・ブラン（ティルダ・スウィントン）は入学を許可する。だが舞踏団では、スージーの知らないところで不可解な出来事が進行していた。ドイツ赤軍の地下活動にも参加していた生徒のパトリシア（クロエ・グレース・モレッツ）は、心理療法士のヨーゼフ・クレンペラー博士（ルッツ・エバースドルフ）に、舞踏団の教師たちは魔女だと訴えた直後に失踪する。また、パトリシアの件でマダム・ブランたちを偽善者と罵ったオルガ（エレナ・フォキナ）は、舞踏団から去ろうとした時に魔力をかけられて鏡張りの部屋に導かれ、上階でのスージーの踊りの動作に合わせるように全身の骨を折られてしまう。そして、クレンペラー博士と接触し、舞踏団の秘密を探りはじめたサラ（ミア・ゴス）にも魔女の手は及ぶ。

　そもそも、旧『サスペリア』をリメイクするという情報が流れた時点でアルジェント版のファンにとっては許容し難い話題だったわけだが、単純なリメイクではなく、グァダニーノなりの再構築だったことで、例えばガス・ヴァン・サント監督版『サイコ』（一九九八年）のような評価に困る試みとは一線を画したと言える。といっても、出来上がった映画を観ての賛否両論はかまびすしく、傑作と讃える声から全否定まで分かれている（アルジェント自身は不満を表明している）。個人的な意見を記せば、再構築としての意義はあるものの、傑作とまでは言えないというのが正直なところだ。やりたいことはわかるが、技術的にそれに追いついていないのではないか。例えば、探偵役（といっても、ステファーノ・ターニが言うところの「やぶれさる探偵」としてだが）のクレンペラー博士が登場するパートは、最後まで観ればやりたかったことはわかるものの、それが挿入されることでスージーが主人公のパートの進展が阻害され、映画全体のテンポを損なっている。二時間半を超える上映時間そのものが、この映画の弱点を物語ってはいないだろうか。

　旧『サスペリア』では惨劇の黒幕が魔女だということは終盤まで伏せられていたが、新『サスペリア』では早い段階で明かされている。旧『サスペリア』を観ているひとにとっては常識であり、伏せておくまでもないと判断したのだろう。ヒロインのスージー・バニオン、生徒のサラやパトリシア（パット）やオルガ、学園側のマダム・ブランやミス・タナー、校長のヘレナ・マルコスといった人物名は継承されているものの、それぞれが辿る運命は大幅に変更されている（例えば旧作のパットにあたるパトリシアは、建物に秘密があるという情報を導入部で観客に伝える役割を担っている点は同じながら、旧作では滅多刺しにされ天井のステンドグラスを突き破って宙吊りという劇的な最期を遂げるのに対し、新作では失踪後はどうなったか終盤まで明らかにされない）。

旧『サスペリア』では、副校長マダム・ブラン（ジョーン・ベネット）とミス・タナー（アリダ・ヴァリ）はともに校長ヘレナ・マルコスに忠実に仕える魔女だったけれども、新『サスペリア』では、マルコスとブランは対立しており、舞踏団はそれぞれを推す派閥に二分され、タナー（アンゲラ・ヴィンクラー）はマルコス派に属しているという設定だ。旧『サスペリア』のバレエに対し、新『サスペリア』はコンテンポラリー・ダンスという違いもある（ティルダ・スウィントン扮するマダム・ブランの役作りは、明らかにドイツの有名な舞踏家・振付師のピナ・バウシュを意識している）。旧『サスペリア』には生徒や使用人に男性がいたが、新『サスペリア』は教師も生徒も全員女性である。

また旧『サスペリア』では、バレエ学校は非現実的な極彩色が目を射るデコラティヴなアール・ヌーヴォー風建築として描かれており、物語には暗黒童話めいた雰囲気が漂っていた。ただし、アルジェントは魔女の邪悪さの裏打ちとして、ナチス・ドイツにまつわる史跡をロケ地に選んでいる。例えば、ナチスの党大会が開かれたミュンヘンのホフブロイハウス酒場や、党本部があったケーニヒス広場などが登場するし、冒頭の空港のシーンは、当時ドイツ赤軍のテロが頻発した危険な状況の中で撮影された。それらは旧『サスペリア』においては、邪悪の暗示であり、画面に緊張感を与える隠し味にすぎなかった。ところが新『サスペリア』では、その隠し味の要素こそが前面に躍り出て、作品のテーマを饒舌に語りはじめるのである。

新『サスペリア』の背景となるのは一九七七年十月から十一月にかけてだが、物語の進行と並行して、ドイツ赤軍が起こしたテロの推移が紹介される。そもそも、最初の犠牲者であるパトリシアは、赤軍の活動にも参加しているという設定だ。

旧『サスペリア』がドイツで撮影されていた一九七六年には、ドイツ赤軍の創設者にしてリーダーであるウルリケ・マインホフが獄中で謎の自殺を遂げていた。その後、もうひとりのリーダーであるアンドレアス・バーダー（両者の名前をとって、ドイツ赤軍をバーダー・マインホフ・グルッペとも呼ぶ）の獄中からの奪還をめぐって、「ドイツの秋」と呼ばれる一連のテロが起こる。一九七七年を背景とした新『サスペリア』のストーリーの裏側で起きているのがこの「ドイツの秋」だ。この言葉は、ライナー・ヴェルナー・ファスビンダー、フォルカー・シュレンドルフらの監督によるオムニバス映画『秋のドイツ』（一九七八年）に由来しており、また二〇〇八年にはウーリ・エーデル監督『バーダー・マインホフ／理想の果てに』が公開されるなど、一連の事件はドイツ映画史に極めて大きな影響を与えた。

作中で詳しく説明されるわけではないのだが、「マルコス・ダンス・カンパニー」には、魔女たちの魔力と財力によって、二度の世界大戦の影響を防いできたという裏設定がある。つまり、男たちの醜い争いからの逃避の場として女たちが築いた芸術の砦であり、使用人にすら男性が不在という不自然さも、そう考えれば頷けよう。折しも、一九七〇年代は第二波フェミニズムが台頭した時期でもある。魔女たちがまずパトリシアを粛清したのは、自分たちの正体を知られたからだけではなく、革命という政治を持ち込むことで、彼女が芸術の砦を危うくしたからとも考えられる。

かつてナチス第三帝国が暴虐の限りを尽くし、戦後は東西に引き裂かれ、今やテロが横行するようになった凶相の国ドイツ。その暴風から身を守ろうと結束して引きこもった女たち。しかし、あらゆる革命集団が権力闘争と分裂と内部粛清を免れないように、ノンポリな芸術の砦も集団である以上、いつかは腐敗する日が来る。マルコスとブラン、両派閥の対立はそれを示している。男たちの暴虐から逃れた女たちの園が、いつしか外界と等しい邪悪な空間となっていたのだ。

男性の存在感が薄いという点は、確かに旧『サスペリア』もそうだった。スージーに助言を授ける精神科医マンデル（ウド・キア）やオカルト研究者ミリウス（ルドルフ・シュンドラー）は一シーンのみの出番だったし、普通ならスージーの味方になるか敵に廻りそうな美少年マーク（ミゲル・ボセ）に至っては終盤はほぼ出番がなく、何のために登場したのかさっぱりわからない。だが新『サスペリア』の場合、そうしたぞんざいさとはニュアンスが異なり、男性を作品空間から徹底して排除するという強い意思が見られる。

しかし、新『サスペリア』が女性性を力強く押し出したというわけでもない。旧『サスペリア』における魔女の扱いは、「なんだかわからないがとにかく邪悪な存在」というものだった（「魔女」三部作のうち『サスペリア』『インフェルノ』には、ヘレナ・ブラヴァツキーやゲオルギー・グルジェフやルドルフ・シュタイナーといった二〇世紀初頭の神秘思想家への目配せや、フリーメイソンや薔薇十字団を想起させる図像学が鏤められていたけれども、あくまでも暗示にとどまる。完結篇『サスペリア・テルザ／最後の魔女』で魔女の描き方が旧来の型通りなものになってしまったのは、その意味では頽落と感じる）。魔女は問答無用の強大な魔力で作品空間に君臨し、正体を知った邪魔者たちを残虐な手段で屠ってみせる。だが新『サスペリア』ではどうだろうか。意外なことに、この映画ではクライマックスのサバトが始まるまでは殆どひとが死なない。最初のショック・シーンはオルガがスージーの踊りに合わせて全身の骨を折られる描写だが、彼女はそこで死ぬわけではない。オルガもパトリシアもサラも、秘密を知ったからといって安直に命を奪われはしない（ある意味、殺されるよりもっと残酷な目に遭うけれども）。クライマックス以前での唯一の死者は、魔女集団の中で孤立していたミス・グリフィス（シルヴィー・テステュ）の衝動的な自殺だが、別に仲間の魔女たちが彼女を死に追いやったわけではなく、むしろ魔女たちは彼女の死を止められなかったと嘆いている。舞踏団を捜査しにやってきた刑事たちに催眠術めいた魔法をかけ、下半身裸にするなどして嘲弄するシーンもあるが、余りにもちゃちな悪戯であり、旧『サスペリア』の魔女の絶大な悪のパワーとは雲泥の差と言うべきだろう。この、卑小とも言える魔女の描き方にはどのような意図が含まれているのだろうか。

旧『サスペリア』の隠し味の要素を前面に押し出した新『サスペリア』にも別の隠し味は存在している。それがニュー・ジャーマン・シネマの影響とオマージュであることは、監督の発言からも明らかだし、配役からも推察される。例えば、ミス・タナー役のアンゲラ・ヴィンクラーは、フォルカー・シュレンドルフ監督『ブリキの太鼓』（一九七九年）で主人公の少年の母親を演じ、先述のオムニバス映画『秋のドイツ』などにも出演している。また、寮母的な役割の老女ミス・ヴェンデガストを演じたイングリット・カーフェンは、ライナー・ヴェルナー・ファスビンダー監督の作品群や、やはりニュー・ジャーマン・シネマと交流があったスイスのダニエル・シュミット監督の『ラ・パロマ』（一九七四年）などで知られる。

こうしたある意味で露骨な配役は、確かにニュー・ジャーマン・シネマへのオマージュと、その時代の背景である政治とテロの季節を示している。新『サスペリア』が六つの章で区切られているのは、革命集団の暴走を描いたファスビンダー監督の『第三世代』（一九七九年）の構成の踏襲だろう。しかし、グァダニーノが、同性愛の美青年たちの青春を描いた『君の名前で僕を呼んで』（二〇一七年）で世界的に有名になったことを念頭に置くと、そこには別のニュアンスが生じる。どこまでも甘美な『君の名前で僕を呼んで』に陶酔した観客が新『サスペリア』を観たら、あまりのテイストの違いに腰を抜かしかねないだろう。だが、グァダニーノ映画の常連（新『サスペリア』で出演は四度目）であるティルダ・スウィントンは、本作で男女両方の役を演じ分ける（男役のほうは別名義でクレジットされている）以前から中性的な雰囲気を活かして性を越境する役を演じており、中でもヴァージニア・ウルフの小説『オーランドー』（一九二八年）を原作とする歴史ファンタジー映画『オルランド』（サリー・ポッター監督、一九九二年）での、男性になったり女性になったりする主人公役は彼女の代表作とされている。そして若き日のスウィントンは、作中で同性愛を繰り返し扱い、自身もゲイであることを公表していたイギリスの映画監督デレク・ジャーマンの作品の常連出演者でもあった。更に、ミス・ヴェンデガスト役のイングリット・カーフェンは先述のライナー・ヴェルナー・ファスビンダー監督の元配偶者だが、ファスビンダーもまた、作品においても私生活においてもゲイであることを隠さなかった。柳下毅一郎「ライナー・ヴェルナー・ファスビンダーは魂を食う」（『愛は死より冷たい映画嫌いのための映画の本』所収、一九九八年）によると、結婚によって彼の同性愛志向を「治す」気だったイングリット・カーフェンは初夜に寝室から締め出され、新郎は同性の愛人である俳優ギュンター・カウフマンとセックスしていたという。

更に、ドイツを舞台に作品を撮ったイタリアの映画監督としては、『地獄に堕ちた勇者ども』（一九六九年）や『ルートヴィヒ』（一九七二年）のルキノ・ヴィスコンティという偉大な先輩が存在していた（ヴィスコンティは両作品に出演した美青年俳優ヘルムート・バーガーと愛人関係にあった）。ヴィスコンティ、ファスビンダー、ジャーマンというゲイの映画人の系譜に、オープンリーゲイであるグァダニーノ自身も連なることを考え合わせると、重要登場人物・出演者が女性ばかりであるかに見える新『サスペリア』の裏側から、男性同性愛の映画クリエイターたちへのリスペクトがトリックアートのように浮上してくるようにも思えてくるのだ。魔女たちの内ゲバを軸とし、女性同士の結束にシニカルな視線を注いでいる点も、女性に対するゲイの距離感に由来するとも考えられる。

最後に、新旧『サスペリア』のヒロインの描き方、および結末の相違について触れたい。旧『サスペリア』でジェシカ・ハーパー（新『サスペリア』にもクレンペラー博士の妻アンケ役で出演している）が演じたスージーは、見るからにガラス細工めいた体型の植物的な美少女であり、意識を混濁させる得体の知れないワインを飲まされたり、蛆虫の雨を浴びたりする。当時のホラー・ヒロインとしては正統派だろう。一方、新『サスペリア』でダコタ・ジョンソンが演じたスージーは、古典的な怯えるホラー・ヒロインでもなければ、現代風の戦う強いホラー・ヒロインでもない。仮に新『サスペリア』からホラー的ショック描写とクレンペラー博士関連のエピソードを取り除いた場合、この映画はスポ根ものとしか思えない筈である（むしろホラー・ヒロインの役割を与えられているのはサラだろう）。スージーは推薦状なしに舞踏団に押しかけ、ドキュメンタリーを何度か観ただけの独学にもかかわらず二日目には公演「民族《フォルク》」の主演に選ばれ、やがてマダム・ブランの演出に異を唱えたりさえするのだから。知らないうちにマダム・ブランから魔力を授けられているとはいえ、その才能は瞠目すべき開花を見せる。

ただし、単純なスポ根少女と見なすには、彼女は余りにも不可解なものを内包している。パトリシアやオルガやサラが舞踏団の秘めた不気味さを感知していたのに対し、スージーは舞踏団を疑う様子が全くない。訪れた刑事たちに教師たちが魔力をかけて悪戯する場面を目撃してさえ、彼女は全く奇妙と感じていないようなのだ。しかも話が進行すると、スージーはマダム・ブランとテレパシーで会話をするようになる（はっきり台詞で説明されるわけではないが、どうやら舞踏団の女たちはテレパシーで会話しているようであり、その意味でこれはスージーの魔女化を示す描写と考え得る）。こうして、スージーはスポ根少女から、観客にとっても何やら不気味な存在へと変貌してゆく。

この変貌は、旧『サスペリア』と全く異なるクライマックスの伏線となっている。旧作では、ヘレナ・マルコスはサラの屍体を操ってスージーを襲わせるが、スージーは間一髪でマルコスを倒し、炎上する学校から逃れて幕となる。新作の場合、アンドレアス・バーダーが獄中で自殺し、外界の政治闘争が無残な失墜を迎えるのと歩調を合わせるかのように、地下室でのサバトにおいて魔女たちの内ゲバもまた最高潮に達する。パトリシアとオルガとサラを生贄に捧げたマルコスは自分こそがマーテル・サスペリオルムだと主張し、サバトの中止を求めるマダム・ブランの首を魔力で半分切断する。しかし、そこに本物のマーテル・サスペリオルムが出現し、マルコスは悶死、その支持者たちの頭部は木っ端微塵に砕け散る。マーテル・サスペリオルムが依代《よりしろ》として選んだのはブランでもマルコスでもなく、スージーそのひとだったのだ（実は中盤で、マダム・ブランがマルコスは三人の母のひとりではないと発言している）。三人の母の誰からも選ばれなかったにもかかわらず長年舞踏団に君臨していた僭主の一派を滅ぼしたあと（マルコスを支持していたタナーが粛清を免れた理由はよくわからない）、マーテル・サスペリオルムは生ける屍状態のパトリシアとオルガとサラに慈悲深い死を与え、苦痛から解き放つ。拉致されてサバトに立ち会わされたクレンペラー博士も、ブラン派のミス・ヴェンデガストによって解放される。これらの描写だけを見ると、マルコスが黒い魔女だったのに対しマーテル・サスペリオルムは実は白い魔女だった――という決着のようにも思える。旧『サスペリア』のラスト、炎上する学校から逃れたスージーが浮かべる謎めいた微笑みは議論を呼んだが（『サスペリア・テルザ／最後の魔女』の幕切れにおけるサラの笑いも同様に謎めいている）、スージーこそが真の魔女だったという新『サスペリア』のどんでん返しは、あの微笑みへの四十一年越しのアンサーとも解釈できよう。

だが、この流血と狂気と恍惚のクライマックスのあと、まだエピローグが残っている。アルジェントの「魔女」三部作が館の炎上や崩壊で終わったのに対し、新『サスペリア』では舞踏団の再生が描かれる（どういう理屈かはわからないが、首を半ば切られたマダム・ブランも死ななかったようだ）。そしてクレンペラー博士は、第二次世界大戦中に生き別れた妻のアンケが、実はテレージエンシュタットの強制収容所で死んでいたことを知り、悲嘆のどん底に沈んでいた。そんな彼の前に現れたスージーの魔力によって、アンケもパトリシアもサラもスージーも博士の記憶から消え去り、彼は苦悶から解放される。

慈悲深い処置、だろうか？　たとえ悔恨とともにであろうとも、愛妻の思い出を抱えて生きてゆくのが博士の本来あるべき運命であり、ゆるやかな時の流れとともにその苦痛もいつかは薄れる日も来たかも知れない。だが、苦痛と一緒に幸せだった日々さえも強制消去することが、果たして彼の望みだったのか。しかも、ホロコーストの犠牲者の記憶を消すということは、歴史的倫理としても危うい問題を孕んでいる。このエピローグを見る限り、マーテル・サスペリオルムは単純に白い魔女だったとは言い難いのである。

新『サスペリア』は終盤、雪のシーンが多くなる。「ドイツの秋」に始まった物語は、魔女たちの冬で終わりを迎える。降り積もった純白の雪は、地上のあらゆる醜いものを覆い隠すだろう。だが、それによって醜いもの自体が消えるわけではない。雪が融ければ、再び地上はおぞましいものたちの跳梁する舞台となる。死への「嘆き」を司るマーテル・サスペリオルムをもってしても覆い隠せないものが、その時こそ蘇るのだろうか。

地獄の門と隠れ鬼――『ナイトメア・アリー』

※『ナイトメア・アリー』の結末に触れています。

ウィリアム・リンゼイ・グレシャム『ナイトメア・アリー』（ハヤカワ文庫NV）

ウィリアム・リンゼイ・グレシャムという作家の名前は、日本では最近までごく一部でしか知られていなかったのではないか。いや、本国アメリカでも事情は大差なかっただろう。一九〇九年にボルティモアに生まれたグレシャムは、一九三七年に国際義勇兵としてスペイン内戦に参加し、人民戦線側に味方して戦ったが、二年後に帰国した彼は心身ともに不調になっていたらしい。結核病棟に入院し、アルコール依存に陥り、自殺まで試みた彼は、セールスマンや奇術師といった職業を転々とした後、その経歴で得た知識をもとに小説を執筆し、一九四六年にデビューしたのだった。

長いあいだ忘れられていたこの作家の名が久しぶりに注目を集めたのは、二〇一七年、ギレルモ・デル・トロ監督がグレシャムのデビュー作『ナイトメア・アリー』の映画化に着手すると発表したからだった（コロナ禍により制作が遅れ、公開は二〇二一年となった。脚本はデル・トロと、彼の妻でもあるキム・モーガンの共同執筆）。実はこの小説は、刊行の翌年の一九四七年にも映画化されている。邦題は『悪魔の往く町』で、監督は「グランド・ホテル」ものの草分けである『グランド・ホテル』（一九三二年）を撮ったエドマンド・グールディング、脚本はジュールズ・ファースマン。デル・トロによる再映画化は実に七十四年ぶりということになる。これに合わせて、小説『ナイトメア・アリー』はまず二〇二〇年に矢口誠訳で扶桑社ミステリーから、次いで二〇二二年には柳下毅一郎訳でハヤカワ文庫NVから邦訳が刊行された（前者の邦題は『ナイトメア・アリー　悪夢小路』）。

　あらすじの紹介の前に、作中に登場する「ギーク」とは何かについての説明が必要となるだろう。ハヤカワ文庫NV版の柳下毅一郎の「訳者あとがき」では、「geekとは見せ物小屋に出る芸人のことで、南米や南海の孤島からきた野蛮人という触れ込みで、半裸で鶏の首を食いちぎって生き血をすすってみせるものだ。日本にも蛇を食いちぎる『蛇女』がいるが、同工異曲のものだろう」「geekという言葉を、その芸をあらわすものとして最初に活字にしたのは本書『ナイトメア・アリー』だという（もともとは『愚か者』を意味する言葉だった）」と説明されている。本文では、主人公から「どうやって人はギークになるんです？　それとも、あいつだけなんですか？」（柳下毅一郎訳。以下、原作からの引用はすべて同じ）と訊かれた見世物小屋のオーナーが、ギークの作り方を次のように説明する――酒浸りの男を拾ってきて「ちょっとした仕事がある。臨時雇いだよ。じきに新しいギークが来る。だがそれまで、おまえさんはギークの衣装を着てふりだけでもしといてくれ」と騙し、酒を与え続け、一週間もしたところで「よし、本物のギークがやってくる。おまえさんの仕事は終わりだ」

と告げると、相手は酒が切れることが何よりも怖いので仕事を続けたがり、結果としてギークになるのだ——と。つまり、ギークとは酒浸りになってすべての尊厳を捨て、人間と獣の中間の存在となった見世物であり（矢口誠訳では「獣人《ギーク》」と訳されている）、一座の中でも最底辺の立場なのだ。

……という予備知識を踏まえた上で、小説のあらすじ紹介に移ろう。主人公のスタントン（スタン）・カーライルは、巡業カーニヴァルの見世物小屋で働く青年だが、そこからのし上がって大金と名声を手にするという野心を抱いていた。一座にはジーナという読心術師と、そのトリックを手伝う夫のピートがいたが、かつてはスター芸人だったピートはアルコール依存症で使いものにならなくなっていた。ある日、スタンはジーナから酒を禁じられているピートに、求められるまま酒瓶を渡してしまうが、翌朝、ピートは死んでいた。スタンは知らなかったことだが、瓶の中身は、ジーナがステージ上で客からの質問状を燃やすのに使っていたメチルアルコールだったのだ。相棒を失ったジーナから読心術の秘密を教わったスタンは一座の人気芸人となったが、彼の野望はその程度では満足できなかった。彼は、電流を全身に流しても平気でいられるという芸を持つ少女モリーと結婚して一座を去る。

それから歳月は流れ、スタンとモリーは大都会シカゴで、読心術を応用した心霊術師とその助手として華々しい成功を収めていた。「天国の伝言教会」の牧師を名乗り、上流階級に信奉者を増やしていたスタンだったが、リリス・リッター博士という若く美しい心理コンサルタントと出会い、彼女と男女の関係を結ぶにとどまらず、精神的に依存するようになり、過去の自分の罪をも打ち明けてしまう。カウンセリングを通して上流階級の顧客の秘密を握るリリスと、彼らをカモにして儲け続けるスタン。両者の利害は一致し、スタンはリリスから流してもらった情報をもとに顧客を信用させ、更に荒稼ぎする。だが、そんなスタンにモリーは危ういものを感じていた。そして、疑い深い大富豪エズラ・グリンドルを信用させるため、彼の大昔に死んだ恋人の霊をモリーに演じさせようと目論むスタンに、破局の時が近づいていた……。

どん底から頂点へ、そして再びどん底へ――スタン・カーライルの因果応報の運命を綴ったこの小説は、第一章の「愚者」から最終章の「吊るされた男」まで、タロットの大アルカナを各章のタイトルとし、章の内容をカードの意味するものと照応させることで、逃れられない運命というテーマを更に強調している。皮肉にも、作者であるグレシャムも自らが生み出した主人公スタンと同じく、この運命の円環から逃れられなかった。デビュー作『ナイトメア・アリー』は翌年に映画化され売れ行きも好調だったものの、第二作はさほど評判にならず、大奇術師ハリー・フーディーニの伝記などのノンフィクションを執筆するようになったが、飲酒癖は止まらず、自身の不倫が原因で最初の妻とは離婚に至る。一九六二年、舌癌と診断された彼はニューヨークで睡眠薬によって自らの命を絶った。その場所は、彼がデビュー作の最初の草稿を執筆したホテルの同じ部屋だったのだ。このエピソードのせいで、『ナイトメア・アリー』はどこかしら呪われた不吉な小説というイメージを免れない。

二度の映画化ではいずれも、原作の大まかな展開は忠実に再現されており、細部の違いからそれぞれの解釈の相違点が浮かび上がるようになっている。

『悪魔の往く町』では、スタン（タイロン・パワー）はエゴイスティックな野心家であると同時に、原作の彼よりも良心を残した、観客にとって共感しやすいキャラクターとして造型されている。彼はモリー（コリーン・グレイ）を心から愛しており、シカゴの実力者グリンドル（テイラー・ホームズ）相手のイカサマ心霊術を台無しにした彼女に怒鳴りつけはするものの、原作のように殴りはしていない。モリーもひとの心を弄ぶスタンの詐欺行為に反撥しつつ、彼を完全に見捨てはしない（原作のモリーは、心霊術の失敗の場にスタンによって置き去りにされてからは出番がなく、後に別の男と結婚したことが語られる）。ラスト、彼女はギークに身を落とそうとしたスタンと再会し、ハッピーエンドが辛うじて成立している（逃亡の途中、スタンが警官を殺害する原作のエピソードもカットされている）。これは当時のハリウッドに導入されていた自主規制条項「ヘイズ・コード」が原因でもあり、二枚目スターのタイロン・パワーに完全な悪党として破滅する役を演じさせるわけにいかなかったせいでもあるだろうが、彼が今ではこの『悪魔の往く町』や、アガサ・クリスティー原作の『情婦』（ビリー・ワイルダー監督、一九五七年）といった、甘い二枚目の枠に収まらない役柄で評価されているのは皮肉と言えよう。

また、この映画のスタンは、ピート（イアン・キース）を過失で死なせたことを後悔し続けている。普段、その罪悪感は忘却の奥底に押し込められているけれども、強いアルコールの匂いを嗅いだ時など、ふとした弾みで蘇るのだ。

グリンドル相手のイカサマ心霊術に失敗したスタンは、共犯者のリリス・リッター博士（ヘレン・

ウォーカー）から分け前をもらってモリーとともに逃亡しようとするが、途中で五十ドル札の束が一ドル札にすり替えられていることに気づき、リリスのもとに引き返す。このくだりで、『悪魔の往く町』では驚くべき脚色が施されている。リリスの寝室に押し入ったスタンに、彼女のメイドが銃を向ける。リリスは最初から医者としてスタンを診察していたのだと言い張り、彼女が共犯だというスタンの主張は妄想に過ぎないと冷たく突き放す。パトカーのサイレンの音が近づく中、スタンとリリスの言い争いが続く――「逮捕させるために引き止めたのか」「私は通報なんかしない」「なら、この音は何だ」「音って？」「サイレンだ」「聞こえないわ」。

　リリスのこの言葉は、『悪魔の往く町』で最も恐怖を感じさせる。リリスがもし本当にメイドに警察を呼ばせたのだとすれば（原作ではリリス自ら警察ではなく精神病院に電話をする）、サイレンの音は本物であり、リリスはスタンを精神病患者扱いで厄介払いしようとしているのだと解釈できる。心理コンサルタントの立場を悪用して手に入れた上流階級の顧客の秘密をスタンに横流しするほど腹黒く抜け目ないリリスなら、それくらいのことは平気でやってのけるだろうから。

　だが、もしリリスが真実を述べていて、警察に連絡していないのだとすればどうだろう？　彼女の主張通り、スタンはピートを死なせた罪の意識から、ありもしないサイレンを耳にするほど精神を蝕まれていたのかも知れない。この解釈の場合、画面に流れるサイレンは、スタンの幻聴を観客も共有していることになる。それまで第三者の客観的視点から観てきた筈の物語が、実はスタンの病んだ内的世界の反映でしかなかったのではないか……と気づかされる戦慄の瞬間だ。

罪の意識に操られるように、スタンはピートの運命をなぞってゆく。それを示すのは、序盤でピートが読心術の種明かしをする台詞を、終盤にすべてを失い浮浪者の仲間入りをしたスタンがそっくりそのまま口にするくだりだ。ピートには彼を支えてくれるジーナ（ジョーン・ブロンデル）がいたから、ギークにまでは落ちぶれずに済んだ。しかし、モリーを失い孤独な酔いどれになったスタンには、ギークになる道しか残されていなかった。ラストでのモリーとの邂逅はややご都合主義的ではあるが、この再会によって、スタンとモリーがその後、ピートとジーナのように支え合いながら人生を送るであろうことが暗示される。

スタンがピートの運命をなぞる『悪魔の往く町』は、その運命を因果応報の円環として描いてみせたと言える。一方、ギレルモ・デル・トロ監督版『ナイトメア・アリー』は、違う手法でスタンの運命を円環さながらに描いている。

メキシコ出身のデル・トロは、一九九三年に『クロノス』で映画監督としてデビューし、スペインで撮った『デビルズ・バックボーン』（二〇〇一年）や『パンズ・ラビリンス』（二〇〇六年）で個性的な世界を披露、やがてハリウッドで、ロボットに搭乗した人間と巨大怪獣との戦闘を描く『パシフィック・リム』（二〇一三年）、幽霊が棲む頽廃的な洋館を舞台にしたゴシック・ホラー『クリムゾン・ピーク』（二〇一五年）などの作品で評価を上げ、発話障害の女性と半魚人の恋愛を描いた『シェイプ・オブ・ウォーター』（二〇一七年）ではアカデミー賞の監督賞・作品賞を受賞するに至った。漫画やアニメに造詣が深いオタク気質で、ほぼすべての作品にＳＦ・ファンタジー・ホラーといった要素があるが、『ナイトメア・アリー』だけは空想的な要素がない（作中の読心術や心霊術にはすべてトリックがある）。また、それまでの彼の映画の主人公が共感を帯びて描かれているのに対し、本作のスタン・カーライルは非情な野心家であり、どちらかといえば『パンズ・ラビリンス』のビダル大尉（セルジ・ロペス）や『シェイプ・オブ・ウォーター』のストリックランド大佐（マイケル・シャノン）のような、それまでの作品では敵役として描かれていたタイプに近い（ただし、彼らのような権力悪とは異なるが）。

この点についてデル・トロは、映画の出演者やスタッフらの証言を集めたジーナ・マッキンタイヤー『ギレルモ・デル・トロのナイトメア・アリー　ある「怪物《おとこ》」の悲しき物語とその舞台裏』（二〇二一年）で、「『パシフィック・リム』では、僕の漫画に対する喜びを全て表現することができたし、『クリムゾン・ピーク』では、ヴィクトリア朝のゴシックロマンスへの親近感を表している。そして、『デビルズ・バックボーン』ではメキシコ文学への愛を、って感じだね」「『シェイプ・オブ・ウォーター』は、ラブソングとして作ったんだ」と過去の作品群を振り返りつつ、「そんな中で、社会がより厳しい局面を迎えていることに気づいてしまったんだ。だから（これまでやってきたように）奇想天外な映画を作ることができなくなってしまった。（中略）この数年で、不可思議なものたちが持つ魅力というものは、あまりにも理不尽な現実に押し潰されてしまったんだ」（阿部清美訳）と当時の心境を語っている。既に『シェイプ・オブ・ウォーター』からしてアメリカの右傾化を反映した設定だったけれども、その公開年である二〇一七年にとうとうドナルド・トランプが合衆国大統領に就任するに至り、デル・トロは一時的に、空想の世界で無邪気に遊べない心境となっていたようだ。

　原作でも『悪魔の往く町』でも、スタンは物語が始まった時点でカーニヴァルの下働きを務めている。しかし、デル・トロ版『ナイトメア・アリー』では、スタン（ブラッドリー・クーパー）が家の床板を剝がして掘った穴に何かを投げ入れて火を放ち、炎上した家をあとに放浪に出るところから始まる。何を燃やしていたのかはこの時点では明かされないけれども、実はこのファーストシーンこそが、既にスタンの運命を物語っている。その後、スタンはクレム（ウィレム・デフォー）が率いる巡業カーニヴァルの一座に加わり、ジーナ（トニ・コレット）と夫のピート（デヴィッド・ストラザーン）、モリー（ルーニー・マーラ）らと馴染みになる。彼はジーナに誘惑されて男女の仲となり、また酒浸りのピートからは、かつて彼ら夫婦が行っていた禁断の心霊術の秘密を記したノートを手に入れようとするけれども、ピートは「男が自らの嘘を信じはじめ、自分に力があると思い込むと、現実を見失う。すべて真実と思うからだ」と警告する。ピートは、かつて心霊術でひとを騙していた良心の呵責から酒に溺れるようになっていたのだ。だが、スタンがピートに渡した酒瓶が原因で、翌朝、彼は屍体となって発見される。

　ピートは原作では早い時点で退場し、あまり印象に残らない人物だが、『悪魔の往く町』でもデル・トロ版『ナイトメア・アリー』でも原作以上の存在感が与えられている。前者では既に述べた通り、スタンのその後の運命を暗示する存在として。後者ではスタンを導く師匠あるいは父親代わりの存在として。デル・トロ版『ナイトメア・アリー』でピートを演じたデヴィッド・ストラザーンは、今は酒浸りの落ちぶれた身ながら、かつてはただならぬ教養を身につけていたのではないかと想像させる品格も漂わせていて好演である。

　そんなピートをスタンが死に至らしめるくだりは、原作でも『悪魔の往く町』でもスタンが瓶の中身がメチルアルコールだと知らなかったことによる過失だが、デル・トロ版『ナイトメア・アリー』では未必の故意であるように描かれている。せっかく忠告をしてくれたピートの殺害によって、スタンは完全に自身の退路を断ったことになる。

　モリーと結ばれてクレムの一座を去ってから二年後、読心術師として大都会（原作のイリノイ州シカゴではなくニューヨーク州バッファローに変えられた）で成功を収めているシーンに切り替わると、物語の舞台も猥雑なカーニヴァルから、上流階級のシックで豪奢な世界へと一変する。中でも、リリス・リッター博士（ケイト・ブランシェット）のアール・デコ様式で統一されたオフィスのセットは圧巻だ。ケイト・ブランシェットの役作りは『悪魔の往く町』のヘレン・ウォーカーを参考にしつつ（リリスが初登場の際に満座の中でスタンのイカサマを暴こうとし、スタンが機転でかわす脚色は『悪魔の往く町』をほぼそのまま踏襲している）、とにかくクールで抜け目ない悪女としての存在感が圧倒的であり、スタン役のブラッドリー・クーパーを呑み込まんばかりである。リリスとは古代ユダヤの伝承に登場する悪しき女霊であり、人類の祖アダムの最初の妻であるとも、魔王サタンの妻であるとも伝えられているけれども、その名に相応しい威厳と妖気という点ではブランシェットが演じるリリスが抜群であり、原作をも超えたと言い得る。

スタンが大富豪グリンドル（リチャード・ジェンキンス）の信頼を得るため、モリーに幽霊を演じさせようとして失敗するまでの流れはおおむね原作通りだが、ここでのスタンの振る舞いは原作より遥かに暴力的である。彼はイカサマを悟って責めるグリンドルを殴り続けて惨殺し、後を追ってきたボディガードをも車で轢き殺してしまうのだ（原作ではグリンドルはスタンに殴られて負傷するも生き残り、後にリリスと結婚する）。またその直前には、スタンの心霊術に夫とともに心酔していたキンブル判事夫人（メアリー・スティーンバージェン）が、死んだ息子と再会できるというスタンの言葉を信じて夫を射殺し、自らも命を絶つという原作にないエピソードも追加されている。自身の心霊術が肉親を失って傷ついた人々の心の慰めになっているというスタンの言い訳が、思い上がった自己正当化にすぎないことを示しているのだ。

殺人の大罪を犯し、愛想を尽かしたモリーに去られ、共犯者のリリスからも裏切られ、財産も名声もたった一晩で失ったスタン。ここで彼が、精神分析を武器とするリリスに追いつめられるくだりは、原作と同じくスタンのエディプス・コンプレックスを抉るものとなっているが（『悪魔の往く町』ではリリスの精神分析は先述の通りピートを死なせた罪悪感に絞られており、スタンの両親への言及はないし、死の前夜にピートがインチキな透視でスタンの父親への憎悪を結果的に正しく見抜いてしまう原作のエピソードも省略されている）、この映画が原作より踏み込んでいるのは、スタンが比喩としてではなく実際に父親を殺《あや》めたとしている点だ。

この終盤において、冒頭でスタンが何を燃やしていたのかが明らかになる。彼は憎んでいた父親を凍死させ、その亡骸を家もろとも焼き払ったのだ。しかし、冷静に考えれば、家ごと焼いてしまうのならば、その前にわざわざ床下に穴を掘って屍体を投げ込む必要はない——屍体を隠せるほど深い穴には見えないし、ベッドに屍体を横たえたままにしておいたほうが、失火による死に偽装するのも簡単な筈なのだから。冒頭で床の穴から立ち上る炎は、父殺しの罪によってスタンに約束された堕地獄の運命の暗示だったのではないか。穴はもちろん地獄の門の暗喩である。その後、映画には観覧車や回転木馬、ギークのショーが行われる円形の縦穴、カーニヴァルの「地獄の家」と呼ばれる小屋の壁に描かれた夥《おびただ》しい眼球、ナイトクラブの円形のステージと客席、スタンとモリーが滞在している高級ホテルの円形の鏡や絵画、グリンドルの会社の円形の受付デスク等々、円のイメージがこれでもかとばかりに頻出するけれども、それらはすべて、どん底から頂点へ、そして再びどん底へと出発点に引きずり戻されるスタンの円環状の運命の暗示に他ならない。過去のすべてを捨てた筈のスタンが唯一ラスト直前まで身につけていた父親の形見の腕時計も、針が同じ場所に必ず戻るという意味では運命の象徴である。中でもインパクトが強いのは、カーニヴァルの小屋の棚に保管された畸形胎児のホルマリン漬けのうち一体、「エノク」と呼ばれるものだ。異教の神像めいた不思議な威厳を備えた子供、その額にある「第三の目」は、後に出世したスタンが読心術を行う際につける目隠しにデザインされていたことから窺えるように、彼に強烈な印象を刻み込んだと思しい。

　子供の頃から住んでいた家を焼き払い、過去と訣別したスタンは、彼を気にかけてくれるピートとジーナ、心から愛してくれるモリーといった人々とカーニヴァルで出会う。彼らの善意の言葉を受け止め、早い時点で改心していれば、スタンは地獄堕ちを免れたかも知れない。だが彼は結局、野心の赴くまま彼らの忠告に耳を貸さず、あまつさえピートを死に至らしめるが、これは二度目の父殺しとも解釈し得る。また、スタンの運命をタロットで占って警告するジーナは、彼の不倫相手ながらも母性的キャラクターとして描かれるが、これはデル・トロの母が、タロット占いをはじめさまざまな占いを彼に教えてくれたことが反映されているのだろう。そしてグリンドルは原作でも暗示されていたようにスタンに父親を想起させる存在であり、従ってその殺害は三度目の父殺しである。

殺人者として指名手配されたスタンは、無一文の酔いどれ浮浪者に成り果て、流れ流れてあるカーニヴァル一座に辿りつく。原作は、その一座のマネージャーがスタンにかけた次のような言葉で締めくくられる――「ああ、いいとも。いや、たまたま思いついたんだがな。おまえさんにぴったりじゃないかって思える仕事があるんだよ。たいした仕事じゃないし、無理にやってもらおうとまでは思わねえんだが。だが仕事は仕事だよ。コーヒーとケーキとウィスキーのショットにはありつける。どうだい？　もちろん、仮の仕事さね――本物のギークが見つかるまでのな」。かくして、スタンがギークにまで身を落とすことが暗示されて原作は幕を下ろす。

『悪魔の往く町』のラストはどうだったかというと、スタンはその申し出を承諾して一度はギークになるが、大暴れしているところをモリーに発見され、先述のハッピーエンドへと反転する。それに対し、デル・トロ版『ナイトメア・アリー』では、スタンがその一座で、かつて彼が働いていたクレムのカーニヴァル（その後、廃業したらしい）で目にしたあのホルマリン漬けの子供「エノク」に再会し、ギークにならないかというマネージャーの誘いを自ら受け入れるところで終わるのだ――「俺には……それが宿命です」（原語では“Mister, I was born for it”。『悪魔の往く町』では“Mister, I was made for it”だった）という答えと、自嘲的な笑いとともに。これは『悪魔の往く町』へのデル・トロなりのオマージュでありつつ、同時に誘いに対する答えをはっきり描くことで、スタンの堕地獄の運命を原作より明瞭に浮き彫りにしたことになる。

ここで前半を思い返すなら、スタンはピートを死に至らしめた酒瓶がある部屋に忍び込む際、「エノク」の前と、ギークが閉じ込められた檻の前とを通過している。前者の額の「第三の目」はスタンを常に見張る神の目であり（ピートがスタンにかけた最後の言葉は「神から逃れられる者はいない」だった）、後者はスタンがいずれギークに成り果てる運命の予兆に他ならない。更に遡れば、スタンが初めてクレムの一座と邂逅した夜、彼が「罪人よ、己の姿を見よ」と記された鏡の前を通りすぎていたのも暗示的だ。思えば実父殺し以降のスタンの人生は、積極的に野望を叶えようとしているようでいて、実は罪を犯した彼を呑み込もうと後ろから迫ってくる地獄からの儚い逃亡の連続でしかなく、最後の最後にとうとう地獄に追いつかれてしまった――という見方も可能なのだ。約二時間半におよぶこの大作映画は、罪から逃げ回ろうとした男がついに地獄の門に引きずり込まれるまでの、長い長い隠れ鬼なのである。

初出一覧

密室とパズル――『鍵のかかった部屋』　初出《CRITICA》9号　2014年8月
復讐は雪の夜に――『オリエント急行殺人事件』　初出《CRITICA》10号　2015年8月
救済ある古典部の浄化――『氷菓』　初出《CRITICA》14号　2019年8月
クローズドサークルの二つの顔――『屍人荘の殺人』　初出《CRITICA》16号　2021年9月
操りのピタゴラ装置――『女子高生に殺されたい』　初出《CRITICA》17号　2022年8月
探偵と呼ばれる資格――『貴族探偵』　初出《CRITICA》12号　2017年8月
雪の街の探偵――『探偵はBARにいる』　初出《CRITICA》13号　2018年8月
黒い羊の出発――『ハムラアキラ〜世界で最も不運な探偵〜』　初出《CRITICA》15号　2020年8月
汚水に沈む黄金――『誰よりも狙われた男』　初出《CRITICA》11号　2016年8月
道化師たちの貌――『ジョーカー・ゲーム』　初出《CRITICA》11号　2016年8月
マイ・フェア・ジェントルマン――『キングスマン』　初出《CRITICA》13号　2018年8月
予言者と群衆――『天空の蜂』　初出《CRITICA》11号　2016年8月
眠り男の悪夢――『帰ってきたヒトラー』　初出《CRITICA》13号　2018年8月
阿呆船の祭り――『アルキメデスの大戦』　初出《CRITICA》15号　2020年8月
水銀の因果の環――『お嬢さん』　初出《CRITICA》12号　2017年8月
禁忌と境界――『悪魔が来りて笛を吹く』　初出《CRITICA》14号　2019年8月
ガラスの崖と沼の底――『W県警の悲劇』　初出《CRITICA》16号　2021年9月
伝染する怪異――『残穢―住んではいけない部屋―』　初出《CRITICA》12号　2017年8月
ドイツの秋、魔女たちの冬――『サスペリア』　初出《CRITICA》14号　2019年8月
地獄の門と隠れ鬼――『ナイトメア・アリー』　書き下ろし

主要参考文献（フィクションを除く）

【第一部】
「貴志祐介インタビュー　by法月綸太郎」『硝子のハンマー』（貴志祐介著）収録　二〇〇七年　角川文庫
《ユリイカ》二〇〇七年四月号（特集＝米澤穂信　ポスト・セカイ系のささやかな冒険）　青土社
小林哲夫『高校紛争 1969-1970　「闘争」の歴史と証言』二〇一二年　中公新書
米澤穂信『米澤穂信と古典部』二〇一七年　ＫＡＤＯＫＡＷＡ
「古典となり、誰かの原点となる映画　原作米澤穂信×監督安里麻里」『氷菓』Blu-ray／ＤＶＤ封入特典ブックレット収録　二〇一八年　ＫＡＤＯＫＡＷＡ
堀井憲一郎『１９７１年の悪霊』二〇一九年　角川新書
有栖川有栖『屍人荘の殺人』（今村昌弘著）解説　二〇一九年　創元推理文庫
《ユリイカ》二〇一六年三月号（特集＝古屋兎丸）　青土社
『映画　ライチ☆光クラブ　公式メイキングブック』二〇一六年　玄光社ＭＯＯＫ
＋ａｃｔ．特別編集『ライチ☆光クラブ』二〇一六年　ワニブックス
城定秀夫「『女子高生に殺されたい』脚本のこと」《シナリオ》二〇二二年五月号　日本シナリオ作家協会

【第二部】
麻耶雄嵩・相葉雅紀「世界一エレガントな探偵へ――」《小説すばる》二〇一七年五月号　集英社
千街晶之『原作と映像の交叉光線《クロスライト》　ミステリ映像の現在形』二〇一四年　東京創元社
「『探偵はＢＡＲにいる２』橋本一（監督）、須藤泰司（プロデューサー・脚本）インタヴュー」《ミステリマガジン》二〇一三年六月号　早川書房
千街晶之「サーヴィス精神が沸騰したシリーズ第二弾」《ミステリマガジン》二〇一三年六月号　早川書房
大津波悦子・柿沼瑛子『女性探偵たちの履歴書《プロフィール》』一九九三年　同文書院インターナショナル
若竹七海「強運の女探偵　女探偵・葉村晶シリーズ」《週刊読書人》二〇一七年七月二十八日号　読書人
シシド・カフカ「『世界で最も不運な探偵　ハムラアキラ』を演じて　『葉村晶シリーズ』ドラマ化インタビュー」《オール讀物》二〇二〇年二月号　文藝春秋
若竹七海「原作者のことば」二〇二〇年　『ハムラアキラ～世界で最も不運な探偵～』ＮＨＫ公式サイト（現在は読めない）

【第三部】
朝日新聞アタ取材班『テロリストの軌跡　モハメド・アタを追う』二〇〇二年　草思社
ジョン・ル・カレ『地下道の鳩　ジョン・ル・カレ回想録』加賀山卓朗訳　二〇一七年　早川書房
佐藤優『ジョーカー・ゲーム』（柳広司著）解説　二〇一一年　角川文庫
加藤正夫『陸軍中野学校　秘密戦士の実態』二〇一四年　光人社NF文庫
KADOKAWA編、柳広司企画協力『「ジョーカー・ゲーム」の謎』二〇一五年　中経の文庫
ウィリアム・ウィルフォード『道化と笏杖』高山宏訳　二〇一六年　白水社
樋口ヒロユキ「消えていく道化　道化的知性は復権するか」《トーキングヘッズ叢書》No.66（特集＝サーカスと見世物のファンタジア）二〇一六年　アトリエサード
斎藤充功『日本のスパイ王　陸軍中野学校の創設者・秋草俊少将の真実』二〇一六年　学研プラス

【第四部】
樋口健二『闇に消される原発被曝者　増補新版』二〇一一年　八月書館
寺尾紗穂『原発労働者』二〇一五年　講談社現代新書
ジークフリート・クラカウアー『カリガリからヒットラーまで』平井正訳　一九七一年　せりか書房
澁澤龍彦「カリガリ博士　あるいは精神分析のイロニー」『スクリーンの夢魔』所収　一九八八年　河出文庫
四方田犬彦『署名はカリガリ　大正時代の映画と前衛主義』二〇一六年　新潮社
三好範英『メルケルと右傾化するドイツ』二〇一八年　光文社新書
吉田俊雄『五人の海軍大臣』一九八三年　文藝春秋
小林久三『連合艦隊作戦参謀黒島亀人　一国の命運を分けた山本五十六と黒島亀人』一九九六年　光人社NF文庫
半藤一利・秦郁彦・平間洋一・保阪正康・黒野耐・戸高一成・戸部良一・福田和也『昭和陸海軍の失敗　彼らはなぜ国家を破滅の淵に追いやったのか』二〇〇七年　文春新書
半藤一利・保阪正康編著『昭和の名将と愚将』二〇〇八年　文春新書
宮崎駿『続・風の帰る場所　映画監督・宮崎駿はいかに始まり、いかに幕を引いたのか』二〇一三年　ロッキング・オン

【第五部】
ジャン・ゴルダン、オリヴィエ・マルティ『お尻とその穴の文化史』藤田真利子訳　二〇〇三年　作品社
古賀重樹「日本統治下の禁断の恋　パク・チャヌクのデカダンス　カンヌ映画祭リポート2016」「日本経済新聞」二〇一六年五月

十七日　日本経済新聞社
内藤正敏・松岡正剛『古代金属国家論』二〇一六年　立東舎文庫
横溝正史「淋しさの極みに立ちて『かいやぐら物語』の思い出」『横溝正史自伝的随筆集』所収　二〇〇二年　角川書店
岡本広毅・小宮真樹子編『いかにしてアーサー王は日本で受容されサブカルチャー界に君臨したか　変容する中世騎士道物語』二〇一九年　みずき書林
「『橋本聖子』五輪相が『組織委』トップに一本化されたワケ、就任をためらう2つの理由」《デイリー新潮》二〇二一年二月十八日号　新潮社

【第六部】
小池壮彦『呪いの心霊ビデオ　怪奇探偵の調査ファイル』二〇〇二年　扶桑社
小池壮彦『四谷怪談　祟りの正体』二〇〇二年　学研プラス
中島晶也『残穢』（小野不由美著）解説　二〇一五年　新潮文庫
小池壮彦『心霊ドキュメンタリー読本』二〇一六年　洋泉社
小野不由美・中村義洋「私たちがホラーにハマる理由」《週刊新潮》二〇一六年二月四日号　新潮社
ポストメディア編集部編『ほんとにあった！呪いのビデオ　恐怖のヒストリー』二〇一七年　一迅社
『霊障』二〇二一年　心霊ビデオ研究会
柳下毅一郎「ライナー・ヴェルナー・ファスビンダーは魂を食う」『愛は死より冷たい　映画嫌いのための映画の本』所収　一九九八年　洋泉社
矢澤利弘『ダリオ・アルジェント　恐怖の幾何学』二〇〇七年　ABC出版
山崎圭司編『別冊映画秘宝　サスペリアMAGAZINE』二〇一九年　洋泉社MOOK
山崎圭司・別冊映画秘宝編集部編『別冊映画秘宝　恐怖！幽霊のいる映画』二〇二一年　双葉社スーパームック
レスリー・フィードラー『フリークス　秘められた自己の神話とイメージ（新装版）』伊藤俊治・旦敬介・大場正明訳　二〇一九年　青土社
霜月蒼『ナイトメア・アリー　悪夢小路』（ウィリアム・リンゼイ・グレシャム著）解説　二〇二〇年　扶桑社ミステリー
柳下毅一郎『ナイトメア・アリー』（ウィリアム・リンゼイ・グレシャム著）訳者あとがき　二〇二二年　ハヤカワ・ミステリ文庫
イアン・ネイサン『ギレルモ・デル・トロ　モンスターと結ばれた男』阿部清美訳　二〇二二年　フィルムアート社
ジーナ・マッキンタイヤー『ギレルモ・デル・トロのナイトメア・アリー　ある「怪物《おとこ》」の悲しき物語とその舞台裏』阿部清美訳　二〇二二年　DU BOOKS

この他、新聞記事や各作品の劇場用パンフレットを参考にしました。

帰ってきたヒトラー…「帰ってきたヒトラー　Blu-ray」販売元 : ギャガ
アルキメデスの大戦…「アルキメデスの大戦　Blu-ray」販売元 : 東宝

第五部

お嬢さん…「お嬢さん　スペシャル・エクステンデッド版＆劇場公開版　2枚組 Blu-ray」販売元：TC エンタテインメント
悪魔が来りて笛を吹く…「悪魔が来りて笛を吹く　DVD」販売元：NHK エンタープライズ
W 県警の悲劇…配信：U-NEXT、Paravi

第六部

残穢ー住んではいけない部屋ー…「残穢ー住んではいけない部屋ーBlu-ray」販売元 : ハピネット
サスペリア…「サスペリア　Blu-ray」販売元 : ギャガ
ナイトメア・アリー…「ナイトメア・アリー　Blu-ray+DVD セット」販売元 : ウォルト・ディズニー・ジャパン

ソフト・配信情報

（２０２２年６月現在の最新情報を紹介しています。ソフト化されている作品はその情報を優先し、ソフトがない作品は配信情報を掲載しました。ソフト情報はBlu-rayに統一し、Blu-rayがない場合はDVDで表示しています。同じ原作に複数の映像化例がある場合は、『氷菓』なら実写映画版、『ジョーカー・ゲーム』ならアニメ版といった具合に、本文中でメインとして論じた作品のソフト情報に限定しています）

第一部

鍵のかかった部屋…「鍵のかかった部屋　Blu-ray BOX」「鍵のかかった部屋SP　Blu-ray」販売元：ポニーキャニオン
オリエント急行殺人事件…「オリエント急行殺人事件　Blu-ray BOX」販売元：ポニーキャニオン
氷菓…「氷菓　Blu-ray愛蔵版」販売元：ポニーキャニオン
屍人荘の殺人…「屍人荘の殺人　Blu-ray豪華版」販売元：東宝
女子高生に殺されたい…配信：Amazon Prime Video

第二部

貴族探偵…「貴族探偵　Blu-ray BOX」販売元：TCエンタテインメント
探偵はBARにいる…「探偵はBARにいる　Blu-ray」「探偵はBARにいる２ ススキノ大交差点　Blu-ray」「探偵はBARにいる３　Blu-ray」販売元：アミューズソフトエンタテインメント
ハムラアキラ～世界で最も不運な探偵～…配信：U-NEXT

第三部

誰よりも狙われた男…「誰よりも狙われた男　スペシャル・プライス　Blu-ray」販売元:TCエンタテインメント
ジョーカー・ゲーム…「ジョーカー・ゲーム　Blu-ray BOX　上巻・下巻」販売元:KADOKAWAメディアファクトリー
キングスマン…「キングスマン　Blu-ray」販売元:ソニー・ピクチャーズエンタテインメント

第四部

天空の蜂…「天空の蜂　Blu-ray」販売元:松竹

さ

し

作品索引

■著者プロフィール

千街晶之（せんがい・あきゆき）

1970年、北海道生まれ。1995年、「終わらない伝言ゲーム──ゴシック・ミステリの系譜」で第2回創元推理評論賞を受賞。2004年、『水面の星座　水底の宝石　ミステリの変容をふりかえる』で第4回本格ミステリ大賞および第57回日本推理作家協会賞を受賞。著書に『怪奇幻想ミステリ150選ロジカル・ナイトメア』『幻視者のリアル　幻想ミステリの世界観』『原作と映像の交叉光線　ミステリ映像の現在形』など、共著に『ニューウェイヴ・ミステリ読本』『本格ミステリ・フラッシュバック』『21世紀本格ミステリ映像大全』『書評七福神が選ぶ、絶対読み逃せない翻訳ミステリベスト2011-2020』など。

ミステリ映像の最前線──原作と映像の交叉光線《クロスライト》

2023年7月18日　第1刷発行

著者　千街晶之
発行者　池田雪
発行所　株式会社 書肆侃侃房（しょしかんかんぼう）
〒810-0041 福岡市中央区大名2-8-18-501
TEL：092-735-2802　FAX：092-735-2792
http://www.kankanbou.com　info@kankanbou.com
編集　田島安江
装画　久保田寛子
装丁　藤田瞳
DTP　黒木留実
印刷・製本　モリモト印刷株式会社

ISBN978-4-86385-582-3 C0095